Ole Thorstensen

Wie man Dinge richtig macht

Betrachtungen eines norwegischen Zimmermanns

Aus dem Norwegischen von Gabriele Haefs und Andreas Brunstermann

btb

Die Originalausgabe erschien 2015 unter dem Titel
»En snekkers dagbok« bei Pelikanen Forlag, Stavanger.

FSC www.fsc.org
MIX
Papier aus verantwortungsvollen Quellen
FSC® C014496

Verlagsgruppe Random House FSC® N001967

1. Auflage
Genehmigte Taschenbuchausgabe Januar 2019

Published by agreement with
Copenhagen Literary Agency ApS, Copenhagen
Umschlaggestaltung: semper smile, München
Umschlagmotiv: © Shutterstock/ D Line; dwph
Illustrationen: © Jon Thorstensen und Ole Thorstensen
Druck und Einband: GGP Media GmbH, Pößneck
cb · Herstellung: sc
Printed in Germany
ISBN 978-3-442-71759-0

www.btb-verlag.de
www.facebook.com/btbverlag

Ich könnte vielen Menschen danken, möchte dabei aber niemanden vergessen. Torunn Borge ist nicht mehr da, stellvertretend für alle geht mein Dank an sie.

Dies ist die Geschichte eines Dachbodens. Eines noch kalten, tristen Dachbodens in einem Osloer Mehrfamilienhaus, der einmal ein gemütlicher Wohnraum werden soll. Zimmermann Ole Thorstensen erzählt liebevoll und handfest von der abenteuerlichen Entstehung eines Gesamtkunstwerks: vom ersten Kostenvoranschlag, von der Utopie der ersten Pläne und Skizzen, vom Kaffee aus Thermoskannen und dem Teufel im Detail, von Blut, Schweiß und Tränen und dem erlösenden finalen Nagel. Es ist ein Buch über den Wert der genauen und eigenhändigen Arbeit - wie sie uns miteinander verbindet, wie sie bestimmt, wer wir sind.

OLE THORSTENSEN, geboren 1965, ist ausgebildeter Zimmermann und arbeitet seit über 25 Jahren im Baugewerbe. Sein Debüt »Tagebuch eines Zimmermanns« ist in Norwegen im Pelikanen Forlag erschienen, der von Karl Ove Knausgård gegründet wurde.

1

Ich bin Zimmermann mit Gesellenbrief und Meisterbrief, also das, was die meisten Menschen einen Schreiner nennen.

Als Geselle habe ich mein Fach gelernt, und als Meister habe ich gelernt, einen Betrieb zu führen. Mein Fach, also das Handwerk, hat für mich größere Bedeutung als die Betriebsführung, und daher ist mir der Gesellenbrief am wichtigsten.

Die manuelle fachliche Arbeit ist kein Mysterium. Mein Job wird auf Bestellung ausgeführt und ist gänzlich abhängig von der entsprechenden Nachfrage – dass also jemand eine bestimmte Arbeit ausgeführt haben möchte.

Ich arbeite in der Baubranche als Unternehmer, Handwerksmeister, Geschäftsmann. Alles gängige Bezeichnungen für das, womit ich mich beschäftige. Wenn man mich fragt, bin ich Zimmermann und führe einen kleinen Zimmereibetrieb.

Die kleinen Firmen führen in der Regel die kleineren Aufträge in der Baubranche aus. Große Unternehmen sind an dieser Art von Aufträgen eher weniger interessiert. Sie bauen neue Stadtteile, Siedlungen, Krankenhäuser, Schulen und ab und zu einen Kindergarten oder ein kleineres Geschäftshaus.

Die Kleinunternehmen dagegen kümmern sich um neue Bäder, tauschen Fenster aus oder errichten Garagen. Viele neue Einfamilienhäuser werden ebenfalls von Kleinbetrieben gebaut, und manchmal errichten sie auch ganz kleine Dinge wie Briefkastenstative. Ein Großteil der Instandhaltungs- und Modernisierungsarbeiten in den nahezu zweieinhalb Millionen

Wohneinheiten, die es in meiner Heimat Norwegen gibt, werden von Kleinunternehmen ausgeführt.

Wir sind viele und es gibt uns überall, daher versteht es sich von selbst, dass wir eine bunt gemischte Gruppe bilden. Dabei wissen wir selbst am besten, dass wir unsere Arbeit auf sehr verschiedene Art und Weise verrichten. Wir sind schnell, langsam, tüchtig, faul, griesgrämig, fröhlich, billig, teuer, ehrlich und manche sind unehrlich. All diese Beschreibungen drehen sich um unser Fach, um unser Handwerk sowie darum, wie wir es ausführen.

Ich wohne im Osloer Stadtteil Tøyen und arbeite überwiegend auch in der Stadt selbst, meistens im östlichen Teil. Gelegentlich arbeite ich auch im Westen, und ich hatte schon Aufträge außerhalb der Stadt wie etwa in Ski, Ås oder Asker. Als Zugezogener bin ich mit Oslo durch meine Arbeit bekannt geworden. Wenn ich mit anderen Menschen durch die Stadt gehe, passiert es manchmal, dass ich stehen bleibe, auf etwas zeige und sage, dass ich dort eine Tür eingesetzt, da vorn einen Dachboden ausgebaut oder gleich da drüben ein Bad eingebaut habe. Für einen Mann mit schlechtem Orientierungssinn ist das eine schöne Möglichkeit, die Stadt kennenzulernen, denn einen Bauauftrag vergesse ich niemals.

Ich habe keine Angestellten, kein Büro und kein Lager. Das Werkzeug bewahre ich in einer Kammer in meiner Wohnung auf. Dort liegt es neben der Ausrüstung und dem Material, das keinen Frost verträgt, wie zum Beispiel Leim. Schrauben, Nägel und alles andere lagere ich auf dem Dachboden. Mein Werkzeug ist sozusagen die Verlängerung meiner selbst, und dass ich damit pfleglich umgehe, verlangt der Respekt meinem Fach, meiner Arbeit und mir selbst gegenüber.

Mein Auto, ein etwas in die Jahre gekommener Lieferwagen, wird immer dort abgestellt, wo ich eine Parklücke in den nahe gelegenen Straßen finde. Jeden Tag trage ich nach der Arbeit die gesamte Ausrüstung hinauf in meine Wohnung. Es ist etwas riskant, Werkzeug im Auto liegen zu lassen. Die Fenster bieten Einblick. Und wenn der Wagen leer ist, wird sofort klar, dass es sich nicht lohnt, ihn aufzubrechen.

Meine Wohnung liegt in der zweiten Etage, was bedeutet, dass ich viel hin und her tragen muss. Inzwischen kann ich meine Aufträge ganz gut vorausplanen und weiß genau, was ich benötige, wenn ich den Wagen belade. Das spart Zeit und Mühe.

Mein Wohnzimmer ist auch mein Büro. Die Wohnung ist nicht groß, deshalb habe ich Aktenordner und Papiere in einem Schrank untergebracht, damit ich sie nicht länger als unbedingt nötig sehen muss. Die Büroarbeit muss natürlich erledigt werden, nur finde ich es etwas anstrengend, dass ich das zu Hause machen muss. Manchmal kommt mir das Ganze wie ein schwerer Rucksack vor, der immer wieder gestemmt werden muss, obwohl die Wanderung doch eigentlich schon längst vorüber ist. Ich komme nie dazu, mich wirklich auszuruhen, komme nie an einen Ort, wo ich mich umdrehen, eine Pause machen und einen Blick auf die Landschaft werfen könnte, die ich durchschritten habe. Wenn ich fertig bin, wenn die Bauarbeiten beendet sind, muss ich die Schranktüren öffnen und die Akten hervorholen, den Computer anwerfen und die Umsatzsteuer ans Finanzamt abführen, Mails schreiben, Dokumente archivieren, Formulare ausfüllen oder Angebote erstellen. Für diese Arbeiten benötige ich sehr viel Zeit. Ich sitze oft länger daran, als ich mich mit Werkzeug und Baumaterial befasse.

Meine Firma ist ein Einpersonenbetrieb mit fließendem Übergang zwischen Arbeit und Privatleben. Ich stehe in physischem Kontakt zu Material und Werkzeug, die ich benutze, und daneben bin ich untrennbar an meine Finanzen und das Ergebnis meiner Arbeit gebunden. Die Verbindung zwischen mir und meinem Bohrer, meinem Auto, dem Fußboden, den ich verlege, dem Haus, das ich baue, und schließlich der Buchführung ist stets sehr eng.

Phasenweise erlebe ich diese Verbindung als beinahe zu intensiv, wobei das nicht ausschließlich negativ gemeint ist. Es ist ein aufregendes Erlebnis, wenn mir bewusst wird, dass meine Arbeit nicht nur Bedeutung für die Kunden hat, die mich mit dem Bau oder Umbau ihres Zuhauses beauftragen, sondern auch für mich selbst. Sowohl in fachlicher als auch in finanzieller Hinsicht stehe ich allein da, ohne den Schutz, den die meisten Arbeitnehmer in ihrem Alltag für selbstverständlich erachten.

Ich lebe davon, vergängliche Dinge zu erschaffen, die ausgetauscht oder wieder abgerissen werden können. Die Dinge, mit denen wir uns umgeben, sind für unser Leben ganz entscheidend, doch andererseits auch unwichtig. Somit könnte man sagen: Solange kein Menschenleben verloren geht, ist es nicht weiter tragisch, wenn etwas abgebaut, eingerissen oder durch ein Feuer zerstört wird.

Der Auftrag, den ich gerade in Kjelsås ausführe, neigt sich dem Ende zu. Noch drei Wochen Arbeit, danach steht erst einmal nichts mehr in meinem Terminkalender. Aber so ist es immer: Ich bin mit einem Job beschäftigt und mache meine Arbeit, und gleichzeitig bin ich auf der Jagd nach dem nächsten Auftrag.

2

Ich sitze zu Hause in meinem Wohnzimmer. Aus der Stereoanlage ertönt Captain Beefheart, der Novemberabend draußen ist kalt und nass. Gestern Abend ist es spät geworden, insofern passt es gut, wenn der Kapitän singt: *I went around all day with the moon sticking in my eye.* Die Musik ist wie geschaffen für den Abwasch, mit dem ich mich gerade beschäftige. Aber ich werde von einem Anruf unterbrochen. Eine mir unbekannte Nummer.

»Hallo?«

»Hallo, mein Name ist Jon Petersen. Sie sind mir von Helene Karlsen empfohlen worden.«

»Helene und die Jungs, in Torshov, ja. Dann geht es wohl um eine Baumaßnahme?«

»Helene und die Jungs« sind eine Familie im Stadtteil Torshov, bei denen ich vor zwei Jahren den Dachboden ausbauen sollte. Es war ein angenehmer Job für eine nette Familie. Neben Helene gab es ihren Mann und ihre beiden Söhne, daher also »Helene und die Jungs«, wie in der französischen TV-Serie, die in Norwegen ausgestrahlt wurde. So hatte ich sie genannt, und sie fanden es lustig, glaube ich, aber gleichzeitig wird mir klar, dass Jon Petersen nichts darüber wissen kann.

»Ja, also, wir wohnen in Torshov und wollen ebenfalls unseren Dachboden ausbauen, und jetzt suche ich nach jemandem, der den Job ordentlich machen kann. Man hört ja so viele komische Sachen«, fügt er hinzu.

»Wir wollen gute Handwerker, und da Helene und ihre Familie so zufrieden waren und Sie empfohlen haben ...«

Jon erzählt, dass Helene und ihre Familie mit dem Umbau zufrieden sind und dass er etwas Ähnliches mit seinem Dachboden machen möchte. Die Wohnungsbaugenossenschaft des Hauses, in dem sie wohnen, habe endlich zugestimmt, dass der Dachboden zu Wohnzwecken umgebaut werden könne. Mitunter sei es nämlich durchaus schwierig, solche Dinge in Genossenschaftshäusern umzusetzen; die Veränderung könnte zu massiv sein oder unnötig wirken. Doch nun hätten sie den Dachboden kaufen können und die Erlaubnis zum Ausbau erhalten.

»Darf ich Ihnen kurz ein paar Fragen stellen? Handelt es sich um einen Dachboden, der mit Ihrer jetzigen Wohnung verbunden werden kann?«

»Ja, wir brauchten dann eine Treppe vom Wohnzimmer zum Dachboden hinauf. Das heißt, wir haben eine Wand entfernt und nutzen jetzt ein Wohnzimmer mit einer offenen Küche.«

»Haben Sie schon Bauplan und Baugenehmigung? Haben Sie Berechnungen von einem Bauingenieur anfertigen lassen?«

Wir unterhalten uns, und Herr Petersen berichtet, dass die Planung bereits stehe und die statischen Berechnungen durchgeführt seien. Das ganze Projekt liege dem Planungs- und Baurechtsamt schon vor und werde in Kürze genehmigt. Ich erkläre ihm, dass ich die Zimmererarbeiten selbst durchführen werde, sofern ich den Auftrag erhalte. Viele Jahre habe ich mit Zulieferern zusammengearbeitet. Doch ist es ein großer Unterschied, ob man als Bauunternehmer eigene Leute einsetzt oder ob diese Arbeiten an Drittanbieter delegiert werden.

Wie sich herausstellt, ist Herr Petersen dabei, noch zwei andere Angebote einzuholen. Das ist völlig in Ordnung. Wären es jedoch fünf Konkurrenten, würde ich mich gar nicht mehr um den Auftrag bemühen. Die Chancen, ihn zu bekommen, stünden dann einfach zu schlecht.

Für Herrn Petersen hätte dies im Übrigen bedeutet, dass die besten Firmen aus dem Wettkampf ausgestiegen wären. Ich bin nämlich nicht der Einzige, der so denkt, unabhängig davon, ob ich zu den Besten gehöre oder nicht. Die guten Baufirmen nehmen die Anzahl der von den Kunden eingeholten Angebote zur Grundlage, um den Kunden einschätzen zu können. Kunden, die sich auf drei Baufirmen beschränken, haben bessere Aussichten auf hochqualitative Arbeitsergebnisse als solche, die mehrere Angebote einholen und somit die besten Handwerker von vornherein abschrecken.

Natürlich können sich Kunden zehn verschiedene Firmen heraussuchen. Sie können die Referenzen, die finanzielle Lage der Firma oder was auch immer prüfen, bevor sie die Unternehmen ihrer Wahl um ein Angebot bitten. Eine Liste über bisher ausgeführte Aufträge herauszuschicken ist für einen Betrieb nicht viel Arbeit. Wesentlich zeitraubender ist es jedoch, ein konkretes Angebot zu erstellen und Preise auszurechnen.

Sofern ich nun eine der drei Firmen bin, die unter dieser Maßgabe miteinander konkurrieren, bin ich zufrieden. Dann besteht jedenfalls eine realistische Chance, den Job zu bekommen.

Die Arbeiten, die ich für Helene und die Jungs ausgeführt habe, sind eine gute Referenz. Nicht zuletzt auch deswegen, weil die Familie seinerzeit nicht mehr als drei Angebote eingeholt hatte.

Im Laufe des Gesprächs stellt sich heraus, dass Jon Petersen bei der NSB, der norwegischen Eisenbahn, arbeitet. In der Verwaltung, wie er sagt. Seine Frau Kari ist bei der Osloer Kommunalverwaltung im Kultursektor angestellt. Er führt diese Angaben nicht weiter aus, betont aber, dass auch seine Frau sich mit Dachausbau nicht sonderlich gut auskenne. Er erwähnt das alles, um zu verdeutlichen, wie wenig sie beide über den praktischen Teil eines solchen Bauprojekts wissen und wie sehr sie auf die Person angewiesen sein werden, die den Auftrag bekommt.

Sie haben zwei Söhne und benötigen mehr Platz. Sie hatten schon angefangen, sich nach einer anderen Wohnung umzusehen, dann aber die Möglichkeit bekommen, den Dachboden auszubauen. Das Wohnhaus und der Stadtteil gefallen ihnen recht gut, und somit haben sie sich für den Dachausbau entschieden.

Bis jetzt haben beide mit der Wohnungsbaugenossenschaft und dem Architekten zu tun gehabt. Über den Architekten sind sie in Kontakt mit dem Bauingenieur und dem Planungs- und Baurechtsamt getreten.

Der theoretische Teil des Projekts ähnelt dem, womit sie selbst täglich arbeiten, und ist für sie daher verständlicher als das, was jetzt anliegt: die konkrete Baumaßnahme. Schon über ein Jahr hat Herr Petersen sich mit dem theoretischen Bauprozess beschäftigt. Es ist nicht zu überhören, dass er endlich weiterkommen will. Für mich bedeutet das, dass ich ihm nicht zu viele Steine in den Weg legen darf, oder in diesem Fall: zu viele Kanthölzer.

Die Arbeitsschritte auf dem Papier, also Bauzeichnungen und Bauplan, haben den Vorteil, dass sie veränderbar sind. Solange noch nichts davon in die Praxis umgesetzt wird, haben sie wenig Bedeutung. Gleichwohl muss ich die Papierarbeit als Teil der Wirklichkeit anerkennen und mich dazu entsprechend verhalten. Ich kann nicht einfach etwas bauen, nur um zu sehen, ob es funktioniert, und es dann abreißen und etwas Neues bauen. Zwar könnte ich das, solange der Kunde mich dafür bezahlt, aber das wird wohl kaum je der Fall sein.

Theorie ist für mich etwas, das ich in Bilder von fertigen Arbeiten übersetze. Ich zähle Schrauben, Nägel, so und so viel Meter an Material, rechne Stunden aus. In meinem Kopf entsteht ein Film darüber, wie ich dieses oder jenes bauen werde; ein Film, bei dem der Bauplan das Manuskript darstellt. Die Kunden interessieren sich in erster Linie für das Ergebnis, also für das, was sie sehen, wenn der Handwerker sagt, dass nun alles fertig ist. Doch in gewisser Weise verstehen sie einen Bauplan manchmal besser.

Ist der Job erst einmal getan, wird der Plan vergessen. Die Zeichnungen sind die Verbindung zwischen dem Dachboden im Urzustand und dem zum Wohnraum ausgebauten Dachboden.

Die Bestimmung dessen, was getan werden muss, nimmt mich am meisten in Anspruch, wohingegen Kunde, Architekt und Bauingenieur diesen Prozess häufig schon als erledigt betrachten. Diese verschiedenen Blickwinkel schaffen oftmals einen Abstand zwischen dem Architekten und dem Bauingenieur auf der einen und mir als Handwerker auf der anderen Seite.

Ich glaube, den meisten Handwerkern ergeht es wie mir: Wir vermissen den Architekten auf der Baustelle. Wir vermissen, dass Architekt und Handwerker in einen Dialog treten, um die besten Lösungen für das zu finden, was der Kunde gebaut haben möchte.

In den meisten Fällen ist auf der Baustelle kaum ein Architekt anzutreffen, und oft sind die Bauingenieure nicht einmal für Berechnungen vor Ort. Doch manchmal schaffe ich es, sie aus ihren Büros herauszulocken. Die Baulösungen werden unter diesen Umständen dann oft besser, als sie sonst geworden wären. Sowohl in finanzieller als auch in praktischer Hinsicht. Und beim Umbau eines Dachbodens wird es dann ein schöneres Zuhause.

Der Kontakt zwischen dem akademischen Teil der Baubranche und den Handwerkern hat sich im Laufe meiner 25-jährigen Erfahrung als Handwerker verschlechtert. Einerseits ist die Baubranche akademischer geworden, und andererseits sind die Handwerker immer weniger in der Lage, ihr Fachwissen einzusetzen, um auf den Bauprozess einzuwirken. In früheren Zeiten war das ein natürlicher Teil der Fachpraxis. Doch je weniger Meinungen angehört werden, desto weniger wird nachgedacht.

Ich glaube, dass viele Architekten und Ingenieure sich eine andere Kultur der Zusammenarbeit wünschen sollten, zumal alle davon profitieren würden. Lernt man keine Form der Zusammenarbeit kennen, weiß man nicht, was einem entgeht. Dies gilt für alle Beteiligten in der Branche. Leider haben wir uns so sehr an diese sektiererische Arbeitsweise gewöhnt, dass wir sie als unveränderbar hinnehmen.

Diese Spielregeln sind nicht nach den Standards eines Handwerkers aufgestellt, was bedeutet, dass der Handwerker im Umgang mit allen anderen geschickt sein muss. Denn im wahrsten Sinne des Wortes kann man hier von zwei Seiten derselben Sache reden.

3

Ich baue gern Dachböden aus.

Raumklima, Tragkonstruktionen, Brandschutz, Finish, Materialien, Kundenkontakte – all diese Dinge spielen hierbei die ganze Zeit eine Rolle. Die Wahlmöglichkeiten hinsichtlich der Qualität wirken sich sowohl unmittelbar als auch langfristig aus. Es ist eine Arbeit, bei der man die Ergebnisse sehen kann. Man beginnt mit etwas Altem, in dem viel Geschichte steckt, und am Ende kommt etwas ganz anderes und Neues dabei heraus.

Bei solchen Aufträgen kommt es mir vor, als übernähme ich die Arbeit von jemandem, der sie vor vielleicht 130 Jahren begonnen hat, um sie zu Ende führen. Als ob sich die Bauphasen zwar in langen Abständen vollziehen, aber doch eigentlich zusammenhängen. Vor langer Zeit mag der Trockenboden einmal sehr wichtig gewesen sein, heute hat er aber keine Funktion mehr. Dafür sind Dachböden in heutiger Zeit als Lagerräume wichtiger denn je, denn es gibt einfach so vieles zu verstauen. Auf einem alten Dachboden stoße ich auf Spuren, die bis zu 130 Jahre alt sein können. Und wenn ich erst einmal mit der Arbeit angefangen habe, komme ich der Geschichte des Hauses recht nahe, inklusive Wasserschäden, Wäscheleinen, alten Leitungen, Luftkanälen und vielleicht sogar Asbest.

Das Wohnhaus, in dem Herr Petersen lebt, befindet sich in der Hegermanns gate und wurde um 1890 errichtet. Elektrische Anlagen wurden in solchen Gebäuden zu Beginn des 20. Jahrhunderts üblich. Manchmal finde ich Überreste der allerersten elektrischen Anlage, die zwar nicht mehr angeschlossen ist, aber auch nie demontiert wurde. Wie etwa schwarze Stromleitungen, die von einem Porzellanisolator zum nächsten führen. Der um die Luftkanäle verbaute Asbest stammt vielleicht aus dem Jahr 1930.

Die Zeitungen, die in den Wänden und oben auf den Dachböden auftauchen, erzählen etwas über die ehemaligen Bewohner. 1930 hingen die politische Gesinnung und die Auswahl der gelesenen Zeitungen noch eng zusammen. *Aftenposten* und *Handels og Sjøfartstidene*. Wer früher diesen Dachboden nutzte, hat sicher nicht die Arbeiterpartei gewählt. *Nationen* wurde vermutlich von Zugezogenen aus einer ländlichen Region gelesen. *Arbeiderbladet* findet man am häufigsten in den östlichen Stadtteilen.

Zu Hause habe ich eine Ausgabe von *Fritt Folk*, der Zeitung der nationalsozialistischen norwegischen Partei, Nasjonal Samling. Sie stammt aus dem Jahr 1945 und berichtet von einem deutschen Verteidigungssieg auf breiter Front. Ich habe die Zeitung auf einem Dachboden in der Vogts gate gefunden und mich immer gefragt, wer sie aufbewahrt hat. Geschah dies aus ähnlichen Beweggründen wie den meinen, weil es sich um ein besonderes historisches Dokument handelt, oder hatte es etwas mit politischen Sympathien zu tun?

Die Dachkonstruktionen solcher Böden sind beeindruckend, schlank und präzise konstruiert. Alle Teile haben eine klare Funktion, nichts ist Zierrat, sondern beruht auf reiner logischer Physik, und es finden sich schöne, einfache handwerkliche Details. Die angewandte Bautechnik mit schwerem Fachwerk ist typisch für die Zimmerarbeiten in solchen Wohnhäusern. Oftmals wurden Buchstaben und römische Zahlen, sogenannte Abbundzeichen, als Nummerierung einer

Baueinheit in die Konstruktion eingemeißelt. Eine frühe Form des Fertigbaus, die zeigt, dass der Baumeister keine Zeit verschwenden wollte, was stets einen wesentlichen Teil guten Handwerks ausmacht.

Die Baumeister jener Zeit fertigten Zeichnungen der Konstruktion an, stellten die Bauteile an Orten her, wo sie effektiv arbeiten konnten, und setzten sie auf der Baustelle schnell zusammen. So weit wie möglich vermieden sie Zufälle im Rahmen des Arbeitsprozesses. Dabei handelt es sich um eine einfache Konstruktion, aber gleichermaßen auch um eine handwerklich aufwändige Bauweise, die heute kaum noch jemand beherrscht. Ich baue im Stil unserer Zeit, mit meinem Wissen und zugeschnitten auf die Bedürfnisse von heute.

4

Jon Petersen schickt mir die Entwürfe des Architekten, die Zeichnungen des Bauingenieurs sowie eine einfache schriftliche Auftragsbeschreibung. Auf dieser Grundlage erstelle ich ein Angebot zu einem Preis von gut einer Million Kronen. Wenn der Dachboden fertig ist und Familie Petersen dort wohnt, soll alles wie auf der Zeichnung aussehen, nur hundertmal größer. Ein bisschen ist das wie mit dem Modellflugzeug, das ich als Kind zusammenbaute, abgesehen davon, dass hier das Modell des Dachbodens im Mittelpunkt steht und die Einzelteile weder vorgefertigt noch nummeriert sind.

Ich sehe mir die Zeichnungen an und weiß, dass es eine gewisse Zeit dauern wird, bis ich sie vor meinem inneren Auge sehen kann. Ich muss mich erst mal auf dem Dachboden umsehen, muss mit den Kunden reden, um zu verstehen, woran sie denken und was sie sich eigentlich wünschen. Alle baulichen Lösungen haben einen Grund. Manche sind durch die Beschaffenheit des Hauses vorgegeben, andere sind das Resultat der Vorstellungen des Kunden. Ich sage ganz bewusst Vorstellungen. Denn zwischen den Wünschen eines Kunden und dem, was der Bauplan zeigt, kann es große Unterschiede geben. Noch größer wird die Diskrepanz, wenn man die Wünsche mit dem vergleicht, was am Ende gebaut wird. Das ist ein Problem, für das ich großes Verständnis habe, denn ich brauche selbst einige Zeit, um die Zeichnungen und die zugrundeliegenden Ideen verstehen zu können. Für mich ist es leichter, einen Dachboden auszubauen, wenn ich weiß, warum er so gebaut werden soll, wie es beschrieben ist.

Den Zeichnungen ist zu entnehmen, dass der Teil des Dachbodens, der ausgebaut werden soll, eine Wohnfläche von etwas über 60 Quadratmetern hat. Am Ende soll das Dachgeschoss ein Schlafzimmer, ein Wohnzimmer und ein Bad beinhalten. Der existierende Treppenzugang zum Dachboden soll in den Raum integriert und obenauf mit einem Hängeboden versehen werden. Die Tür zum Treppenhaus markiert gleichzeitig den von dieser Etage wegführenden Fluchtweg. Der Dachboden soll über eine Halbwendeltreppe mit der darunterliegenden Wohnung verbunden werden. Der Kunde möchte einen Dielenboden aus Massivholz haben, kein Parkett. Etwas mehr Geld für den Boden auszugeben ist eine gute Idee. Dielen aus Massivholz halten länger als Parkett und sind außerdem hübscher, zumindest meiner Meinung nach. Außerdem macht es Spaß, ab und zu mal einen echten Dielenboden verlegen zu dürfen.

Ich versuche, mich in die Zeichnungen einzuleben, als ob alles schon so wie beschrieben realisiert wurde. Als stünde ich acht Monate später und um eine gute Million Kronen reicher in dem fertig ausgebauten Dachboden. Es dauert eine Weile, bis ich mich in die Vorstellung hineinfinde. Ich benötige Zeit. Und solange mir bewusst ist, dass ich mich ein wenig anstrengen muss, um den Bauplan zu verstehen, ist das alles kein Problem.

Manchmal muss ich die Kunden auch ein wenig provozieren, sie mit ein paar Extrafragen aus der Reserve locken. Sie wollen das da haben? Ja, aber wieso? Ich will sie dazu bringen, mir genau zu erklären, was sie meinen. Dann kann ich die Fragen eine Woche reifen lassen und sie erneut stellen. Meistens ist die Antwort dann klarer. Ich frage nicht nur, weil ich es selbst verstehen möchte, sondern auch, damit der Kunde begreift, wie das Ergebnis ausfällt, wenn wir so oder so bauen. Wichtig ist, dass unser Verständnis von der Baumaßnahme letztlich übereinstimmt.

Nicht zu unterschätzen ist die Tatsache, dass es der Kunde ist, der am Ende die Rechnung bezahlen soll. Auch die Persönlichkeit des Kunden muss berücksichtigt werden, ebenso wie meine eigene.

Einige Kunden haben ein starkes Bedürfnis nach Kontrolle. Bei denen muss ich geschickt agieren, um meine Meinungen und Ansichten einfließen zu lassen. Manche Kunden hingegen möchten die meisten Entscheidungen anderen überlassen.

Tun Sie, was Sie für das Beste halten, sagen sie. Damit beweisen sie zwar großes Vertrauen, können aber auch die schwierigsten Kunden sein, weil es ihnen oft schwerfällt, Entscheidungen zu treffen.

Ich muss ihnen dann begreiflich machen, dass ich für sie baue und dass die Entscheidung bei ihnen liegt. Missverstehen wir einander, sind – unabhängig vom Kundentypus – am Ende alle unzufrieden. Das zu vermeiden liegt in meiner Verantwortung.

Geld ist ein wichtiges Thema. Die Kosten dürfen nicht höher werden als das, was der Kunde bezahlen kann oder will. Dabei macht es preismäßig oftmals kaum einen Unterschied, ob Arbeiten auf diese oder jene Weise ausgeführt werden. Vielmehr geht es darum, die richtige Wahl zu treffen.

Ungeachtet dessen denken die meisten Kunden beim Bau noch an einen weiteren Aspekt, nämlich daran, was ein Immobilienmakler dazu sagen würde. Auch wenn sie eigentlich noch jahrelang in ihrem Zuhause bleiben wollen, bauen sie so, wie es ihnen im Hinblick auf einen späteren Verkauf ihrer Immobilie am vorteilhaftesten erscheint. Zusammen mit der ausgie-

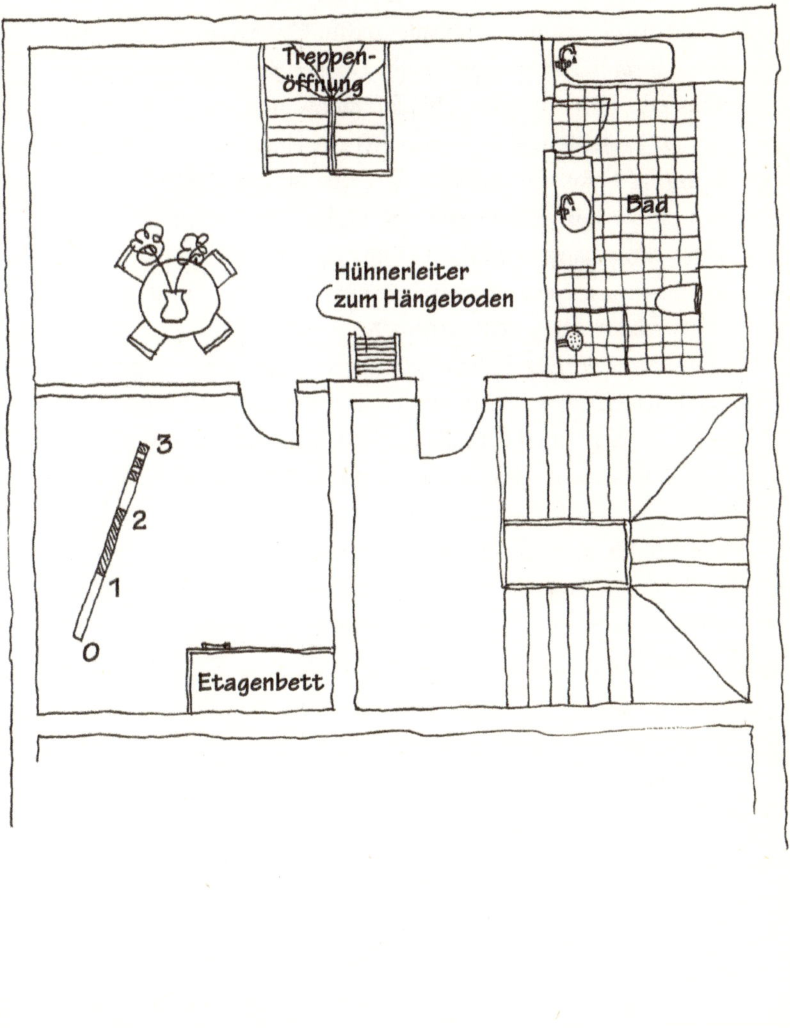
Treppen-
öffnung
Bad
Hühnerleiter
zum Hängeboden
3
2
1
0
Etagenbett

bigen Lektüre von Einrichtungsmagazinen führt dieser Aspekt dazu, dass die meisten Wohnungen gleich aussehen. Die derzeit vorherrschende Mode, dass die Außenwände der Häuser überwiegend graue, weiße oder helle blaugraue Schattierungen aufweisen, ist ein Beispiel dafür. Gesetze und Vorschriften führen dazu, dass Bäder im Großen und Ganzen den gefliesten Räumen einer Schlachterei ähnlich sehen, in immer neuen Varianten. Küchen werden so gebaut, wie sie von Einrichtungsberatern bei IKEA, Norema oder anderen Lieferanten entworfen werden können. Wobei ein Berater in diesem Zusammenhang nicht das Gleiche ist wie ein Fachmann, also ein Innenarchitekt oder ein guter Handwerker. Ein Berater ist ein Verkäufer in einem Geschäft.

Der mir vorliegende Bauplan ist so allgemein verfasst, dass ich noch ein paar Fragen an den Architekten habe. Ich möchte wissen, ob er noch detailliertere Pläne anzufertigen beabsichtigt. Ich brauche auch noch eine Beschreibung der Tragkonstruktion. Was soll mit den Mauerwänden passieren? Die Fliesen für das Bad sind ebenfalls nicht näher definiert.

Der von Herrn Petersen engagierte Architekt, Christian Herlovsen, ist nicht sonderlich entgegenkommend, als ich ihn anrufe. Ich muss mich mit dem Material begnügen, das ich erhalten habe.

5

Am Donnerstagabend stehe ich in Torshov vor dem Haus der Petersens in der Hegermanns gate. Ich gehe auf die andere Straßenseite und sehe mir das Haus aus diesem Blickwinkel an. Die nüchterne, schnörkellose Fassade gefällt mir. Die Wände sind einfach verputzt und grau gestrichen. Viele mögen aufwändigen Stuck an den Außenwänden oder Ornamente im Zuckerbäckerstil um die Fenster, aber ich finde schlichte Fassaden schöner. Das Wohnhaus hatte vermutlich einmal dasselbe, etwas überladene Erscheinungsbild wie die meisten Wohnhäuser aus der Zeit um 1890. Die Schmuckornamente wurden als Meterware eingekauft und ungefähr so montiert, wie ich heute Boden- oder Zierleisten anbringe. Die derzeitige Fassade ist wohl das Resultat einer Renovierung in den Fünfzigerjahren und somit ein Teil der Geschichte des Hauses.

Der Gehsteig vor dem Haus ist recht breit, und in der Straße gibt es Parkmöglichkeiten. Das bedeutet, dass ich genügend Platz für Container und einen Kranwagen habe. Die Haustür ist direkt vom Gehsteig aus zu erreichen und liegt nicht in einer Toreinfahrt, wie es häufig der Fall ist. Die Toreinfahrt hier führt zu einem Hinterhof, der aber nicht befahrbar ist. Das kann sich als nützlich herausstellen, falls irgendetwas auf Straßenniveau zwischengelagert werden muss.

Der Weg durch das Treppenhaus ist Teil der Besichtigung. Überall finde ich wichtige Informationen. Die Ausmaße des Treppenhauses geben Auskunft darüber, wie leicht sich etwas hindurchtransportieren lässt. Gibt es ausreichend Platz, um große Platten hinauftragen zu können? Ist es möglich, lange Gegenstände zwischen dem Geländer in der Mitte des Treppenhauses nach oben zu befördern? Wurde das Treppenhaus gerade frisch gestrichen, bedeutet das, dass ich besonders auf die Wände achtgeben muss.

Im Bauplan steht nichts über Brandschutz. Der Ausbau des Dachbodens erfordert Brandschutzmaßnahmen für das ganze Treppenhaus. Die einzelnen Wohnungstüren sowie die Tür zum Keller wurden ausgetauscht und erwecken den Anschein, als entsprächen sie den Brandschutzvorschriften. Vom Keller aufwärts wurden zudem Gips- und Fugenarbeiten ausgeführt. Dann ist die Brandsicherung wohl schon gemacht worden, denke ich. Der im Bauplan fehlende Hinweis auf diesbezügliche Maßnahmen ist also nicht der Vergesslichkeit geschuldet.

An der Wohnungstür werde ich von Jon Petersen und seiner Frau Kari begrüßt. Die Kinder sind an diesem Abend bei den Großeltern. Es ist die erste Begegnung, und vielleicht auch die letzte. Herr und Frau Petersen möchten mich kennenlernen und sich ein Urteil bilden. Sie wirken nett und freundlich. Ich nehme sie ebenso sehr unter die Lupe wie sie mich. Wir setzen uns an den Küchentisch und sehen uns die Zeichnungen an. Wir unterhalten uns ganz allgemein über das Projekt, wobei ich ein paar Detailfragen einwerfe, um zu zeigen, dass ich etwas von meinem Job verstehe, und um den Eindruck zu hinterlassen, dass ich engagiert bin. Was ja auch der Fall ist. Natürlich ist es wichtig, so viel wie möglich über das Projekt zu erfahren. Unabhängig davon wird es eine Weile dauern, bis ich mir einen Überblick verschafft habe. Zunächst geht es darum, einen ersten Eindruck voneinander zu bekommen. Das hier ist das erste Gespräch, und wenn ich den Job haben will, muss es gut laufen. Wie man miteinander redet, sagt viel darüber aus, wie die Zusammenarbeit aussieht, wenn es ernst wird. Es ist wichtig herauszufinden, ob man gut miteinander klarkommt.

Ich sitze Kari und Jon gegenüber, und in meinem Kopf habe ich sie schon als »die Petersens« abgespeichert.

Wir gehen hinauf auf den Dachboden. Dort oben ist es ganz schön dunkel. Ich setze mir meine Stirnlampe auf, damit ich besser in die Ecken sehen und auf die Details achten kann, und stelle meinen Mac auf einen Hocker. Ich notiere mir alle Informationen, die ich bekomme, Antworten auf meine Fragen sowie Problemstellungen, mit denen ich mich später ausgiebiger befassen muss.

Der Winter ist für viele Baumaßnahmen unpraktisch. Es ist früh dunkel, und der Schnee verdeckt vieles, was man gern sehen würde. Dennoch ist diese Zeit, mit ihren gedämpften Geräuschen und den früh am Abend auftauchenden Sternen, die man mitunter auch am Himmel über der Innenstadt sehen kann, sehr schön.

Ich strecke den Kopf aus dem Dachfenster und schaue mich um, betrachte Schornsteine, Kaminabdeckungen und das Dach ganz allgemein. In der Dunkelheit habe ich ein bisschen das Gefühl, in eine Szene aus dem *Glöckner von Notre-Dame* zu tauchen. Die Mondsichel erscheint zwischen zwei dicht nebeneinanderstehenden Schornsteinen, was es so aussehen lässt, als hätte ein Schneidegerät einen großen Schornstein entzweigeteilt und beide Teile im Abstand von einem Meter wieder nebeneinandergesetzt. Wegen des Schnees ist es nicht möglich, den Zustand der Beschläge sowie der Übergänge zu den Dachziegeln zu erkennen.

Das Dach wurde vor circa acht Jahren neu gedeckt und sollte in Ordnung sein. Auch die Schornsteine wurden überprüft und müssten sich in gutem Zustand befinden. Der Dachboden ist ebenso konstruiert wie viele andere in Oslo aus der Zeit um die vorletzte Jahrhundertwende. Er ist groß und geräumig, die Höhe zum Dachfirst beträgt fünf bis sechs Meter, es gibt Hahnenbalken, Sattelhölzer und Stützbalken. Alles Bauelemente, die viele Menschen sehr schön finden, die aber auch viel Platz benötigen und im Weg stehen. Die rustikal-urbane Variante von Bauernromantik. Die Dachschräge weist einen ziemlich steilen Winkel auf, 36 Grad, und die Kniewände sind recht hoch. Das bedeutet, dass sich der Dachboden gut ausbauen lässt, da genügend Deckenhöhe vorhanden ist.

Das Treppenhaus ragt wie ein Würfel in den Dachboden und soll mit einem Hängeboden obenauf in den ausgebauten Wohnbereich integriert werden. Die Brandmauer soll dann um den Würfel herum hochgezogen werden, sodass sie ihn rundum einschließt.

Die Dachkammern bestehen aus einfachen, luftigen Holzkonstruktionen und stammen aus der Zeit, als hier oben alles noch neu war. Einige von ihnen sollen aus dem zukünftigen Wohnraum verbannt und in den Teil des Dachbodens versetzt werden, der weiterhin als Trockenboden dienen soll. Auch wenn ein kleiner Teil des Trockenbodens bestehen bleibt, ist für die Dachkammern immer noch genügend Platz übrig.

Die Leitungen für Strom, Telefon und Kabelfernsehen bilden ein einziges Wirrwarr und müssen anders geführt oder versetzt werden. Teilweise kann man sie auch entfernen. Die Telefon- und Kabelfernsehanbieter müssen frühzeitig informiert werden, denn in der Regel sind sie schwer erreichbar und benötigen viel Zeit für die Durchführung ihrer Aufträge. Den Hausbewohnern die Verbindung zur Außenwelt zu kappen sollte man tunlichst vermeiden. Wütende Nachbarn sind alles andere als angenehm, wenn man ohnehin schon Lärm und Staub ins Haus bringt und manchmal wie ein Mistkäfer oder sonst ein unerwünschtes Wesen angestarrt wird. Möglicherweise hat es im Haus schon einige Umbauten oder Renovierungen gegeben, bevor der Handwerker kommt, um den Dachboden auszubauen. Weitere Arbeiten werden dann oft als Fortsetzung einer endlosen Schmutz- und Lärmperiode empfunden. Verständlicherweise sind es die Menschen irgendwann leid, auf einer permanenten Baustelle zu wohnen.

In meinen Unterlagen habe ich einige Dinge notiert, die ich Petersens gegenüber nicht erwähne. Noch ist es zu früh, um darüber zu reden, obgleich es gut wäre, wenn sie diese Dinge schon jetzt im Blick hätten: Zwei mit Asbest isolierte Abluftrohre müssen entfernt werden. Sie müssen ausgetauscht, versetzt und am Ende mit neuen Abdeckungen versehen werden. Ein Abflussrohr muss entfernt, oder genauer gesagt, versetzt werden. Zwei Rußklappen müssen ausgetauscht werden. Ein Luftschacht aus Backstein wurde unter dem Dach abgerissen, ist aber oben nicht verschlossen worden.

Was die Leute, die das zuwege gebracht haben, sich dabei gedacht haben, lässt sich nur schwer nachvollziehen. Doch de facto haben sie eine Feuerfalle geschaffen. Durch den Luftschacht könnte sich ein Feuer bis zum Dachboden hin ausbreiten, der Rauch hätte freien Weg direkt nach oben. Der Schacht müsste mit isolierten Lüftungsrohren versehen und zum Dach hin verlängert werden. Hier wurde ein ernst zu nehmender Fehler begangen.

Die Petersens sprechen von Vorhersehbarkeit und Qualität und dass sie so schnell wie möglich wissen möchten, was das alles kostet. Meine Liste mit den oben beschriebenen Extra-Arbeiten ist nicht allzu lang, und im Verhältnis zu den Gesamtkosten des Projekts werden diese Dinge nicht viel kosten, dennoch werden dadurch Ausgaben auf die Petersens zukommen. Diese Punkte hat der Architekt in seinem Bauplan jedoch nicht erwähnt. Ich frage mich, warum er sie weggelassen hat.

Vielleicht, weil es nicht sonderlich geschätzt wird, auf Extrakosten hinzuweisen. So, als würde man dich für die Kosten verantwortlich machen, wenn du sie erwähnst. Da ist es besser, man sieht nicht so genau hin und überlässt das Problem anderen. Das ist mittlerweile gängige Praxis geworden. Nichts sehen, nichts hören. Und wo es unmöglich ist, etwas zu übersehen oder zu überhören, bleibt nur die letzte Möglichkeit: nichts sagen.

Somit werden Aufgaben, die eigentlich nur ein normaler Teil des Bauprozesses sind, zu echten Problemen, die so lange versteckt werden, bis es unmöglich ist, sie zu ignorieren. In der Regel geschieht das, wenn die eigentliche Umsetzung beginnt. Und so landet das Problem beim Handwerker, der es schließlich den Kunden vermitteln muss. Oft wird dann der Handwerker als jemand betrachtet, der überall Probleme sieht.

Ich bin am liebsten ehrlich und direkt. Ich möchte den Kunden alles sagen, was ich sehe, sei es nun gut oder schlecht. Ich möchte, dass sie sich solcher Dinge frühzeitig bewusst werden. Allerdings kann ich den Petersens jetzt noch nichts davon sagen, weil es meine Chancen mindert, den Auftrag zu bekommen. Also mache ich das lieber später.

Abgesehen davon muss ich auch meinen eigenen Enthusiasmus im Hinblick auf den Job zügeln. Gleichwohl läuft in meinem Kopf bereits ein Film ab, in dem kleinere und größere Details Platz finden; ich sehe, wie das Ganze Form annimmt. Ich sehe, wie die alten und neuen Träger genau ineinanderpassen und dann hinter einer Gipsverkleidung verschwinden, wo sie vielleicht erst in fünfzig oder hundert Jahren wieder entdeckt werden. Vielleicht wird dann jemand wie ich dort stehen, mit einem Film im Kopf, der den ganzen Tag läuft. Dieser zukünftige Kollege wird ganz anders sein als ich und mir dennoch ziemlich ähneln. Ohne mich zu kennen, wird er oder sie vielleicht gut von mir denken, weil meine Arbeit beim Abriss des Dachbodens wieder sichtbar wird und einen guten Eindruck hervorruft. Was ich tue, das tue ich mit Sorgfalt, und das wird irgendwann einmal in der Zukunft für jeden erkennbar sein, der es sehen kann oder will. Genauso betrachte ich den Dachboden heute, und genauso denke ich über denjenigen, der ihn gebaut hat. Ich hätte den Petersens noch sagen können, dass es mir viel bedeuten würde, wenn die Familie mir Vertrauen schenken wollte und mich ihren Dachboden ausbauen ließe. Aber ich muss eine bestimmte Reihenfolge und Form einhalten, muss warten, bis ich dran bin, warten auf den Architekten, den Bauingenieur, den Sachbearbeiter beim Planungs- und Baurechtsamt und all die Menschen, die mir auf undefinierbare Art und Weise übergeordnet sind.

Ich kann für mich selbst sprechen, doch vorsichtig und bescheiden, fast ein wenig untertänig, denn diese Reihenfolge ist einerseits praktisch und erfüllt andererseits auch eine psychologische und soziale Funktion.

Der Architekt hat in der Zeit, die ich für die Umsetzung seiner Entwürfe benötige, vielleicht zwanzig oder dreißig ähnliche Jobs zu erledigen. Der Bauingenieur schafft es womöglich, statische Berechnungen für hundert Dachböden anzustellen, bis ich auch nur einen einzigen ausgebaut habe.

Ich glaube, dass ich weitaus mehr Herzblut in so einen Dachausbau hineinlege, als sie das bei ihrer Arbeit tun. Nicht nur wegen des unterschiedlichen Zeitaufwands, sondern ich meine das auch an dem Engagement der Architekten und Bauingenieure beobachtet zu haben, die mir im Rahmen solcher Projekte begegnet sind. Für mich bedeutet so ein Job, dass ich fast die Hälfte meines Jahreseinkommens damit verdiene. Ich werde dreckig und verschwitzt sein, mir vielleicht mit dem Hammer auf die Finger hauen, mich an irgendetwas schneiden, und ich werde frieren, während ich diese Arbeit mache. Dieser Job, sofern ich ihn denn bekomme, wird mich in einem ganzen Lebensabschnitt definieren.

Ich möchte gern in fachlicher Hinsicht beurteilt werden, ein bisschen so, als sei mein Handwerk eine Person. Deshalb ist die Vorstellung von dem Handwerker, der irgendwann in der Zukunft die Qualität meiner Arbeit beurteilt, höchst persönlicher Natur. Ich glaube, dass viele, die vor hundert Jahren gut gebaut haben, ebenso dachten. In meiner Vorstellung sind wir eine lange Reihe von Kollegen, ja fast Freunden.

6

Der Auftrag, mit dem ich gerade im Siriusvei im Osloer Vorort Kjelsås beschäftigt bin, liegt gut in der Zeit. Ich tausche einige Fenster aus, baue eine Terrasse und ein paar andere Kleinigkeiten. Der Kunde nutzt in dieser Jahreszeit weder den Garten noch die Terrasse, er ist ein freundlicher Mensch und hat nichts dagegen, dass ich die restlichen Arbeiten für ein paar Tage unterbreche, um ein Angebot für die Petersens zu erstellen.

Die Besichtigung ist gut verlaufen. Ich konnte mir alles genau ansehen und meinen Blick so fokussieren, dass die gezeichneten Entwürfe mit meinen konkreten Beobachtungen zusammenpassen. Manchmal weiß ich schon während einer Besichtigung, dass ich noch einmal zurückkehren muss, um das zu registrieren, was ich vorher übersehen habe. Um einen Auftrag dieser Größe berechnen zu können, braucht man einen guten Überblick und Selbstvertrauen. Für diesen Auftrag werde ich mindestens eine Million Kronen veranschlagen; allein für die Schreinerarbeiten benötige ich sechs- bis siebenhundert Arbeitsstunden. Wenn ich falsch kalkuliere und den Preis zu niedrig ansetze, wird es am Ende teuer für mich. Nenne ich einen zu hohen Preis, bekomme ich den Auftrag nicht.

Der Architekt hat eine Projektbeschreibung mit Einzelposten und Mengenangaben für die Hauptarbeiten angefertigt. Sie ist nicht besonders detailliert: »Decke und Wände aus Gips, gespachtelt und zweimal gestrichen, Fußboden aus Fichtenholz, abgebeizt und geölt. Zwei Velux-Dachfenster 78 × 160 cm und zwei Velux-Dachfenster 55 × 78 cm, Fensterverschalungen aus Gips, IKEA-Badeinrichtung«, und so weiter. Die Projektplanung ist im Großen und Ganzen ziemlich vage; sich nach ihr zu richten ist mit einem gewissen Risiko verbunden.

Meine Auflistung der erforderlichen Zusatzarbeiten kann ich beiläufig ansprechen und gleichzeitig deutlich machen, dass diese nicht Teil meines Angebots sind und ich hierzu auch keine Kalkulation erstellt habe. Natürlich könnte ich die Erwähnung dieser Liste auch unterlassen, allerdings fände ich es unredlich, die Petersens nicht darauf aufmerksam zu machen.

So oder so muss ich den angebotenen Leistungsumfang spezifizieren, darf dabei aber nicht zu sehr ins Detail gehen. Beschäftige ich mich zu lange damit, riskiere ich, als eine Art kostenloser Berater missbraucht zu werden. Schon des Öfteren habe ich erlebt, dass das von mir erstellte Leistungsverzeichnis an eine andere Firma weitergegeben wurde, die den Auftrag dann schließlich ausführte.

Berechnet man ein Angebot für solch ein Projekt und geht davon aus, dass beispielsweise vier verschiedene Bauhandwerksfirmen darum konkurrieren, wird schnell deutlich, wie viel Zeit erst einmal aufgebracht werden muss, bevor der erste Nagel eingeschlagen wird.

Vier Bauhandwerksunternehmer benötigen jeweils vier Tage – also insgesamt sechzehn Tage –, um ein Angebot zu berechnen. Die vier Bauhandwerksunternehmer bitten die Subunternehmer, mit denen sie für gewöhnlich zusammenarbeiten, um Angebote für die jeweiligen Teilaufträge, wobei es sich um fünf Subunternehmer handelt: Maurer, Elektriker, Klempner, Sanitärinstallateur und Anstreicher.

Wenn die vier Bauhandwerksfirmen nun jeweils fünf Angebote von Subunternehmen bekommen, macht das insgesamt zwanzig. Benötigt jeder Subunternehmer einen Tag für sein Angebot, einschließlich Besichtigung, ergeben sich daraus zwanzig Tage. Rechnet man die sechzehn Tage, die die vier Bauhandwerksfirmen für die Erstellung ihrer Angebote aufwenden, zu diesen zwanzig Tagen dazu, die die Subunternehmer benötigen, landet man im Rahmen einer Angebotsrunde bei 36 Arbeitstagen, sofern der jeweilige Leistungsumfang umfassend aufgeführt ist.

36 Tage à acht Stunden sind zusammen 288 Stunden. Legt man 500 Kronen als Durchschnittspreis für eine Arbeitsstunde zugrunde, kostet die gesamte Angebotsrunde 144 000 Kronen ohne Mehrwertsteuer.

Wenn vier Bauhandwerksunternehmen um einen Auftrag konkurrieren, hat man eine 25-prozentige Chance, ihn zu bekommen. Das heißt, dass man im Durchschnitt vier Angebote erstellen muss, um einen Auftrag zu erhalten.

So sehen also die Zahlen und Kosten für solch einen Auftrag aus: 144 000 Kronen oder 288 Arbeitsstunden. Viel Arbeit, um an einen Job heranzukommen.

Die Leistungsbeschreibung ist ganz entscheidend, da hieraus hervorgeht, was letztendlich getan werden soll. Am Anfang war das Wort. Die Arbeitsbeschreibungen oder Baupläne, die ich als Basis meiner Angebote verwende, werden von Architekten und Bauingenieuren verfasst. Oft hat man den Eindruck, als werde ihrer Arbeit eine größere Wichtigkeit oder ein höherer Schwierigkeitsgrad beigemessen als der Arbeit der Handwerker. Empfindet der Handwerker den Bauplan als mangelhaft, wird es schwierig, einen richtigen Preis zu nennen, und so werden Konflikte und Unstimmigkeiten mit dem Kunden unausweichlich.

Es scheint manchmal so, als versteckten sich die Architekten, wenn sie schwierige Situationen erkennen, und überließen die Klärung lieber dem Kunden und dem Handwerker. Die Planung mag dem Kunden dann zwar günstiger erscheinen und sieht auf dem Papier gut aus. Doch wenn die Architekten den Kunden kleinere Summen ersparen, sind es am Ende wir Handwerker, die den Preis bezahlen. Auch für den Kunden kann es teuer werden, wenn die auszuführende Arbeit nicht ausreichend beschrieben wird und zusätzliche Rechnungen auftauchen, die sie in ihrem Budget nicht berücksichtigt haben, oder wenn die Arbeiten ganz einfach fehlerhaft oder unvollständig durchgeführt werden.

Die berufliche Praxiserfahrung unter Architekten und Bauingenieuren sowie ihr Kontakt mit den Handwerkern, die ihnen einen besseren Einblick in die praktische Grundlage ihres Berufs verschaffen könnten, lässt stetig nach.

Unabhängig davon, ob Architekten und Ingenieure dies nun wollen oder nicht, hat es doch gravierende Folgen. Meiner Ansicht nach haben sie mitunter große fachliche Mängel, doch in der Regel bleiben diese unerwähnt, weil das mit ihrer Tätigkeit verbundene soziale Prestige höher ist als das der Handwerker. Natürlich ist das eine nur schwer zu untermauernde Behauptung. Doch ich glaube, dass viele von denen, die den praktischen Teil einer Baumaßnahme ausführen, ähnliche Erfahrungen gemacht haben.

Dass der Idee ein höherer Wert beigemessen wird als der konkreten Durchführung, ist die natürliche Folge einer auf Theorie fixierten Gesellschaft. Das Konkrete ist schmutzig und ungenau, wohingegen die Idee rein und unbefleckt scheint. Die Theorie ist immer so lange fehlerfrei, bis man versucht, sie in die Praxis umzusetzen – wo sie dann mit der Fehlbarkeit des Menschen und der Unzulänglichkeit des Materials konfrontiert wird. Die Entwürfe der Architekten können nur begrenzt fehlerhaft sein, denn es handelt sich dabei ja nur um ein paar Striche auf Papier – hygienisch, minimalistisch und unschuldig. Das Handwerk ist eher das genaue Gegenteil.

Eigentlich ist es seltsam, dass mir diese Gedanken jedes Mal durch den Kopf jagen, wenn ich ein größeres Angebot erstelle. Am liebsten würde ich mich nur mit dem konkreten Auftrag beschäftigen, muss aber auch als Psychologe, Sozialwissenschaftler, Anthropologe und Historiker tätig werden – und natürlich, wie es eigentlich von mir erwartet wird, als Handwerker, der sich mit Finanzen sowie Gesetzen und Vorschriften auskennt.

Ein vage formulierter Bauplan kann mitunter auch dazu führen, dass der Kunde bei den verschiedenen Angeboten Äpfel mit Birnen vergleichen muss, weil die Bauhandwerksunternehmer den Bauplan nicht genau gleich verstehen und jeweils anders interpretieren. Falls einer meiner Konkurrenten beim Lesen der Unterlagen nicht genauso viel berücksichtigt hat wie ich und den Auftrag trotzdem erhält, habe ich ohnehin verloren. Die Tatsache, vielleicht recht zu haben, bezahlt noch lange keine Rechnungen. Insofern ist es nur ein schwacher Trost, wenn die Baumaßnahme dann womöglich mit vielen Zusatzkosten und einem Konflikt zwischen dem Kunden und meinem Konkurrenten endet.

Gute Bauhandwerksunternehmer müssen sich mit Firmen messen, die viel zu niedrige Preise ansetzen, weil es deren einzige Möglichkeit ist, den Auftrag überhaupt zu bekommen. Die Kosten sind in vielerlei Hinsicht die ausschlaggebende Vergleichsgrundlage, bei der die fachliche Qualität oft zu kurz kommt. Diese viel zu niedrig angesetzten Angebote haben großen Einfluss darauf, wie der Markt in der Baubranche funktioniert.

Im Laufe eines Arbeitsjahres werden zwischen Bauhandwerksunternehmern zahlreiche Geschichten ausgetauscht, die davon berichten, dass zum Beispiel ein neues Bad oder etwas anderes wieder eingerissen werden musste. Gar nicht mal selten werden Baufirmen gebeten, vorbeizukommen und sich etwas anzusehen, wenn der Auftrag zuvor bereits von einem Konkurrenten ausgeführt worden ist. Dann geht es um die Frage, ob der herbeigerufene Handwerker die Arbeit neu ausführen oder dabei entstandene Fehler beheben kann. Die fehlerhafte Arbeit anderer Handwerker auszubessern macht grundsätzlich keinen Spaß. Geht es allerdings so weit, dass ein völlig neues Bad herausgerissen und abermals neu gemacht werden muss, ist das nur noch traurig. Aus der Erfahrung als Zimmermann handeln meine Lieblingsgeschichten in der Regel von Tragkonstruktionen, die zerstört wurden, weil jemand wichtige Teile entfernt hat und die Tragfähigkeit dann nur noch auf Glück und Zufall beruht.

Eigene Fehler zu beheben ist eine Selbstverständlichkeit. Handelt es sich dabei um kleine Fehler, ist das nicht weiter tragisch, doch Arbeiten zu hinterlassen, für die man letztlich nicht einstehen kann, ist geradezu ehrenrührig. Als ich in die Lehre ging, hat mein damaliger Meister mir beigebracht, mich zu entspannen, wenn ich etwas Dummes getan hatte. Er war viel strenger, wenn die Arbeit gelang, als wenn etwas danebenging. Nach einer Weile begriff ich, dass er mir damit beibringen wollte, ebenso sehr Verantwortung für eine schlecht ausgeführte Arbeit zu übernehmen wie auf Lob zu warten, wenn mir etwas gut gelungen war. Solange mir also klar war, dass ein Problem behoben werden konnte, war es daher nicht gefährlich, es beim Namen zu nennen. Einen Fehler einräumen zu müssen ist mit einem Gefühl der Scham verbunden. Ist das Aufspüren eines Fehlers und dessen Behebung ein natürlicher Teil der Arbeit, wird das Ergebnis gut. Mir selbst allerdings gelingt es nicht immer, anderen gegenüber die gleiche Geduld aufzubringen, sondern ich werde manchmal durchaus wütend, wenn etwas passiert, was mir nicht gefällt. Ich muss mich dann immer beruhigen und im Nachhinein um Entschuldigung bitten. Mein alter Meister ist darin für mich zu einem Vorbild geworden, wie ich die Dinge betrachte. Ich erinnere mich an die Ausdrücke, die er benutzte, und habe sie zu meinen eigenen gemacht. Dass ich es nicht immer schaffe, meinen eigenen Regeln zu folgen, macht sie indes nicht schlechter.

Wie mein alter Meister immer sagte: Ich kann gern zu Kreuze kriechen, sofern ich es selbst gezimmert habe. Also bitte ich um Entschuldigung für mein Auftreten, wenn mir klar wird, dass das angebracht ist. Und ich bessere meine eigenen Fehler aus, wenn es getan werden muss. Jedenfalls dann, wenn ich sie entdecken kann.

7

Die Projektbeschreibung weist eine große Lücke auf. Ich habe das weder beim ersten Blick darauf noch bei der Besichtigung bemerkt, sehe es aber jetzt. Auf dem Plan ist ein hübsches Bad gezeichnet, mit einer Ablagefläche an der einen Längswand und dem Waschtisch an der anderen. Dusche und Toilette nehmen die eine Ecke des Raums ein, die Badewanne die gegenüberliegende.

Es hätte ein schönes Bad werden können, wenn der Architekt an Sattelholz und Stützbalken gedacht hätte, welche die Dachsparren, oder das, was die meisten Menschen Dachbalken nennen, verstärken. Der Dachboden ist genauso konstruiert wie alle anderen dieses Typs, und diese Balkenkonstruktionen befinden sich dort aus einem bestimmten Grund. Sie helfen dabei, das Dach oben zu halten, müssten aber entfernt werden, wenn dort Platz für ein Badezimmer geschaffen werden soll.

Bei derartigen Umbauten müssen die Dachkonstruktionen verstärkt werden. Wenn der Dachboden im Zuge des Ausbaus isoliert wird, kann weniger Wärme durch das Dach entweichen, was bedeutet, dass der Schnee langsamer schmilzt und das Dach mehr Gewicht tragen muss. Das Dach muss den geltenden Anforderungen an die Tragfähigkeit genügen, und die diesbezüglichen Vorschriften sind heute strenger als früher.

Zwar hat der Bauingenieur dies berücksichtigt und die Berechnungen zur Verstärkung des Daches der Beschreibung beigefügt, allerdings wurde dabei vorausgesetzt, dass die Balkenkonstruktion stehen bleibt. In diesem Fall müssten die Petersens sich damit abfinden, unter einem der Sattelhölzer zu liegen, wenn sie sich in die Badewanne legen. Das mag ein wenig beschwerlich sein, richtig unpraktisch wird es aber erst dann, wenn sie am anderen Ende des Bades auf die Toilette wollen und das Sattelholz wie eine Hühnerstange im Weg ist.

Weder dem Architekten noch dem Bauingenieur ist dieses Problem aufgefallen. Jetzt muss eine neue Lösung für die Tragkonstruktion her, der Bauingenieur muss seine Arbeit noch einmal machen.

Tragkonstruktionen sind im Prinzip ganz einfach aufgebaut. Alles soll auf dem Boden ruhen. Der Apfel fällt herunter, das ist das Grundgesetz der Gravitation. Ein Dachboden ist nicht so kompliziert aufgebaut wie die neue Hardangerbrücke, gleichwohl gibt es auch keine eindeutige Patentlösung. Das Problem ist, eine finanziell tragbare Lösung zu finden, die gleichzeitig gut aussieht und einfach zu bauen ist.

Erst muss ich diese Lösung finden, danach kann ich erläutern, wo das Problem liegt. Wenn ich das in der richtigen Reihenfolge mache, kann ich bei Petersens einen guten Eindruck hinterlassen und die Auswahl ihres Handwerksunternehmers vielleicht beeinflussen.

Nachdem ich mich eine Weile mit dem Problem beschäftigt habe, finde ich eine so einfache Lösung, dass mich allein die Tatsache, dass sie funktionieren wird, glücklich macht – unabhängig davon, ob ich den Auftrag bekomme oder nicht.

Ich fertige eine Skizze an, melde mich telefonisch bei Jon Petersen und erläutere das Problem. Nachdem die Petersens dann einen Tag lang in Verzweiflung zugebracht haben und auch Zeit hatten, diese mit dem Architekten zu teilen, nehme ich abermals Kontakt zu ihnen auf. Dann werde ich ihnen sagen, dass mir eine Idee gekommen ist, ich aber noch etwas Zeit benötige, um ein paar Skizzen anzufertigen – selbst wenn ich die tatsächlich schon bereitliegen habe. Ich möchte, dass die Petersens verstehen, dass hier zusätzlicher Einsatz von meiner Seite erforderlich ist. Möchten die Petersens, dass ich das übernehme? Dann frage ich, ob sie möchten, dass ich das Problem mit dem Architekten und dem Ingenieur bespreche, und ob sie in diesem Fall dort anrufen und ankündigen könnten, dass ich mich melden werde. Doch, ja, vielen Dank.

Dann kommt die etwas nervöse Frage:

»Äh, was wird das denn kosten?«

»Nichts«, erwidere ich. »Das ist eine Serviceleistung, und ich würde den Job gern übernehmen. Ich hoffe also, dass Sie einen guten Eindruck von mir bekommen.«

Was ich da sage, meine ich auch so. Trotzdem habe ich dabei das Gefühl, mich zu billig zu verkaufen, wenn ich erhobenen Hauptes die Mütze ziehe. Aber ich habe meine Lektion gelernt: Man muss sich verkaufen, man ist eine Ware. Früher habe ich nicht so taktisch gedacht, oder so aalglatt, wie man durchaus sagen könnte. Es verschafft mir kein gutes Gefühl, doch wenn man mehrmals ausgenutzt und hintergangen worden ist, hat man es kapiert: Ich bin ein Handwerksprodukt.

Herr Petersen hat den Architekten angerufen, und jetzt bin ich an der Reihe. Christian Herlovsen betreibt zusammen mit einem Kollegen ein kleines Architekturbüro. Beim ersten Kontakt hatte sich aus dem Gespräch mit ihm nichts ergeben. Vor diesem Angebotswettbewerb hatte ich noch nie von ihm gehört, habe mir aber jetzt seine Website angesehen. Er hat viele Projekte in ähnlicher Größenordnung durchgeführt und müsste demnach wissen, was er tut. Das Problem hat er verstanden und ist daran interessiert, eine Lösung zu finden. Ich lasse das Gespräch laufen, bis er mich schließlich fragt, ob ich einen Vorschlag habe. Da erwidere ich, dass mir etwas eingefallen ist.

Der Architekt ist jetzt nicht mehr so abweisend, dennoch scheint es ihm nicht leichtzufallen, mir zuzustimmen, geschweige denn ein freundliches Wort darüber zu verlieren, dass ich das Problem aufgedeckt und mir sogar die Zeit genommen habe, eine Lösung zu suchen.

Ich erläutere ihm meine Idee, und er segnet sie ab. Jetzt kann ich den Bauingenieur anrufen und wieder ein bisschen den kostenlosen Berater spielen. Ich schicke also Herrn Petersen eine SMS, um ihm zu zeigen, dass ich mich mit dem Problem beschäftige, und um mir bestätigen zu lassen, dass ich den Bauingenieur behelligen darf.

In gewisser Weise ist diese Vorgehensweise durchaus spaßig, wenngleich es mir noch mehr Spaß gemacht hätte, das ganze Spiel sein zu lassen – lieber wäre mir, wir würden gleich zusammenarbeiten, und am liebsten hätte ich natürlich auch einen Job, für den ich bezahlt werde. Aber es kostet mich ohnehin nur ein paar Stunden Arbeit. Ich komme mir dabei vor, als wäre ich Schüler und Lehrer in einem. Abgesehen davon bekomme ich wieder einmal die ewige Wahrheit des Geschäftslebens bezüglich Angebot und Nachfrage bestätigt, wenn auch von einer niedrigen Stufe der Bauleiter aus betrachtet.

Obwohl er von den Petersens informiert wurde, wirkt Bauingenieur Halvorsen ein wenig überrascht angesichts meines Anrufs. Wie bei Bauingenieuren häufig der Fall, ist er gerade beschäftigt, weswegen wir vereinbaren, am folgenden Tag erneut zu telefonieren.

Am Freitagmorgen findet also das Telefonat mit dem Bauingenieur statt. Es war ihm unmöglich, mich vor Ort auf dem Dachboden zu treffen, obwohl es dort meiner Ansicht nach einfacher für ihn gewesen wäre, sich die Lösung unmittelbar vorzustellen. Wie ich bereits vermutet habe, hat er nur den Entwurf des Architekten gesehen und sieht auch jetzt nicht die Notwendigkeit einer Besichtigung, denn die Entwürfe sprächen ja für sich.

Ich erläutere ihm das Problem sowie die erforderlichen Maßnahmen. Die Sattelhölzer und die Stützbalken müssen verschwinden; das sieht er ebenfalls ein. Jetzt geht es um die Lösung.

»Wir bauen das Ganze um zu einer Dachsparrenkonstruktion mit einer Firstpfette. An der Giebelwand versenken wir den Träger in ein Loch in der Mauerwand, das wir dann wieder zumauern. Am anderen Ende legen wir den Träger auf einen Pfosten, der unten an der Wand zum Treppenhaus steht.«

»Das soll gehen?«

Nach einer kleinen Denkpause ist Halvorsen einverstanden.

»Aber die Dachsparren werden nachgiebig, wenn wir Sattelholz und Stützbalken entfernen. Die Sparren müssen also verstärkt werden«, sagt er.

»Ja«, gebe ich zurück. »Wir verstärken sie mit Balken in der Größe zwei mal neun Zoll, die verleimt und vernagelt werden, so viele wie nötig. Und dann legen wir neue Sparren zwischen die alten, sodass sich die Anzahl der Sparren im Dach verdoppelt. Dafür nehmen wir ebenfalls Zwo-Neuner-Balken.«

Halvorsen möchte gern Kerto-Balken verwenden. Ich wende ein, dass gewöhnliche Zwo-Neuner völlig ausreichend sind, dass er aber einrechnen muss, wie viele benötigt werden. Statt der üblichen C-24-Qualität müssten die Hölzer C-30-Qualität aufweisen, da sie dann etwas steifer sind. Dasselbe gilt im Übrigen für den Boden. Die Zwo-Neuner sind kostengünstig und gut zu verarbeiten.

»Ja, in Ordnung«, sagt er.

Schritt für Schritt werden wir uns einig.

»Um den neuen Dachsparren an der Kniewand Halt zu bieten, legen wir einen Zwo-Neuner quer darunter. Den befestigen wir dann in der Wand, sodass er die Belastung aushält.«

Abermals ist er einverstanden, glaubt aber, wir müssten zwei Zwo-Neuner einbauen. Das will er noch mal ausrechnen.

»Dann können doch Sattelholz und Stützbalken entfernt werden, oder?«

Das können sie, und wir sind beide mit der Lösung zufrieden. Aber ich bin noch nicht ganz fertig.

»Der Kunde könnte eine viel bessere Hängebodenlösung über dem Treppenaufgang bekommen, wenn wir die Firstpfette seitlich am Dachfirst anbringen. Dann sind für die Leiter zum Hängeboden weder der Träger noch der Pfosten im Weg, auf dem der Träger ruhen soll. Unter der Dachmitte ist für den Hängeboden genügend Platz vorhanden, und da wäre es ja dumm, wenn wir den Raum mit dem großen Träger verengen. Die Leiter muss sowieso mittig unter dem First platziert werden, da sie der Tür zum Treppenaufgang nicht im Weg sein darf, und die wird seitlich unter dem First eingebaut.«

»Tatsächlich!«, sagt Halvorsen. Jetzt ist er wieder wach.

Bald ist auch diese Lösung akzeptiert. Halvorsen erklärt, wie weit die Firstpfette ungefähr zur Seite hin versetzt werden kann. Er nimmt sich Zeit, mir zu erläutern, wie die Kräfte in der Dachkonstruktion wirken, wenn wir den Träger wie geplant versetzen, wie sich der Kipppunkt verschiebt und wo die Belastungen besonders groß werden.

»Na, dann habe ich ja heute auch noch etwas Neues gelernt«, sage ich.

Halvorsen ist in Ordnung. Die Sache scheint ihm Spaß zu machen, und er hat plötzlich auch viel mehr Zeit. Wir unterhalten uns noch ein wenig über die Baumaßnahme und das Leben im Allgemeinen, dann verabschieden wir uns.

Jetzt wird er eine Zeichnung anfertigen und sie Architekt Herlovsen zusenden, der sie dann in die Planung einfügen wird.

Es ist Freitag, der Tag ist gut gelaufen, und jetzt möchte ich Feierabend machen. Morgen, morgen werde ich alles ausrechnen und ein Angebot erstellen. Aber nicht heute.

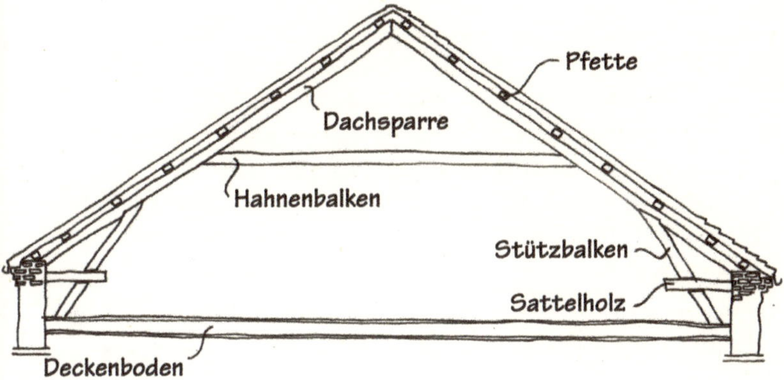

Ursprüngliche Konstruktion

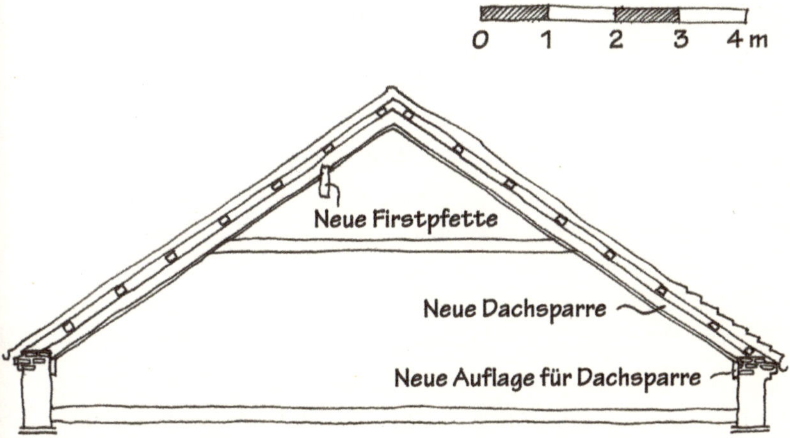

Neue Konstruktion

8

Ich nehme eine heiße Dusche, seife mich ordentlich ein und lasse die Nagelbürste zum Einsatz kommen. Der Auftrag in Kjelsås war in den letzten Tagen mit ziemlich viel Dreck verbunden. Es waren hauptsächlich Abrissarbeiten. Der Dreck sitzt immer noch in sämtlichen Poren und Falten; ihn vollständig loszuwerden ist unmöglich. Immerhin sind meine Hände frisch gescheuert und so sauber, wie es eben geht.

Ich mag meine Hände, sie sind von meinem Alter und von meiner Arbeit geprägt. Ein paar Narben, aber keine großen, alle Finger noch unversehrt. Diese Hände stehen stellvertretend für meine Arbeit, es sind Zimmermannshände. Die Haut ist etwas dicker, aber ohne Schwielen, so etwas bekomme ich schon lange nicht mehr. Meine Haut ist wie ein dünner Arbeitshandschuh. Mein Leben sitzt in meinen Händen, denke ich, sie entsprechen meinen Fähigkeiten und dem, was ich aus meinem Leben mache. Meine Hände sind wie ein Zeugnis, mein persönlicher Lebenslauf.

Klempner und Maurer haben kräftige Pranken. Klempner arbeiten viel mit Zangen und schneiden sich häufig an scharfen Metallkanten. Das ist nicht zu übersehen. Maurer schleppen Steine, schwere Eimer und Säcke. Zement, Mörtel und Fugenmasse wirken nicht gerade wie eine Feuchtigkeitscreme auf die Haut, vielleicht eher wie ein grobes Peeling. Verglichen mit Klempnern und Maurern sind meine Hände schmal und zierlich.

Die Bar im Teddys ist für mich ein Wohnzimmer außerhalb des Wohnzimmers. Ich bin schon zeitig da, am Nachmittag, die perfekte Zeit für Bier und Burger. An der geschwungenen Theke sitzen Johan, Espen und Christer. Ich brauche mich nicht zu verabreden, um Bekannte zu treffen.

Der beste Grund, in einer guten Kneipe zu sitzen, ist die Gesellschaft, die man ab und zu bekommt, und diese Kneipe ist die beste, die ich kenne. Man braucht zwar ein wenig Geduld, wenn man hier an diesem Tresen sitzt. Nicht immer funktioniert alles so, wie es soll. Aber dafür sind den Gästen Status oder Titel ziemlich egal, sie wollen nicht wissen, was du für einen Hintergrund hast. In den Gesprächen dreht es sich vielmehr um alles Mögliche, und man kann sich unterhalten, ohne an Klischees oder Erwartungen gemessen zu werden. Hier sind die Leute unvoreingenommen.

Heute arbeiten Engle und Bente an der Bar, und Rune steht in der Küche. Alle drei sind mir genauso willkommene Gesellschaft wie die Gäste. Wenn Rune in der Küche arbeitet, esse ich immer Chiliburger. Seine Salsa ist so gut, dass ich stets die doppelte Portion bestelle.

Christer ist IT-Fachmann, Espen ist Rigger, also Konzert- und Eventtechniker. Womit Johan sein Geld verdient, weiß ich nicht so genau, obwohl ich ihn schon seit Jahren immer wieder in der Bar treffe. Er arbeitet an der Hochschule in Oslo, ob als Hausmeister oder Dozent, keine Ahnung. Ich geselle mich zu den dreien, und wir reden Blödsinn, quatschen über die Arbeit, über Bücher und alles Mögliche.

Da taucht Snorre auf, ein dänischer Zimmermann, der für eine große Firma tätig ist. Wir haben zwar denselben Beruf, arbeiten aber auf verschiedenen Planeten. Ich habe meine Dachboden- und Instandhaltungsprojekte, er arbeitet auf großen Baustellen im Stadtzentrum. Außerdem betreibe ich eine eigene Firma, das ist der größte Unterschied. Diese Planeten liegen weit voneinander entfernt und ähneln sich doch. Wir beide haben Zimmermannshände und sind von Kälte und Staub abgehärtet.

Snorre trägt seine Arbeitskluft. Er hat einen etwas weiteren Weg zur Arbeit und schafft es nicht, erst nach Hause zu fahren und dann wieder aufzubrechen. Wenn er nach einer Woche zwischen rohen, fensterlosen Betonwänden, wo er ständig Wind und Wetter ausgesetzt ist, heimkommt und durch die Wohnungsür in die Wärme tritt, stehen erst mal Dusche und Sofa auf dem Programm. Deshalb muss er gleich nach der Arbeit hierherkommen, weil Bier und nette Gesellschaft ebenfalls wichtig sind. Dusche und Sofa können warten. Snorre und ich werden uns schnell darüber einig, dass das milde Wetter zum Ende der Woche, mit lediglich acht bis zehn Minusgraden, willkommen ist. Minus zwanzig Grad sind einfach zu viel, jetzt ist es besser, auch wenn der Wind noch unangenehm bläst.

Jemand kommt an die Theke, um etwas zu bestellen. Er sieht Snorre an und kommentiert dessen Arbeitskluft.

»Aha, kommst direkt von der Arbeit, was?« Arbeitszeug, ist ja allerhand.

Er ist ein jovialer Typ und muss einfach einen kleinen Scherz machen, wobei er dem Dänen spielerisch den Ellbogen fast schon in die Seite rammt. Dann erzählt er einen Witz über die Dänen, die zum Mittagessen Bier trinken.

»Tja, und wie sieht's dann nach dem Mittagessen aus, mit Meter und Zentimeter?«

Jawoll, das Klischee von den trinkenden dänischen Handwerkern. Der geht gleich zur Sache. Snorre sieht ihn an, blickt zu dem Tisch, wo der Typ herkommt und wo seine Begleiter sitzen, und deutet dann mit dem Daumen rückwärts über seine Schulter.

»Und ihr? Arbeitsbierchen?« Na klar, was denn sonst.

»In Arbeitsklamotten?«, schiebt Snorre gleich hinterher, ohne die Antwort abzuwarten.

»Ihr seht ja alle ziemlich gleich aus, finde ich. Habt ihr da so 'n Dresscode im Büro, oder wie?«, fragt Snorre, und dieses Mal will er eine Antwort. Aber der Typ schaut nur verdutzt. Snorre lässt die Frage stehen und setzt das Gespräch mit uns anderen fort. Der Typ bekommt sein Bier, geht zurück an seinen Tisch, und wir sind wieder unter uns.

»War ich jetzt überheblich?«, fragt Snorre.

Vielleicht. Der Typ war es jedenfalls, ohne es zu merken. Falls überhaupt jemand das Recht haben sollte, sich über dänische Handwerker und Alkoholkonsum lustig zu machen, dann sind wir das, Snorres Kumpel, und nicht so ein ironisch auftretender Bürohengst mit einem Dresscode, dessen er sich selbst nicht einmal bewusst ist.

Wir sitzen da und reden, und zwar über die Baubranche. Um die steht es gerade nicht so gut. Allerdings wurde in alten Tagen mehr getrunken, und ich als Ältester erzähle Anekdoten über Leergut, das ich als Ausschachter wegräumen musste, und über Betrunkene auf den Baustellen, damals in den Achtzigerjahren.

Mittlerweile ist es viel besser. Nur noch selten trifft man betrunkene Arbeiter an, die auf Gerüsten herumklettern oder mit gefährlichem Werkzeug hantieren. Gleichwohl frage ich mich manchmal, wo diese Leute eigentlich abgeblieben sind. Sind sie noch auf den Baustellen oder irgendwo draußen im Dunkeln, arbeitsunfähig oder womöglich schon tot? Die Gesellschaft ist nicht wirklich enthaltsamer geworden, was bedeutet, dass diese Menschen entweder nicht mehr im Arbeitsleben stehen oder aber ihr Trinkmuster geändert haben und nüchtern auf der Baustelle erscheinen. Vermutlich gibt es viele

Erklärungen, eine davon ist in den Statistiken über Erwerbsunfähigkeit zu finden. Somit ließe sich durchaus behaupten, dass die Gesellschaft weniger offen geworden ist, da es für solche Menschen im normalen Alltag keinen Platz mehr gibt.

An einen Betrunkenen, der die Kreissäge bedient, mag ich überhaupt nicht denken, weswegen auf meinen Baustellen eine Nulltoleranzpolitik in dieser Hinsicht besteht. Dass ich auf der Arbeit keine Betrunkenen dabeihaben möchte, ist eine Sache. Aber Menschen vollständig aus der Gesellschaft auszuschließen, damit diese im Ganzen besser funktioniert, hat auch seinen Preis. Das Trinken während der Arbeit ist nur ein Problem. Doch geht es auch um andere Gesellschaftsbereiche, wo früher akzeptiertes Verhalten heute als problematisch gilt. Die Stromlinienförmigkeit ist intolerant gegenüber persönlichen Entwicklungen und Individuen, die von Regeln und Autoritäten in die Zange genommen werden. Das wiederum führt dazu, dass viele Menschen keinen Platz mehr im Berufsleben finden, weil siebzig Prozent Leistungsfähigkeit nicht genug sind. Wir müssen hundertprozentig funktionieren. Dass dieser Prozentsatz für viele von uns nicht dasselbe ist, scheint keinerlei Bedeutung zu haben.

Ungeachtet dessen bin ich natürlich froh darüber, dass mir keine Flaschen mehr auf den Kopf fallen, während ich nach Dachziegeln suche, wie es mitunter in den Achtzigerjahren auf den großen Baustellen passiert ist.

Snorre berichtet von seiner Baustelle, wo zwei- bis dreihundert Menschen arbeiten. Sie kommunizieren auf Englisch und Norwegisch, in allen erdenklichen Varianten und Qualitätsstufen, sowie mit Händen und Füßen.

Snorre zeigt uns einen Zettel, den er aus einer der Baubaracken auf seiner Baustelle mitgenommen hat. Diese Hinweiszettel hängen an den Türen zu allen Duschräumen. Die

Wasserrohre liegen unter den Baracken, und das Wasser kann gefrieren. *Lasst das Wasser in der Dusche laufen,* steht auf dem Zettel. Ganz oben auf Norwegisch und darunter in neun weiteren Sprachen. Ein Deutscher hat auf Deutsch daraufgeschrieben, dass diese Sprache fehlt. Ein anderer hat den auf Isländisch verfassten Hinweis Korrektur gelesen und ergänzt, sodass ein ganzer Satz daraus geworden ist. Isländer sind ja bekannt für ihr Sprachbewusstsein.

Nicht nur in der Öl- und IT-Branche gibt es internationale Belegschaften mit offenen Büros, erwähnt Snorre und denkt bei Letzterem vermutlich an den schneidenden Wind, der ihm die ganze Woche ins Gesicht geblasen hat, während er am Bau eines Bürohauses beteiligt war. Er meint, dass die sprachliche Vielfalt, die auf solch einer Baustelle vorherrscht, auch eine gewisse Großzügigkeit und Toleranz erkennen lässt. Wahrscheinlich hat er recht. Das halbfertige Bürogebäude ist eine Art Turm zu Babel. Die Vielfalt hat ganz praktische Konsequenzen, und viele davon haben mit Sprache zu tun.

Ein Großteil unserer norwegischen Fachbegriffe ist ausländischen Ursprungs und wurde im Laufe der Zeit zu einem natürlichen Teil unserer Allgemeinsprache. Das hat unsere Sprache bereichert, doch die Frage ist, ob die Arbeitsmigration, wie wir sie heute erleben, irgendwann zu einem ähnlichen Ergebnis führen wird. Werden in Zukunft statt deutscher oder englischer Begriffe polnische oder litauische Wörter in unsere Sprache einfließen?

Im täglichen Arbeitsleben ist die sprachliche Vielfalt oft nur schwer zu handhaben. Insbesondere auf den großen Baustellen verarmt die Fachsprache im Alltag. Häufig verstehen die Arbeiter einander nur schlecht. Verstärkt wird dies außerdem durch eine nahezu unübersichtliche Vielzahl an Bauunternehmen, bei denen mitunter Lohn- und Arbeitsbedingun-

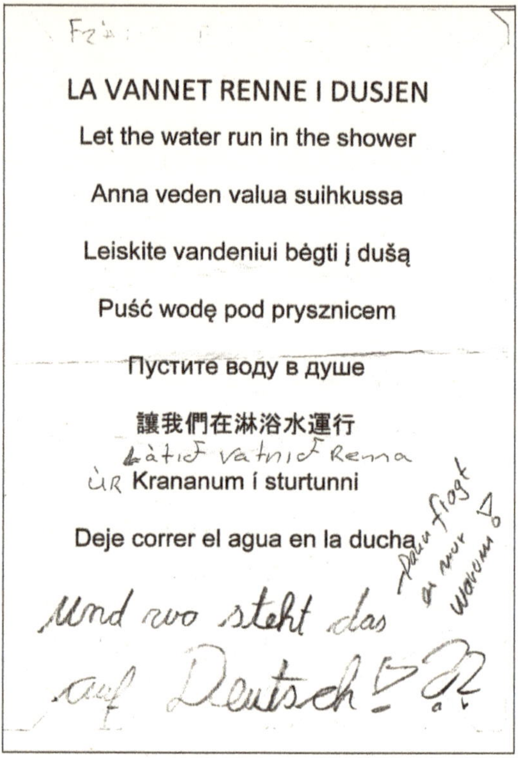
LA VANNET RENNE I DUSJEN

Let the water run in the shower

Anna veden valua suihkussa

Leiskite vandeniui bėgti į dušą

Puść wodę pod prysznicem

Пустите воду в душе

讓我們在淋浴水運行

Krananum í sturtunni

Deje correr el agua en la ducha

Und wo steht das auf Deutsch?

gen herrschen, die man in unserem Land allenfalls in grauer Vorzeit finden kann. Unsere Arbeitsmilieus sind inzwischen sprachlich, kulturell, fachlich und sozial gespalten.

In meinem Bereich der Baubranche, also im Rahmen kleinerer Projekte, ist das durchaus ähnlich, auch wenn die Ausmaße geringer sind. Ein negativer Effekt dieser Sprachprobleme besteht darin, dass viele der kleineren Bauunternehmer die norwegische Sprache oft nicht gut genug beherrschen, um überhaupt einen Bauplan lesen zu können. Wenn sie Lösungen für ein Bauprojekt auswählen sollen, endet das Ganze häufig in einer Art Ratespiel, das lediglich auf Erfahrungen basiert. Wobei den Erfahrungen, über die sie verfügen, auch nicht immer ganz zu trauen ist. Oftmals kommen am Ende dann recht seltsame Lösungen zutage.

Viele ausländische Handwerker erfüllen sich mit der eigenen kleinen Firma den Traum von Selbstständigkeit, oder es ist für sie einfach eine Möglichkeit, überhaupt an Arbeit zu kommen. Sie berechnen nur wenig Stundenlohn, aber etwas ist es immerhin, zumindest mehr als nichts oder mehr als das, was sie in ihrem Heimatland verdienen könnten. Ihre Antriebskraft besteht darin, die Firma am Leben zu erhalten, das allerdings lässt sich nicht immer mit guten, handwerklich qualitativen Arbeitsergebnissen vereinbaren.

Dass so etwas häufig Probleme mit sich bringt, ist sicherlich keine Überraschung, wie dies allerdings in fünfzig Jahren betrachtet werden wird, ist dennoch nicht einfach vorauszusehen. Die Diskussion um Arbeitsmigration und Migration im Allgemeinen hat insbesondere im Hinblick auf die Sprache viele Facetten.

Die Ursprünge der traditionellen Handwerksberufe liegen weit zurück, und hier in Norwegen, am Rande Europas, war die handwerkliche Szene so überschaubar, dass wir von größeren Fachkreisen lernen mussten: in Bergbau, Schifffahrt, Schiffsbau, Textilherstellung, Metallbau und Bauwesen. Die Handwerker zogen aus, um zu lernen, und gleichzeitig wurden fremde Fachleute ins Land geholt. Wir haben viel von anderen gelernt. Das war und ist etwas ganz Normales.

Die Sprache passt sich den fachlichen Inhalten an, wir reden von Dingen, die wir verstehen oder fachlich beurteilen können. Der Stützbalken, der auf dem Dachboden in Torshov entfernt werden soll, wird im Norwegischen auch *strever* – zu Deutsch: *Strebe* – genannt. *Strever* ist ein fachsprachlicher Begriff, der ursprünglich aus dem Deutschen stammt. Vermutlich ist er wie viele andere Wörter in dieses Land gekommen, nämlich mit den Arbeitern – und unter ihnen gibt es viele, die in die Baubranche streben. Der Wettbewerb um die Arbeitsplätze oder Aufträge, der nach und nach zu einem natürlichen Teil des Alltags geworden ist, macht diejenigen, die daran teilnehmen, zu Strebern. Ein Verhalten, das mit der Brutalisierung einhergeht, die wir an den Türmen zu Babel unserer Stadt erkennen können.

9

Jon Petersen ruft an und berichtet, dass einer der anderen Bauunternehmer mehr Zeit benötige. Daher haben sie die Abgabefrist verlängert, das Angebot muss nun erst am Freitag in drei Wochen vorliegen. Ich habe die neuen Entwürfe und Berechnungen für die Dachkonstruktion erhalten und rechne daher damit, dass die Pläne abgesegnet werden. Da bin ich mir ziemlich sicher. Also muss ich mich mit der Fertigstellung des Angebots nicht übermäßig beeilen.

Am Dienstag mache ich eine Besichtigung mit meinen Leuten, also dem Maurer, dem Anstreicher, dem Elektriker, dem Klempner und dem Sanitärinstallateur. Der Installateur und der Elektriker kommen um elf Uhr, die anderen eine Stunde später.

Finn, der Installateur, ist inzwischen eher Büromensch als Handwerker und arbeitet auf den Baustellen nicht mehr direkt in seinem Beruf. Er macht die Planung, berechnet die Angebote und koordiniert die Arbeiten. Wer aus seiner Firma dann letztlich zur Baustelle kommt und die Arbeiten ausführt, variiert von Mal zu Mal. Doch es gibt nicht allzu viele Angestellte in seiner Firma, daher kenne ich sie alle, egal, wer den Job macht. Für viele Handwerker ist es ein ganz normaler Karriereweg, dass sie irgendwann im Büro landen und Teil jenes Apparats werden, der benötigt wird, um die administrativen Aufgaben einer Firma abzudecken. Manche wählen diese Möglichkeit ganz bewusst, oft schon von Anfang an. Sie legen ihre Gesellen- oder Handwerksprüfung ab und arbeiten eine Weile in dem Beruf, um praktische Erfahrungen zu sammeln, bevor sie sich dann weiterbilden. Sie können einen der Kurse besuchen, die in der Branche organisiert werden, eine technische Fachschule besuchen oder ein paar Jahre an der Universität oder Fachhochschule studieren. Finn hat neben dem Gesellenbrief keine offizielle Ausbildung absolviert, verfügt dafür aber über sehr viel praktische Erfahrung und ist zudem geschickt im Umgang mit Kunden und bei der Erstellung von Angeboten.

Manche Handwerker können irgendwann keine schwere körperliche Arbeit mehr verrichten. Sie sind dann gezwungen, den Job zu wechseln, wollen aber bei dem bleiben, was sie können. Nur in anderer Form. Viele können diese Art von Arbeit nicht über Jahre hinweg bewältigen. Die aus der körperlichen Belastung resultierenden Schäden, insbesondere Abnutzungserscheinungen an Schultern oder am Rücken, verschwinden nicht einfach nach einer Pause oder nach einer Operation. Diese Schäden führen zu lebenslangen Beschwerden.

Wenn man über solche Beschwerden spricht, wird mitunter gern eingewandt, dass jeder Beruf seine schwierigen Seiten hat. Das mag wohl zutreffen. Häufig wird so etwas allerdings von Menschen geäußert, die keiner körperlichen Arbeit nachgehen und eigentlich darauf hinauswollen, wie viel Stress und körperliches Unbehagen mit ihrer Arbeitssituation verbunden ist. Dabei schwingt immer die Andeutung mit, dass körperliche Arbeit doch so angenehm unkompliziert sei und das Ergebnis unserer Arbeit stets sichtbar werde. Als ob man wie durch eine Art Impfschutz vor Stress und unangenehmen sozialen Arbeitsverhältnissen gefeit sei, wenn man mit den Händen arbeite. Aber dem ist nicht so.

Der Anteil der administrativen Arbeitsplätze ist in der Baubranche eher gering, und so werden viele Handwerker regelrecht aus ihr hinausgedrängt. Soll ein neuer Projektleiter engagiert werden, ist es oft ein frisch ausgebildeter Bauingenieur, der den Job bekommt, und nicht ein Handwerker mit langjähriger Erfahrung. Die akademische Ausbildung wird dann der praktischen oftmals vorgezogen, sogar dann, wenn es konkret um die Organisation praktischer Arbeit geht.

Wie man es auch betrachten mag, hat die zunehmende Loslösung von den Handwerksberufen zur Folge, dass die Branche Fachwissen verliert. Viele Handwerker verlassen die Branche, wenn sie sich auf der Höhe ihres Berufslebens befinden, wenn sie wertvolle Erfahrungen gemacht und in ihren Berufen Routine erlangt haben. Wie wird das Fachwissen dann weitergetragen?

Zum Inspizieren der elektrischen Anlage ist heute Ebba gekommen. Nicht häufig trifft man Frauen auf Baustellen an. Ebba ist so gesehen eine Ausnahme. Sie ist sehr tüchtig und absolut zuverlässig im Hinblick auf die Angebote, die sie mir macht, und hinsichtlich der Vereinbarungen, die wir treffen.

Während ich alle Handwerker herumführe, sprechen wir einmal kurz das ganze Projekt durch. Ich hake nach, ob sie vielleicht etwas sehen, über das wir genauer nachdenken müssten, und sie stellen mir ein paar Fragen. Außerdem bekommen sie eine Kopie jenes Teils der Projektbeschreibung, den sie für ihre jeweilige Arbeit benötigen. Wir klären ab, bis wann sie ihre Angebote fertig haben können, und vereinbaren, dass wir wieder telefonieren, sobald ich ihre Angebote angesehen habe.

Der Anstreicher schaut sich überall um und macht Notizen. Er zählt die Ecken, rechnet Quadratmeter aus und überlegt, wie viele Meter Leisten er braucht. Ich bitte ihn um ein Preisangebot auf der Basis von Standard-Farbqualität sowie um ein weiteres mit strapazierfähigerer und teurerer Farbe. Die Qualität der auf dem Markt erhältlichen Farben ist sehr unterschiedlich, und ich denke, dass es beim Kunden gut ankommt, wenn ich zeige, dass wir an alles denken. Wir besprechen, welche Abdeckungen er während der Arbeiten benötigt. Ich möchte mit dem Verlegen des Bodens so lange wie möglich warten und erst anfangen, wenn die meisten Spachtel- und Malerarbeiten bereits ausgeführt sind. Dann ist auch weniger Abdeckung erforderlich. Hauptsache, der Boden wird nicht beschädigt – das ist das Wichtigste.

Anscheinend verfügt Vietnam über eine Kultur, die zum Malerberuf anregt, denn in diesem Handwerksbereich trifft man häufig auf Vietnamesen. Natürlich basiert diese Theorie nur auf meinen persönlichen Beobachtungen und entbehrt jeder ernst zu nehmenden statistischen Grundlage. Tam ist bei allem, was er tut, ziemlich schnell und redet auch so, noch dazu in einer sehr eigenen Form der norwegischen Sprache, sodass ich längst nicht alles verstehen kann, was er sagt. Seine Arbeit ist aber stets hervorragend ausgeführt, und seine Preise sind erträglich. Ich weiß nicht genau, welchen beruflichen Hintergrund er hat, aber er arbeitet schnell und hat hohe Ansprüche in Bezug auf die Qualität, die seine Firma abliefert.

Es riecht gut, wenn die Anstreicher arbeiten, denn sie machen sich immer ein warmes Mittagessen und bringen dazu Reiskocher, Gemüse und Saucen mit. Mich erinnert das an eine Tour in den Wald, wenn ich mein Zelt aufschlage und den Campingkocher anwerfe. Baustellen, auf denen es nach warmem Essen riecht, sind nicht eben weit verbreitet.

Petter ist der Klempner, den mein ehemaliger Meister schon in der Zeit engagiert hat, als ich gerade erst Zimmermann geworden war. Er ist ein tüchtiger und humorvoller Kerl. Wenn man Petter trifft, wirkt sich das immer positiv auf die Laune aus, und eigentlich sollte ich meine Besichtigungen mit ihm grundsätzlich an den Tagen durchführen, an denen ich eine kleine Aufmunterung gebrauchen kann. Wir hatten schon so viele Jobs zusammen, dass wir mittlerweile immer sehr schnell unkomplizierte Lösungen finden, und danach reden wir meistens übers Angeln. Wir beide angeln Meerforellen und mögen das Fliegenfischen, doch wie es ihm gelingt, seine Hechte zu fangen, ist mir bis heute unbegreiflich.

Petter soll mir ein Angebot für die Belüftungsanlage sowie zwei Kaminabdeckungen machen, wo die Be- und Entlüftungsrohre enden sollen. Außerdem bitte ich ihn um eine Kalkulation für eine weitere Kaminabdeckung und ein paar Arbeiten an der vorhandenen Belüftungsanlage, die repariert werden muss. Diese Arbeit ist im Bauplan nicht aufgeführt und muss gegebenenfalls extra behandelt werden. Trotzdem ist es besser, das jetzt schon bei der Besichtigung zu berücksichtigen, dann ist es erledigt. Wie immer bitte ich Petter auch, einen Blick auf die bereits existierenden Klempnerarbeiten zu werfen, um nachzusehen, ob alles in Ordnung ist. Er steckt den Kopf durch die Dachluke. Sind die Kamine noch gut? Ein paar Beschläge sind zwar von Schnee bedeckt, scheinen aber in Ordnung zu sein. Danach reden wir noch ein bisschen übers Eisfischen und kommen zum Ende.

Dann ist der Maurer an der Reihe. Es gibt Wände und Kaminschächte, an denen der Putz ausgebessert werden muss, außerdem einen Badezimmerfußboden sowie Fliesen zu verlegen. Der Maurer heißt Johannes und ist ebenfalls ein alter Freund. Wir kennen uns nur durch die Arbeit und haben darüber hinaus keinen Kontakt zueinander, und dennoch denke ich, dass wir alte Freunde sind.

Von ihnen allen habe ich meine Aufträge erhalten und mit ihrer Hilfe meine Brötchen verdient. Umgekehrt gilt dasselbe.

Wir haben uns gemeinsam Sorgen gemacht und uns gegenseitig ausgeholfen, wenn Gelder ausblieben und Rechnungen bezahlt werden wollten, und manchmal waren wir erschöpft und bedrückt und mussten uns zusammenreißen, um unsere Arbeit zu machen, die natürlich immer gut werden sollte. Schlamperei ist nicht erlaubt, aber bei uns gab es noch nie Anlass zur Strenge. Auch das ist wahrscheinlich ein Grund dafür, dass wir uns so gut verstehen.

Der Stolz auf mein Handwerk ist wohl niemals größer, als wenn ich meine Arbeit zusammen mit Leuten mache, wie ich sie diesmal wieder dabeihabe. Ich kenne sie so, wie ich niemand anderen kenne, und diese Art der Verbundenheit kann ich auch niemandem erklären, der nicht so ist wie wir. Sie spüren die Kälte und den Staub genauso wie ich, und sie verstehen, was ich mache. Wir respektieren einander auf eine Weise, die andere nur schwer begreifen können. Diese Zusammenarbeit ist wohl eines der besten Dinge am Handwerksberuf.

10

Der Bauplan ist so allgemein gehalten, dass ich die Kalkulation aufsplitten und einzelne Posten aufstellen muss, um mir einen Überblick über die wesentlichen Arbeitsaufgaben zu verschaffen. Da kann ich mich auch gleich an die gesamte Rechenaufgabe machen und mir die Einzelposten unterwegs Schritt für Schritt ansehen. Es gibt Kalkulationsprogramme, die ich nutzen könnte, aber an die habe ich mich noch nie herangewagt, auch wenn das vermutlich das Beste wäre. Diese Art von Angebot ist nicht so leicht zu berechnen, da ich die einzelnen Posten sehr genau abschätzen muss. Kalkulationsprogramme lassen außerdem nicht viel Spielraum für Improvisation. Ich mache es also lieber auf die altmodische Art und vertraue auf meine Erfahrung, auch wenn mich das vermutlich mehr Zeit kosten wird.

Zunächst nehme ich mir die erforderlichen Mengen vor. Ich rechne aus, wie viele Quadratmeter Bodendielen, Abdeckplanen, Kunststoff, Gips und Isolationsmaterial ich benötige, zähle die laufenden Meter an benötigten Hölzern, die Menge an Nägeln, Schrauben und so weiter. Ebenfalls ausrechnen muss ich die erforderlichen Mengen an Leim und Fugenmasse. Das Material für jedes Einzelprojekt im Rahmen des Gesamtauftrags muss genau abgeschätzt werden, vom Abriss einzelner Teile bis hin zum Einschlagen des letzten Nagels oder dem Eindrehen der letzten Schraube.

Wenn ich mich auf der Website der Holzfirma Thaugland

Trelast mit meinem Passwort einlogge, erscheinen die Preise gemäß der mir gewährten Rabatte. Klebstoffe und Fugenmasse kaufe ich bei Motek. Beide Unternehmen richten ihr Angebot in erster Linie an Berufshandwerker. Das merkt man nicht nur am Warenangebot, sondern auch an der Kompetenz der Mitarbeiter, sowohl in den Büros als auch in den Läden. Darüber hinaus haben solche Geschäfte den unschätzbaren Vorteil, dass man nicht warten muss, bis irgendein Hobbyhandwerker alle Fragen über die zwei Meter lange Leiste gestellt hat, die er vielleicht zu Hause anbringen möchte. Als Handwerker sehe ich es natürlich gern, wenn manche Menschen versuchen, bestimmte Dinge selbst zu tun. Dennoch ziehe ich es vor, nicht mit ihnen in derselben Warteschlange stehen zu müssen.

Insgesamt landen Waren im Gegenwert von 270 000 Kronen auf meiner Einkaufsliste.

Im Anschluss daran muss ich die Abfallmenge berechnen und einen Abfallplan erstellen. Dabei gilt es zwischen verschiedenen Abfalltypen zu unterscheiden: reine Holzabfälle, Mischabfälle, Gips, Lehm und – in diesem Fall – Asbest. Ich rechne aus, was es kosten wird, den Abfall wieder loszuwerden. Für Asbest gibt es in Norwegen strenge Regeln, weswegen ich die Asbestsanierung Spezialisten überlassen möchte. Die Arbeit ist an sich nicht sonderlich schwierig, muss aber korrekt ausgeführt und auch entsprechend dokumentiert werden. Zu Beginn meiner Berufslaufbahn habe ich als Angestellter selbst schon Asbest beseitigt, ohne dass dabei von meinem Arbeitgeber besondere Rücksicht auf die Arbeiter genommen wurde. Aber so etwas kommt für mich nicht infrage.

Asbest ist eine nicht ungefährliche Mineralverbindung, die früher auch in normalen Wohnungen für die Brandisolierung verwendet wurde. Wenn ich daran denke, wie streng die Vorschriften im Umgang mit Asbest heute sind, frage ich mich, wie viele Krebserkrankungen im Laufe der Jahre bei Handwerkern wohl aufgetreten sind. Asbestproduzenten und -verkäufer haben noch lange, nachdem es bekannt geworden war, die Schädlichkeit für den Menschen abgestritten. Aber so geht es häufig mit derartigen Produkten. Bei der Tabakindustrie war es ähnlich. Auch Zahntechniker haben jahrelang darum gekämpft, dass ihnen im Hinblick auf die Schädlichkeit von Quecksilber vor Gericht Glauben geschenkt wurde.

Baustellen sind immer voller Staub, der von Abfällen wie Isolationsmaterial, Holz und Plastik unterschiedlichster Art herrührt. Darüber hinaus gibt es alle möglichen Überreste von verwendeten Chemikalien, Lösungsmittel in Leim und Farben oder stark basische Stoffe im Zement. Schwedische Handwerker, die mitunter in Norwegen arbeiten, wundern sich immer darüber, dass wir keinen vollständigen Atemschutz tragen, wenn wir mit Ölfarbe arbeiten, denn in Schweden und der restlichen EU gibt es hierfür viel strengere Regeln. Wenn Leute mir erklären wollen, dass es doch viel besser ist, mit Ölfarbe anstatt mit auf Wasser basierenden Farben zu arbeiten, weise ich gern darauf hin, dass sich das darin befindliche Terpentin zu einem gefährlichen Umweltgas entwickelt, sobald es in die Atmosphäre entweicht. Sie sollen sich nur mal vorstellen, Jahr für Jahr in diesem giftigen Gasnebel arbeiten zu müssen.

Asbest ist das beste Beispiel dafür, wie gefährlich Staub sein kann, und dabei wissen wir immer noch nicht genau, welche Folgen dieser Cocktail aus Chemikalien und Staub haben kann. Krebs und Lungenemphyseme sind schleichende Bedrohungen, die weniger direkt wahrgenommen werden als die Gefahr, von einem Gerüst zu fallen oder sich an einer Kreissäge zu verletzen.

Um das Wohnhaus in der Hegermanns gate zu errichten, wurden seinerzeit vielleicht zwanzig verschiedene Materialien verwendet. Heutzutage kommen in der Baubranche bis zu 50 000 verschiedene Produkte zum Einsatz. Das sagt einiges darüber, wie schwierig es geworden ist, den Überblick über all die Produkte zu behalten, mit denen man in Kontakt kommt.

Ich berechne, wie viel Zeit ich für die einzelnen Arbeitsschritte benötigen werde, wie lange es dauern wird, die Dachkammern zu versetzen, den Boden zu verlegen, den Treppenaufgang einzubauen, die Löcher für die Fenster auszusägen, das Dach auszufüttern und das ganze Material nach oben zu transportieren. Alle Arbeiten müssen berücksichtigt werden, die Stunden vergehen wie im Flug; circa siebzig Prozent der Kosten aller Zimmermannsaufträge basieren auf der Zeit, die auf solche Arbeiten verwendet wird.

Mittlerweile habe ich ein gut funktionierendes System entwickelt, mit dem ich Material hinaufwinden und Abfall hinuntertransportieren kann. Ich muss also weniger Lasten durchs Treppenhaus tragen. Allerdings bedeutet dies auch, dass die Lagerung des Materials auf dem Dachboden geschickt durchgeführt werden muss, denn das Volumen ist erstaunlich groß. Im Laufe der gesamten Bauperiode muss ich dreimal Material nach oben befördern, denn sonst würde es auf dem Dachboden derart viel Platz einnehmen, dass man dort oben kaum noch vernünftig arbeiten könnte. Aber genau dieser Teil meiner Arbeit gefällt mir sehr gut, die Systematik ähnelt der eines Brettspiels.

Nachdem alle Summen berechnet sind, füge ich einen Posten für alle unvorhersehbaren Ausgaben hinzu, die ungeachtet jeder gründlichen Berechnung bei jeder Planung auftauchen. In der Regel handelt es sich dabei um Arbeiten, die ich in die Berechnung einzubeziehen vergesse. Außerdem neige ich in Bezug auf meine Arbeit zum Optimismus, was aber dazu führt, dass ich schnell zu wenig Zeit für eine bestimmte Aufgabe veranschlage. Da ich mir dessen bewusst bin, ist dieser Posten fürs Unvorhersehbare wie ein buchhalterischer Kommentar an mich selbst zu verstehen. Ich erhöhe die Gesamtkosten um zehn Prozent, werde den Prozentsatz dann wieder reduzieren, wenn ich das Gefühl habe, dass die Kalkulation aufgeht.

Danach schätze ich grob ein, was meine Subunternehmer kosten werden. Sobald ich ihre konkreten Kostenvoranschläge erhalten habe, füge ich dann diese anstatt der Schätzungen in die Kalkulation ein und erhalte eine konkrete Summe, mit der ich arbeiten kann. Vorläufig stütze ich mich auf Erfahrungswerte aus früheren Projekten. Mein Angebot beziffert sich auf circa 1 150 000 Kronen.

Diese Kalkulation ist das Entscheidende, deshalb sollte man alles noch einmal kontrollieren, um sicherzugehen, dass man nicht völlig danebenliegt. Daher rechne ich ein paar Vergleichssummen aus und nehme diese zur Grundlage.

Die wichtigste Vergleichssumme ergibt sich aus einer einfachen Rechnung, bei der ich die Anzahl der Quadratmeter mit einem Quadratmeterpreis multipliziere. Um diesen zu bestimmen, muss ich den Schwierigkeitsgrad der durchzuführenden Arbeit einschätzen. Wenn ich dabei auf Erfahrungswerte zurückgreife, muss ich die Preisentwicklung der letzten Zeit berücksichtigen und meine Schätzung entsprechend angleichen. Vor einigen Jahren hatten sich die Materialpreise innerhalb eines Jahres dreimal merklich erhöht. Alle, die sich dessen nicht bewusst waren, hatten sich aufgrund ihrer zu niedrigen Kalkulationen ordentlich die Finger verbrannt, ein Teil der Firmen hatte sogar Konkurs anmelden müssen. Die Arbeit mit dem Dachboden ist nicht unkompliziert, zumal auch ein Bad in die Berechnung mit einfließt, und deshalb ist ein höherer Quadratmeterpreis angemessen. Ich multipliziere den Preis mit den Quadratmetern und erhalte so eine Vergleichssumme.

Eine weitere Berechnungsvariante besteht darin, das Badezimmer aus der Kalkulation herauszunehmen beziehungsweise einen eigenen Posten in Höhe von 250 000 Kronen für das Bad zu veranschlagen. Dann führe ich die Berechnung für den Rest auf Grundlage eines mittleren Quadratmeterpreises durch und füge das Bad am Ende hinzu.

Jetzt habe ich also drei Summen, die ich miteinander vergleichen kann. Schnell stelle ich fest, dass meine Hauptkalkulation und die beiden Vergleichskalkulationen ungefähr auf dasselbe hinauslaufen. Ich kann mich also ein wenig entspannen, denn mit der Summe, die ich anfangs ausgerechnet habe, habe ich offensichtlich schon ganz richtig gelegen.

Liege ich mit meinem Angebot zu niedrig, fällt mein Lohn geringer aus. Alles, was über Materialkosten, feste Kosten sowie die Bezahlung meiner Subunternehmer hinausgeht, ist Lohn, also das, wovon ich leben muss. Wenn ich mich hier verrechne, kann mich das teuer zu stehen kommen. Auch Einschätzungen und Kostenvoranschläge gehören zum Handwerk dazu. Einen Aufschlag von zehn Prozent zu berechnen ist im Verhältnis zur Gesamtsumme nicht viel, bedeutet in diesem Fall aber, dass ich 115 000 Kronen Lohn erhalte.

Bei meinen Angeboten habe ich mich auch schon mal kräftig verrechnet. Einmal hatte ich ein zu versteuerndes Jahreseinkommen von 19 000 Kronen, obwohl ich das ganze Jahr hart gearbeitet hatte. Zum Trost brauchte ich mir dann im folgenden Herbst keine Sorgen über Steuernachzahlungen zu machen, hatte aber tatsächlich 100 Kronen pro Stunde draufgelegt, um den Auftrag ausführen zu können. Man lernt, solange man rechnet.

Mein alter Meister behauptete, er werde jedes Mal nervös, wenn er den Wettbewerb um einen Auftrag gewonnen habe. Er habe dann immer gedacht, den Auftrag nur bekommen zu haben, weil er einen zu niedrigen Preis angesetzt hätte.

Ich habe nun sowohl die Zimmermannsarbeiten als auch die Schreinerarbeiten berechnet. In den Zimmermannsbereich fallen überwiegend Konstruktionsarbeiten, Vergipsungen, das Einsetzen von Fenstern und ähnliche gröbere Arbeiten. Der Aufgabenbereich des Schreiners dagegen setzt sich eher aus dem Anbringen von Leisten, der Inneneinrichtung und anderen feineren Arbeiten zusammen. Als Zimmermann führe ich zwar beide Aufgabentypen durch, mein Schwerpunkt liegt aber mehr im Zimmern als im Schreinern. Das soll nicht heißen, dass Schreinerarbeiten schwieriger als Zimmermannsarbeiten sind. Bei Dachböden ist das meiner Meinung nach sogar umgekehrt, hängt aber immer davon ab, um welche Arbeit es konkret geht und wie geübt man im Umgang mit den verschiedenen Aufgaben ist. Die Spanne zwischen den beiden Herangehensweisen ist eine fachliche Herausforderung. Ich muss sozusagen fein denken, während ich grob baue. Was ich im Januar mache, muss durchdacht sein, damit die Abschlussarbeiten im Mai effektiv und problemlos durchgeführt werden können.

Kennzeichen unserer Handwerkskultur ist es, dass der Handwerker in der Baubranche die ganze Bandbreite der Aufgaben ausfüllen, also das ganze Fach abdecken muss. Unsere Berufsdefinitionen sind viel weiter gefasst als in vielen anderen Kulturen. In anderen Teilen der Welt sind die verschiedenen Aufgaben viel deutlicher auf verschiedene Berufsgruppen verteilt, das Kompetenzspektrum ist für jeden einzelnen Arbeiter wesentlich enger.

In allen Handwerksberufen hat die eigentliche Grund- oder Hauptarbeit nur wenig Prestige und wird oft als Drecksarbeit bezeichnet. Dabei zeigt sich gerade dort am besten, ob man ein guter und fleißiger Handwerker ist oder ein Faulenzer und Snob. Ein Handwerker, der schon beim Abriss sorgfältig arbeitet und hinterher noch gewissenhaft sauber macht, ist meist auch in seiner übrigen Handwerksarbeit geschickt und zuverlässig.

Praktiker wie Köche, Zimmerleute, Bauern und Fischer teilen sicher diese simple Grundeinstellung zur Arbeit. Man kann nicht fleißig sein und gleichzeitig wählerisch. Oder sich zu fein sein für den eigenen Job.

Die Ausbildung in einem Handwerksberuf verläuft in der Regel so, dass sich aus der Grundarbeit die Feinarbeit entwickelt. So kann man früh in sich gehen und prüfen, ob man Erstere als Drecksarbeit empfindet, oder ob sie zu einem selbstverständlichen und wichtigen Teil der Arbeit wird.

Letztlich ist dieses Thema auch für unsere Gesellschaft insgesamt relevant geworden. Die grundsätzliche Arbeit, die beispielsweise für die Produktion von Waren erforderlich ist, wird immer mehr aus unserem Alltagsleben verbannt. Wir wissen immer weniger darüber und überlassen sie lieber anderen. Wir schirmen uns ab gegen Dreck und Lärm, und diese Abschottung prägt unsere Haltung gegenüber praktischer Arbeit ganz allgemein.

Diese Haltung ist auch gegenüber handwerklicher Arbeit spürbar und ist dem Streben nach Effizienz und Rationalität geschuldet. Sie hat jedoch schwerwiegende Folgen: Verkaufskataloge erscheinen wie sterile Karikaturen unseres Lebens, der Produktionsvorgang wird ebenso ausgeblendet wie die Produzenten – also diejenigen, die die Waren tatsächlich herstellen. Gut ist alles, was rein ist und einfach, was Geld spart und was sich kontrollieren lässt.

Dieses Verständnis von Produktion führt allerdings dazu, dass die Arbeit im eigentlichen Wortsinn, die mit Dreck und körperlicher Erschöpfung einhergeht, nicht mehr als positiv wahrgenommen wird. Idealerweise soll diese Art von Arbeit umgangen werden. Die natürliche Folge dieses Ideals ist die Verlagerung der Produktion in kontrollierbare Umgebungen wie etwa Fabriken. Der nächste Schritt besteht darin, diese Realität von sich wegzuschieben und sie dorthin auszulagern, wo Arbeitskraft billig ist und Arbeitsverhältnisse herrschen, die für uns unvorstellbar sind. Effizienter und sauberer kann Arbeit aus dieser Perspektive gar nicht ausgeführt werden.

Das Handwerk kann jedoch niemals so rein und steril sein, wie die Produktabbildungen es uns glauben machen. Die Produktion, die beispielsweise nach China verlagert wird, ist außer Sichtweite und damit aus den Augen, aus dem Sinn. Das bedeutet allerdings nicht, dass sie so klinisch rein ist, wie es uns die Bilder in den Verkaufsbroschüren vorgaukeln. Sie ist lediglich so weit von uns entfernt, dass wir sie nicht sehen.

In Norwegen wird sehr viel über neue Bauwerke geredet, die entstehen sollen, als wären diese das einzig Wichtige. Sie werden in Hochglanzprospekten mit schicken Zeichnungen präsentiert, bei denen Bäume und Menschen die einladenden Darstellungen auflockern. Aber auch neue Gebäude erfordern ganz reales Handwerk, auch wenn die Bauarbeiten häufig einfacher und sauberer durchzuführen sind, als es zum Beispiel bei Instandsetzungen von Altbauten der Fall ist.

Gleichwohl werden die bereits vorhandenen Bauwerke auch in der Zukunft den größten Teil der Baumasse in unserer Gesellschaft ausmachen. Zwar können wir neue und immer effizientere Methoden entwickeln, um die alte Bausubstanz zu modernisieren und instand zu setzen, dennoch können sie nicht in eine sterile Wirklichkeit versetzt werden, aus der Dreck, Kälte und Schweiß verbannt sind. Wer wird künftig noch bereit sein, solche Jobs zu verrichten, wenn Bauarbeiten generell als schmutzige Arbeit verpönt sind?

Ein gutes Beispiel ist in diesem Zusammenhang die Diskussion um sogenannte Passivhäuser. Die Definition eines Passivhauses ist wie bei allen anderen Baustandards und technischen Vorschriften stets veränderbar. So ist es immer gewesen. Ein Passivhaus zu bauen halten die meisten für sehr attraktiv, aber schwierig in der Umsetzung. Tatsächlich ist das jedoch viel einfacher zu bewerkstelligen als die gute Instandsetzung eines älteren Hauses. Trotzdem ist die Renovierung eines Altbaus immer mit der Vorstellung von Schmutz verbunden, und somit ist es weniger attraktiv, darüber zu reden als über Passivhäuser und moderne Technologie.

Bei der Entscheidung, welche Maßnahmen auf dem angespannten Baumarkt im Hinblick auf die größtmögliche Energieeffizienz zu treffen sind, ist meiner Meinung nach die Instandhaltung der bestehenden Baumasse vordringlich. Neue Gebäude immer noch ein bisschen besser zu isolieren hat nämlich weniger Auswirkungen auf den Energieverbrauch als die Instandsetzung der Gebäude, die bereits existieren.

Für Politiker ist es einfacher, glaubwürdig über bestimmte Standards wie etwa die eines Passivhauses zu reden, als über große und immer wieder unterschiedliche Bauprojekte, bei denen »nur« Instandsetzung und Aufwertung im Vordergrund stehen. Ein einfaches Beispiel ist politisch immer leichter zu verkaufen als die Darstellung eines komplexen Zusammenhangs.

Um alle Aufgaben zu bewältigen, die dieser komplexe Zusammenhang beinhaltet, bedarf es einer ganz anderen Einbindung des Handwerks und der Handwerker, als wir sie heute erleben. Jedenfalls dann, wenn es gut gemacht werden soll.

Vorsichtig ausgedrückt, werden den Kunden für ihre Entscheidungen bestimmte Visionen nahegelegt, wobei sich die Individualität unter dem Decknamen »Design« in die Produkte verlagert. Verschwindet die Individualität jedoch aus der eigentlichen Produktion, hat dies nicht nur Folgen für die Arbeiter, die unmittelbar damit beschäftigt sind. Die Variationsmöglichkeiten im Hinblick auf Qualität und Anpassung an bestehende Bedingungen werden automatisch geringer, sobald die Produkte auf der anderen Seite des Globus hergestellt werden. Zu glauben, dass man die Individualität aus der Produktion entfernen kann, ohne im fertigen Produkt darauf verzichten zu müssen, ist unrealistisch.

Die Handwerker und das Handwerk an sich benötigen mehr Spielraum. Nur so können sie ausreichend gewährleisten, dass etwas entsteht, was jeder von uns sowohl als schön als auch als funktional bezeichnen würde. Ja, sicher wird einiges vermutlich auch hässlich oder geht daneben, aber dann gibt es wenigstens etwas, worüber man reden kann.

Vielfalt gehört zur Natur des Handwerks. Die Bandbreite an Möglichkeiten, wie etwas praktisch umgesetzt werden kann, ist das wichtigste Werkzeug für alle Designer und Gestalter. Doch was tun wir, wenn es viele gute Designer gibt, aber niemanden, der die Dinge umsetzen kann? Was sollen wir dann verkaufen? Vielleicht könnten wir Design und Ideen exportieren, oder ganz einfach die Designer selbst?

11

Ich habe in letzter Zeit kurz hintereinander an drei verschiedenen Angebotswettbewerben teilgenommen, die ich alle verloren habe. Das bedeutet, dass ich sehr viel Zeit darauf verwendet habe, mir einen Job zu beschaffen. Nun bin ich es leid und spüre eine gewisse Verzweiflung in mir aufkeimen. Die kleinen Nebenjobs wie etwa der Auftrag in Kjelsås sind nicht genug, um davon den Lebensunterhalt zu bestreiten. Ich brauche regelmäßig einen größeren Auftrag.

Allerdings muss ich jetzt vorsichtig sein und darf meine Verzweiflung nicht zeigen. Gegenüber den Petersens lege ich eine Mischung aus Distanz und Enthusiasmus an den Tag. Lasse ich sie wissen, dass ich sehr viel - oder zu viel - Interesse an dem Auftrag habe, kann es leicht so wirken, als hätte ich Probleme, überhaupt an einen Job zu kommen.

Wenn von osteuropäischen Handwerkern die Rede ist, wird die Verzweiflung bei ihnen anscheinend schon vorausgesetzt und als eine Art Wettbewerbsvorteil gedeutet, vorausgesetzt, dass sich die Verzweiflung auch in den Preisen ausdrückt. Je nach Stand und Nationalität sind wir alle gezwungen, das passende Gesicht zu zeigen. Wie bei Rotwein sind schon die kleinsten Nuancen von Bedeutung. Wir dürfen kein zu feines Bouquet aufweisen, der Geschmack sollte deutlich und solide sein und im Abgang kurz, wie die leise Erinnerung an einen guten Job. Ein leicht würzig-exzentrisches Aroma ist durchaus erlaubt, darf aber nur mit Fröhlichkeit assoziiert werden.

Fürs Marketing beinhaltet der Begriff »polnischer Handwerker« im besten Fall einen etwas niedrigeren Preis, als ich ihn anbieten kann. Die Erwartung, dass etwas aufgrund der Nationalität automatisch billiger ist, müsste beim Kunden jedenfalls mit einem etwas sauren oder bitteren Nachgeschmack einhergehen.

Den ersten der drei Wettbewerbe habe ich schlichtweg aufgrund des Preises verloren, auf ganz ehrliche Weise. Ich kenne die Firma, die den Auftrag bekommen hat, und habe durch offene Nachfrage in Erfahrung gebracht, welche Angebote die anderen beteiligten Bauunternehmer abgegeben hatten.

Wenn Kunden wie in diesem Fall mehrere gute Firmen zu gleichen Bedingungen um einen Auftrag konkurrieren lassen, ist es relativ normal, dass sich die Preise nicht wesentlich voneinander unterscheiden. Derartige Verluste nehme ich beinahe als kleine Aufmunterung zur Kenntnis, denn immerhin weiß ich dann, dass ich nicht allzu weit von den anderen Angeboten entfernt lag und offenbar richtig gerechnet habe. Beim nächsten Mal bin vielleicht ich der Gewinner.

Beim zweiten Auftragswettbewerb weiß ich nichts über die Hintergründe der Entscheidung des Kunden. Ich wurde hierüber nicht einmal in Kenntnis gesetzt, sondern musste erst anrufen und nachfragen, bis man mir mitteilte, dass ich den Auftrag nicht bekäme. So etwas geschieht auch manchmal und ist nicht sehr schön.

In der dritten Angebotsrunde ging es ebenfalls um den Ausbau eines Dachbodens. Rein zufällig habe ich dann später von Bekannten erfahren, was sich zugetragen hatte. Sie sagten, sie hätten das Auftreten des Bauherrn so unmöglich gefunden, dass sie meinten, ich habe ein Recht darauf, es zu erfahren. Es waren Freunde des Bauherrn, die mir diese Geschichte erzählten, und wie der Zufall es wollte, auch Freunde von mir.

Der Bauherr hatte sich in diesem Fall bereits für einen Bauunternehmer entschieden und den Wettbewerb lediglich ausgerufen, um den Preis im Bedarfsfall anpassen zu können. Demnach wurden ich und ein anderer Zimmermann nur als Kontrollrechner missbraucht und hatten niemals die Chance, den Auftrag zu bekommen. Ich hatte das günstigste Angebot abgegeben, weshalb ich den Verlust als doppelt so stark empfunden habe: vergeudete Zeit und ein perfekt berechnetes Angebot, aus dem dann doch nichts geworden ist.

Jetzt muss ich auf die Kostenvoranschläge von Johannes, Petter und den anderen Subunternehmern warten. Petter ist in dieser Hinsicht manchmal etwas langsam, also hake ich telefonisch nach und erinnere ihn daran, dass ich sein Angebot brauche. Davon abgesehen ist die Zusammenarbeit mit Petter stets unproblematisch. Auch wenn er mit seinem Angebot etwas danebenliegen sollte, finden wir in der Regel einen Weg, um das Problem zu lösen.

Das Angebot ist schon auf dem Weg, und Jon Petersen ist darüber sehr glücklich. Sie wollen nämlich so schnell wie möglich beginnen und spätestens im Juni alles fertig haben.

Nun kann ich in Kjelsås da weitermachen, wo ich die Arbeit unterbrochen habe, das heißt, die beiden letzten Fenster einsetzen und die Terrasse fertigstellen. Ich schaufele den Schnee beiseite, um mir einen Weg zu bahnen, und schraube mit eisigen Fingern bei fünfzehn Grad minus den Terrassenboden zusammen.

Der Dachbodenausbau in Torshov wird mit jedem Tag wichtiger, genauer gesagt, mit jedem Arbeitstag, den ich dafür aufbringe. Ich erwäge, ein paar befreundete Zimmerleute zu kontaktieren und zu fragen, ob sie vielleicht einen Job für mich haben. Ich könnte auch meinen alten Meister anrufen oder den Gewerbeverband bitten, eine SMS an alle Mitglieder zu verschicken, mit dem Hinweis auf einen Meister mit freien Kapazitäten.

Es ist nicht besonders schön, Kollegen nach einem Job zu fragen, wenn man gar nicht sicher ist, ob man überhaupt die Zeit dafür hat. Jedenfalls werde ich keine Zeit mehr haben, wenn es mit dem Auftrag in der Hegermanns gate klappt. Übernehme ich den Dachboden, muss ich in der Nähe bleiben. Inmitten der Bauphase kann ich nicht woandershin fahren, um andere Bauprojekte durchzuführen. Das durchgängige Vorantreiben der Arbeit ist absolut notwendig, um im Zeitplan fertig zu werden und um das gute Verhältnis zur Familie Petersen zu bewahren.

Da man grundsätzlich keinen Job ablehnen sollte, tritt dieses Zeitproblem häufiger auf. Einen Kunden abzuweisen ist schlecht für den Ruf. Allerdings muss zwischen der tatsächlichen Kapazität und dem Prinzip des Nicht-Nein-Sagens immer sorgfältig abgewogen werden, und da kann es zeitweise schon mal hektisch werden. Schließlich muss man bei jeder Arbeit im Hinterkopf behalten, dass man eines Tages vielleicht ohne Auftrag dasteht.

12

Häufig passiert es, dass Kunden mit schon vorbereiteten Verträgen zu mir kommen. Diese Entwürfe können prinzipiell durchaus in Ordnung sein, aber meist bleiben Detailfragen dabei offen. Deshalb fertige ich gern eine Liste mit Punkten an, die meiner Meinung nach im Vertrag berücksichtigt werden sollten.

Zunächst präzisiere ich, wie lange mein Angebot gültig ist, wann das Bauprojekt beginnen kann und wie lange die Bauphase dauern wird. Diese Punkte sind grundsätzlich verhandelbar, was ebenfalls schriftlich fixiert wird. Darüber hinaus halte ich fest, dass das Angebot ab dem Tag der Vertragsunterzeichnung im Hinblick auf das zu beschaffende Material Preisschwankungen unterliegen kann. Weiterhin vermerke ich, wo und wie Material, Abfall usw. gelagert werden soll.

Beinahe ein wenig albern ist die Tatsache, dass ich außerdem schriftlich festhalten muss, zu jeder Zeit über zufriedenstellende Zeichnungen und Berechnungen verfügen zu können. Eigentlich sollte so etwas eine Selbstverständlichkeit sein, doch in vielen Fällen kann es schwierig werden, an detaillierte Zeichnungen heranzukommen. Regelmäßig erlebe ich, dass Architekten einen tiefen Seufzer ausstoßen und mir sagen, ich könne das doch sicher selbst herausfinden, als ob sie mir ein Kompliment darüber aussprächen, wie geschickt ich doch sei und daher diesen Teil der Arbeit ebenso gut wie sie übernehmen könne.

Ich frage nach solchen Detailzeichnungen nicht nur, weil ich wissen möchte, wie ich die Arbeitsaufgaben lösen soll, sondern auch, weil ich möchte, dass die gewählten Lösungen dokumentiert werden. Es muss klar und deutlich sein, wer die Verantwortung für die Planung trägt, denn auch ich will mir den Rücken freihalten.

Ein weiterer Punkt im Vertrag betrifft die Vereinbarung von Konventionalstrafen für jeden Tag, um den sich die Fertigstellung des Projekts eventuell verzögert. Die Kunden mögen diese Vereinbarungen und haben so das Gefühl, dass ich Fristen ernst nehme. Aber das tue ich ohnehin. Für mich ist es am wichtigsten, dass diese Tagessätze vorhersehbar und im Vergleich mit möglichen Alternativen preisgünstiger sind.

Ohne klare Absprachen können eventuelle Beschwerden des Kunden schnell zu Komplikationen führen, die wiederum einen Rechtsstreit nach sich ziehen könnten. In der Regel wird so etwas dann sehr teuer. Beispielsweise kann die Zahlung eines finanziellen Ausgleichs für erlittene Nachteile angeordnet werden, und diese Summe ist dann unter Umständen viel größer als eine nach Tagen berechnete Konventionalstrafe.

Konflikte führen im schlimmsten Fall dazu, dass der Kunde die Bezahlung der Schlussrechnung verweigert. In einem juristischen Verfahren kann die Summe dann geteilt werden, und der Kunde zahlt die Hälfte der Gesamtsumme. Unser Rechtssystem strebt danach, Lösungen zu finden, die beide Partner akzeptieren, und nicht unbedingt solche, die uns gefallen. In dieser Hinsicht sind die Gesetze ziemlich eindeutig.

Konflikte können im Zusammenhang mit vereinbarten Fristen, gewählten Lösungen oder der Art der Ausführung entstehen. Die Möglichkeiten sind zahlreich. Solche Auseinandersetzungen können einem für Wochen und Monate den Schlaf rauben. Verzweiflung und Zeit, die damit vergeudet wird, sind oft schlimmer zu ertragen als die Ausgaben für den Rechtsanwalt.

In rechtlichem Kontext ist der Handwerker der professionell auftretende Partner in der Begegnung mit dem Kunden, was bedeutet, dass wir gewisse Grundkenntnisse haben sollten. Betreibt man eine kleine Firma, ist es oft schwierig, sich Überblick über alle juristischen Details zu verschaffen. Meine Rechtsabteilung ist im Vergleich zu denen großer Bauunternehmen eher winzig. Es ist offenkundig, dass ich das Gesetz besser kennen sollte als der durchschnittliche Kunde. Doch manchmal geraten kleine Betriebe auch an durchtriebene Kunden, die zu Gesetzen und Vereinbarungen ein eher zynisches Verhältnis haben.

Nach meinem Grundverständnis von Recht und Gesetz sollten alle Beteiligten ein Mindestmaß an korrektem Verhalten an den Tag legen und nicht bei jeder sich bietenden Gelegenheit die Dinge auf die Spitze treiben. Manchen Kunden allerdings fällt es leichter als den meisten Handwerksbetrieben, solche Uneinigkeiten mithilfe von Rechtsanwälten zu lösen. Nebenbei bemerkt ist dieses Phänomen umso stärker sichtbar, je weiter man sich in die westlichen Staddteile Oslos hineinbewegt.

Kunden, die nicht zögern, sogleich den Rechtsanwalt anzurufen, sollten allerdings tunlichst umgangen werden. Die Gesetze sind in vielen Fällen nämlich nur vage formuliert. Ein Beispiel aus dem Gesetz über Handwerksdienstleistungen verdeutlicht dies:

Paragraph 5, Absatz 1; (1) Der ausübende Dienstleister soll die Dienstleistung fachgemäß ausführen und im Übrigen (2) die Interessen des Verbrauchers mit gebührender Sorgfalt wahren.

Soweit die Verhältnisse es erfordern, soll der Dienstleister den Verbraucher unterstützen oder sich mit ihm beraten.

Was bedeutet »fachgemäß«? Was ist »gebührende Sorgfalt«? Vermutlich gibt es sehr unterschiedliche Auffassungen darüber, was Sorgfalt ist und wie gebührend sie sein muss. »Erfordern« ist ebenfalls ein grundsätzlich relativer Begriff, dasselbe gilt für »unterstützen« und »beraten«.

Ein mir bekannter Rechtsanwalt hat einmal einen Spruch zitiert, der in juristischen Kreisen gebräuchlich ist: Es ist billig, recht zu haben, aber teuer, recht zu bekommen. Wenn sich ein Konflikt um die Summe von 100 000 Kronen dreht, muss man sich fragen, wie sehr man darauf aus ist, recht zu bekommen. In der Regel enden solche Fälle mit einer Aufteilung der Streitsumme in zwei Hälften, und viele Handwerker geben bereits auf, bevor solch eine Regelung überhaupt getroffen wird. Der ganze Ärger sowie die Anwaltskosten sind die 50 000 Kronen nicht wert, was nur eine leise Andeutung dessen ist, wie schwer solche Fälle auf dem Handwerker lasten.

Es wird also vorausgesetzt, dass der Handwerker als professioneller Dienstleister immer die beste Lösung kennt. Allerdings ist es gar nicht so leicht zu wissen, was das Beste ist, wenn Ermessen ins Spiel kommt. Oder zu merken, wann der Kunde nicht versteht, was bestimmte Lösungen oder Entscheidungen beinhalten.

Der Kunde hat in der Regel keine fachlichen Kenntnisse, und in vielen Fällen nimmt er sich nicht genügend Zeit, um sich mit dem Bauprojekt vertraut zu machen. Manche Kunden verhalten sich so, als kauften sie ein fertiges Produkt in einem Geschäft, wie etwa eine Jacke oder ein Fernsehgerät.

Mitunter kommt es auch vor, dass Kunden geradezu das genaue Gegenteil sind und den Rechtsstreit auf diese Weise gewinnen. Dann wird juristisches Wissen gegen den Handwerker verwendet, da dieser ja schließlich sein Handwerk kennen muss und die Antworten parat haben soll, wohingegen der Kunde sich gern als unschuldiges kleines Kind darstellt.

Viele Handwerker haben manchmal das Gefühl, Freiwild für Kunden zu sein, die das Gesetzbuch zu ihrem Vorteil ausnutzen möchten. Sei streitsüchtig, und du gewinnst. Und hast du einen Anwalt in der Familie, gewinnst du noch mehr.

Am schlimmsten sind Streitigkeiten mit Freunden oder Familienmitgliedern, für die man arbeitet. Einmal bin ich selbst in eine solche Falle getappt und habe mündliche Absprachen getroffen, weil ich den Kunden gut kannte, wir waren sogar gute Freunde. Doch leider endete diese Freundschaft auf traurige und finanziell ruinierende Weise.

13

Bei Renovierungen ist die Reihenfolge der Arbeiten häufig anders, als es bei Neubauten angebracht wäre. Gewinne ich den Wettbewerb, werden meine Subunternehmer auf Stundenbasis arbeiten, zuzüglich der Materialzuschläge. Tam führt seine Malerarbeiten auf Basis eines Festpreises durch, was für beide Seiten einfacher ist.

Wenn ich das Bauprojekt auf diese Weise organisiere, können die Arbeiten stets in der sinnvollsten Reihenfolge gemacht werden. Dann gibt es auch mehr Spielraum für Improvisation, und so entstehen mitunter Lösungen, die praktischer und sogar schöner sind.

Arbeit auf Stundenbasis kann natürlich zu unkontrollierbaren Kosten führen. Um dies zu vermeiden, bedarf es einerseits eines guten Überblicks über den ganzen Arbeitsprozess sowie andererseits einer guten Zusammenarbeit zwischen kompetenten Handwerkern. Die Arbeit des Zimmermanns grenzt eng an die Arbeit aller anderen Handwerksberufe, und somit ist es ganz natürlich, dass der Zimmermann das Bauprojekt organisiert und leitet. Der Zimmermann übt einen vielseitigen Beruf aus und ist das Herz bei solch einem Dachbodenausbau.

Vereinbare ich mit dem Kunden einen Festpreis für das gesamte Projekt, kann ich die Arbeit nach meinen Vorstellungen organisieren und mit meinen Zulieferern eine auf gegenseitigem Vertrauen basierende Zusammenarbeit eingehen. Zwar trage ich so das gesamte Risiko, doch wenn alles glattgeht, verdiene ich auch gut daran.

Traditionell haben die verschiedenen Handwerkergruppen auf Baustellen immer direkt zusammengearbeitet, ohne nennenswerte Einmischung einer übergeordneten administrativen Einheit. Diese flache Struktur, die ohne übermäßig viele Vorgesetzte auskommt und stattdessen auf eine gute Kommunikation zwischen den jeweils Beteiligten setzt, ist die natürliche Form der Zusammenarbeit unter Handwerkern. Im Branchenalltag entspricht sie jedoch zunehmend mehr einem Idealzustand als der Realität. Der formale Teil der Arbeit wird immer wichtiger, während die unmittelbare Verantwortung des Einzelnen wesentlich undeutlicher geworden ist. Vielleicht ist dies einer der Gründe, wieso die Bürokratisierung so unumgänglich erscheint. Eine bestimmte Kultur der Zusammenarbeit wird abgeschafft und muss durch eine andere ersetzt werden, eine Kultur der Kontrolle. Dabei basiert diese neue Überwachungskultur noch nicht einmal auf tatsächlicher Kontrolle, sondern auf Formularen und indirekter Überwachung in Papierform.

Zunächst muss man ankreuzen, dass man die Relevanz dieser oder jener Aufgabe verstanden hat, und danach durch ein Kreuzchen dokumentieren, dass sie ausgeführt wurde. Die erbrachte Leistung erhält ihren Wert erst dann, wenn die Kreuzchen von einer anderen Person geprüft werden. Darüber hinaus ist der Vorgesetzte oft nicht erreichbar, um Fragen zu beantworten oder Entscheidungen zu treffen, auch wenn er es eigentlich sein sollte. Das Ganze ist ein System, bei dem die Verantwortung zwar dem Anschein nach genau verteilt ist, in der Praxis allerdings von niemandem übernommen wird. Natürlich ist diese Darstellung ein wenig übertrieben, aber auch nicht so weit von der Wirklichkeit entfernt, wie sie viele erleben.

Die Beziehung zwischen den einzelnen Handwerksgruppen entwickelt sich ähnlich der, wie man sie zwischen Handwerkern einerseits und Architekten, Bauingenieuren und Kunden andererseits sieht. Damit hat in unserer Baukultur eine dramatische Veränderung stattgefunden.

Dass Bauunternehmen bei der zunehmenden Bürokratisierung ihrer eigenen Branche überhaupt mitspielen, hat verschiedene Gründe. Die Qualitätskontrolle in Papierform durchdringt alle Bereiche der Gesellschaft, und das Handwerk kann sich dem natürlich schwer entziehen. Die großen Firmen haben viel Macht und verfügen ohnehin über administrative Abteilungen, die nur darauf warten, sich der Arbeit mit den Kreuzchen anzunehmen. Somit sehen sie auch nur wenig Veranlassung, gegen ein solches System zu arbeiten. Die Verlierer dieses Systems jedoch sind die kleinen Firmen, weil diese Art zu arbeiten nicht sonderlich gut zu ihnen passt, und das verzerrt wiederum den Wettbewerb zugunsten der großen Unternehmen.

Inzwischen habe ich die Angebote sämtlicher Subunternehmer vorliegen, meine Berechnungen sind abgeschlossen. Petter hat mir für die Klempnerarbeiten einen mündlichen Kostenvoranschlag gemacht, der keine großen Überraschungen birgt. Nachdem ich alle Summen addiert habe, beläuft sich mein Gesamtangebot auf 1 120 000 Kronen, also fast wie erwartet.

Darüber hinaus habe ich erforderliche Zusatzleistungen separat aufgelistet und die Kosten dafür kalkuliert. Diese Summen beruhen auf einfachen Beschreibungen von Arbeiten, die meiner Ansicht nach zwar ausgeführt werden müssten, aber nicht Bestandteil meines Angebots sind.

Noch ein letzter Kontrolldurchgang, dann kann mein Angebot in den Wettbewerb eintreten. Ich füge noch meine Auflistung der wichtigsten Punkte hinzu, die ich im Vertrag vermerkt haben möchte, samt der an das Angebot geknüpften Bedingungen.

Das Ganze verschicke ich per E-Mail. Jetzt muss ich nur noch versuchen, das Angebot so lange zu vergessen, bis ich weiß, ob ich ein Gewinner oder ein Verlierer bin. Es dauert zwei Wochen, bis Kari und Jon entschieden haben, wer ihr neues Zuhause bauen soll.

14

Der Auftrag in Kjelsås ist mittlerweile abgeschlossen, der Kunde ist zufrieden, und die Rechnung wurde verschickt.

Vor einiger Zeit erhielt ich eine Anfrage für einen kleinen Auftrag. Ich fuhr hin und sah mir an, welche Arbeiten durchzuführen waren, habe danach aber nichts mehr von dem Kunden gehört und die Sache nicht weiterverfolgt. Umso erstaunter war ich, als der Kunde jetzt plötzlich anrief und fragte, ob ich nun doch Zeit hätte. Jetzt werden es also vier Arbeitstage in Nordstrand, auf Stundenbasis. Ich kann sofort anfangen und habe das unbestimmte Gefühl, dass manche Aufträge mehr wert sind als andere.

Es sollen Küchenschränke und eine Arbeitsplatte ausgetauscht werden. Ein schöner Job bei angenehmen Kunden. Sie sind froh, weil ich den Auftrag sofort durchführen kann, und für mich ist es perfekt, da ich momentan nichts anderes zu tun habe. Solche Jobs führen häufig zu weiteren Aufträgen, entweder von den Kunden selbst oder von Leuten, die sie kennen. Zwar können manchmal Jahre vergehen, bevor etwas daraus wird, aber die ausgeführte Arbeit ist wie eine Visitenkarte. Wurde der Job gut gemacht, gleicht er einem Empfehlungsschreiben.

Im Freundeskreis, in der Kneipe, bei meinen Zulieferern, in der Familie und anderswo habe ich ein paar Testballons steigen lassen, mit dem Hinweis auf freie Kapazitäten. Noch zögere ich ein wenig, andere Zimmermannskollegen zu fragen oder mir Aufträge vom Gewerbeverband vermitteln zu lassen.

Nach dem Job in Nordstrand nutze ich die Gelegenheit und mache erst einmal eine Woche Urlaub in Südnorwegen, wo ich meine Kindheit verbracht habe. Ich besuche meine Familie, das bedeutet essen, angeln, schlafen und noch mehr schlafen. Die Sommerferien waren kurz und die Zeit danach ziemlich stressig. Die Ruhe wirkt auf mich wie Medizin, auch wenn ich erst mal vier Tage brauche, um völlig abzuschalten und nicht mehr an die Arbeit zu denken.

Jeden Abend zermahle ich mir stundenlang das Hirn, wirbeln unsinnige Phantasien und Ideen in meinem Kopf durcheinander, wie Geld, Rechnungen, technische Details, Kunden und deren Wünsche. Mitten in der Nacht wache ich wieder auf, und die Gedankenspirale dreht sich nur noch schneller.

Diese ganze Grübelei läuft am Ende darauf hinaus, mir auf völlig verrückte Art beweisen zu wollen, dass ich mich um meine Arbeit kümmere und fleißig bin. Und wenn etwas schiefgegangen ist, habe ich es doch wenigstens versucht und alles gegeben. Seltsamerweise kommen mir all diese dummen Gedanken immer dann, wenn ich freihabe. Vielleicht deshalb, weil es dann keine konkreten Aufgaben gibt, auf die ich mich konzentrieren muss. Plötzlich ist Platz für all die Zweifel, die irgendwo tief in mir schlummern. Umso besser, wenn sie an die Oberfläche kommen und sich dort auflösen.

Als ich schließlich eine E-Mail von den Petersens im Postfach habe, geht mein Puls hoch und ich spüre, wie mein Herz mit einem Mal schneller schlägt. Ich koche Kaffee, setze mich draußen in der Kälte auf die Treppe, zünde mir eine Zigarette an und öffne die Nachricht. In der Regel mag ich keine Dinge, die mit hoher Geschwindigkeit, schwindelnden Höhen oder großen Risiken verbunden sind. Mit anderen Worten bin ich also kein Typ für Extremsportarten, brauche sie aber auch gar nicht, denn das hier ist schon spannend genug.

Jaaa! Sie würden gern meine Firma beauftragen. Mich. Es gibt ein paar Dinge, die sie besprechen möchten, ob wir uns treffen könnten? Na sicher, das lässt sich einrichten. Ich bin ungeheuer froh, erleichtert und froh. Dieser Job wird großartig, besser als der vorherige, besser als alles, was ich je gemacht habe.

Ich bin mir sehr wohl bewusst, dass ich immer ziemlich emotional reagiere, auch dann, wenn ich enttäuscht werde. Ich sollte eigentlich auf alles vorbereitet sein und lernen, mich zu beherrschen, aber dafür ist die Sache einfach zu wichtig für mich, sowohl praktisch als auch gefühlsmäßig. Das hängt ja alles zusammen: Ich muss mir keine Sorgen mehr um mein Einkommen machen und werde einen geregelten Alltag haben, also aufstehen und zur Arbeit gehen. Ich kann mir einen Sommerurlaub leisten, werde abends erschöpft sein und gut schlafen, kurzum: Ich werde glücklich sein, auch wenn dieser Zustand erst einmal nur fünf Monate anhält.

Wenn mich dann jemand fragt, wie es mir geht, brauche ich nicht länger auszuweichen, sondern kann einfach freiheraus antworten, ohne dabei zu klagen und bekümmert zu wirken. Die Leute machen das natürlich nicht, um mich zu verletzen oder in Verlegenheit zu bringen, aber ihre Fragen bereiten mir nun einmal so viel Kopfzerbrechen. Es kommt mir dann so vor, als würden meine Sorgen jedes Mal noch größer, als sie ohnehin schon sind. Doch jetzt ist alles gut, ich kann einfach erwidern, dass ich genug zu tun habe und noch dazu mit einem richtig schönen Job beschäftigt bin. Ich kann nicht klagen.

15

Ich sitze bei Petersens in der Küche. Es ist ein Dienstagnachmittag Anfang Januar, und die ganze Familie ist zu Hause. Kari und Jon sitzen zusammen mit mir am Tisch, während die beiden Kinder gleichermaßen aufgeregt und schüchtern um uns herumspringen, wie es bei Kindern oft der Fall ist, wenn Fremde zu Besuch sind. Als ich ankam, habe ich Jens und Fredrik höflich an der Tür begrüßt. Fredrik, der Ältere, ist fünfeinhalb, und Jens ist dreieinhalb. Jens war erst ein bisschen zurückhaltend, reichte mir schließlich aber doch die Hand, um es Fredrik gleichzutun. Im Laufe der nächsten Zeit werde ich die beiden Jungs sicherlich besser kennenlernen.

Ein Teil der Absprache besteht darin, dass die Küche von allen, die mit dem Umbau beschäftigt sind, mitbenutzt werden darf. Wir können unser Mittagessen in der Küche einnehmen und Wasser aus dem Wasserhahn holen. Das Badezimmer dürfen wir auch benutzen. Es war ein merkwürdiges Gefühl, als ich die ersten Male auf diese Weise in das Privatleben der Menschen eingedrungen bin. In der Regel bringe ich meine eigenen Handtücher mit und lasse sie dann im Bad der Kunden hängen. Manche Kunden bieten uns auch an, ihre Handtücher zu benutzen. So oder so tragen wir viel Staub und Dreck in ihr privates Zuhause. Ich vermeide es, so gut es geht, mich im Bad der Kunden zu waschen. Ich mag es gar nicht, wenn graubraunes Wasser das weiße Porzellan verunreinigt. Ich versuche dann zwar jedes Mal, alles zu säubern, habe aber niemals das Gefühl, dass es wieder so wird wie vorher.

Die Petersens sind beeindruckt davon, dass ich eine nach Tagen berechnete Konventionalstrafe in den Vertrag mit aufnehmen möchte. Im Gegenzug sind sie bereit, mir vertraglich zuzusichern, dass ich die Bauzeit um eine Woche überschreiten darf, falls sich das als notwendig erweisen sollte.

Darüber hinaus einigen wir uns darauf, dass im Krankheitsfall das Datum der Fertigstellung um weitere vierzehn Tage verschoben werden kann.

Auf diese Weise gelangen wir zu einer klaren Übereinkunft, die mir genügend Zeit gibt, um den Auftrag fristgerecht auszuführen. Außerdem beugt sie möglichen Konflikten vor, falls im Hinblick auf das Datum der Fertigstellung etwas schiefgehen sollte. Aber selbst in diesem Fall werden die Arbeiten längst beendet sein, bevor die Petersens ihren Einzug in die neuen Räumlichkeiten geplant haben.

Das meiste, was wir besprechen, betrifft ganz normale und selbstverständliche Dinge. Nun allerdings sollen die Teile der Arbeit erörtert werden, die nicht in der Auftragsbeschreibung stehen, aber gleichwohl durchgeführt werden müssen. Der Vertrag ist erst dann unter Dach und Fach, wenn wir uns auch über diese Arbeiten verständigt und den Vertrag unterschrieben haben.

Der größte unvorhergesehene Posten war die Tragkonstruktion, wobei meine Idee mit der neuen Firstpfette bereits genehmigt wurde. Dafür habe ich einen Preis vorgeschlagen und diesen dem Angebot hinzugefügt, das die Petersens bereits akzeptiert haben. Auch die Sache mit dem Asbest ist zur Sprache gekommen, und mein Vorschlag, diese Arbeit an Fachleute auszulagern, wurde ebenfalls angenommen.

Punkt für Punkt gehe ich die Liste durch. Es scheint, als hätten die Petersens schon mit so etwas gerechnet und in ihrem Budget klugerweise einen Posten für unvorhersehbare Ausgaben einkalkuliert. Ich bin erleichtert.

Ich erwähne, dass möglicherweise der Nachbar die Verantwortung für das Lüftungsrohr übernehmen müsste, das oben auf dem Dachboden endet, nun jedoch in feuerfester Ausführung über das Dach verlängert werden muss. Die Petersens sollen verstehen, dass ich nicht weiß, wer die Kosten für diese Arbeiten übernehmen muss. Sie müssen dieses Problem mit dem Nachbarn erörtern, wobei mir wichtig ist, dass sie es nicht so wirken lassen, als mischte ich mich in diese Sache ein. Denn für mich wäre es überhaupt nicht gut, mich mit dem Nachbarn anzulegen. Ohnehin werde ich schon genügend Unruhe ins Haus bringen und möchte daher nicht zusätzlich mit Zank und Streitereien behelligt werden.

Zum Glück sehen Kari und Jon ein, dass der Bauprozess für alle Beteiligten nur noch komplizierter wird, wenn ich in solch einen Konflikt hineingezogen werde.

Die Petersens müssen außerdem entscheiden, ob sie die alten elektrischen Leitungen in ihrer Wohnung austauschen wollen. Die alte Anlage besteht aus Stahlrohren, die zu Lampen und Steckdosen führen, und die eigentlichen Leitungen befinden sich in den Rohren. Der Elektriker empfiehlt die Verlegung von neuen Leitungen, was allerdings 15 000 Kronen zusätzlich kostet. Da ich in anderen Gebäuden schon häufig alte und halb verschmorte Leitungen in solchen Rohren gefunden habe, kann ich die Empfehlung des Elektrikers nur unterstützen. Die elektrische Anlage soll ja sowieso erweitert werden, daher würde es nicht allzu viele Extrakosten verursachen, zusätzlich noch neue Leitungen zu verlegen. Wir einigen uns darauf, dass die Petersens dies zu einem späteren Zeitpunkt entscheiden, es eilt vorläufig nicht.

Jetzt sind Petersens an der Reihe. Es stellt sich heraus, dass sie einen Teil der Einrichtungs- und Malerarbeiten selbst übernehmen möchten. Auf diese Weise können sie ein paar Kronen einsparen und haben ihr Budget besser unter Kontrolle. Für mich ist das in Ordnung. Ich erwidere, dass ich es gut finde, wenn sie durch diese Eigenbeteiligung Geld sparen können, bitte sie aber, mir rechtzeitig Bescheid zu geben, welche konkreten Arbeiten sie selbst ausführen wollen. Dabei handelt es sich ja ohnehin nur um einen kleinen Teil meines Gesamtangebots, und für mich ist es am wichtigsten, die Kontrolle über den zeitlichen Ablauf sowie die Zimmermannsarbeiten zu behalten, die ich selbst übernehmen werde.

Die Petersens möchten die neue Treppe gern selbst kaufen. Wie es scheint, haben Treppen – neben der Küche – für die Menschen größere Bedeutung als alles andere in ihrem Zuhause.

Die Treppe gehört zu jenen Dingen, über die die Menschen in ihrem Zuhause selbst die Kontrolle behalten wollen. Wenn sie sie Freunden oder Verwandten zeigen, möchten sie sagen können, dass sie so und so darauf gestoßen sind und dass die Treppe von diesem oder jenem Schreinerbetrieb stammt, der geografisch genau benannt werden kann, ob aus Suldal, Hestnæs, Verona oder München. Die Treppe ist das Herzstück in jedem Zuhause. Über sie gelangt man hinunter ins Wohnzimmer, und dabei kann man förmlich spüren, dass man auf dem Weg zu etwas Wichtigem ist. Außerdem ist die Treppe ein Lieblingsort der Kinder, wo sie hinauf- oder herunterpoltern, klettern und spielen.

Ich wage zu behaupten, dass die Petersens vermutlich nicht viel Geld einsparen, wenn sie die Treppe selbst kaufen. Oft führt es zu ungeahnten Schwierigkeiten, wenn Kunden das selbst übernehmen. Trotzdem ist das für mich völlig in Ordnung, ich muss bloß der Treppenfirma eine Mail schicken, mich für das Angebot bedanken und mitteilen, dass leider doch keine Bestellung daraus wird.

Alles, was sie jetzt mit mir besprechen, haben die Petersens sicher sorgfältig überdacht. Natürlich hätten sie es auch gleich von Anfang an in die Projektbeschreibung mit aufnehmen können, aber hier geht es um Verhandlung und Taktik. Und deshalb kommen die schwierigsten Punkte, also die, über die man am meisten diskutieren muss, auch ganz zuletzt an die Reihe.

Jetzt ist es also an der Zeit, die Katze aus dem Sack zu lassen. Karis Vater arbeitet bei der Baumarktkette Maxbo, über ihn können sie demnach günstig an Baumaterial herankommen. Ich merke schon, das hier wird nicht so einfach.

Ich erkläre, dass ich – sofern ich für die Qualität dessen, was ich baue, garantieren soll – auch bei dem Material, mit dem ich baue, von guter Qualität abhängig bin. Mein Hauptlieferant ist die Firma Thaugland Trelast. Hier weiß ich genau, woran ich bin, und falls Probleme auftauchen sollten, werden sie in der Regel schnell gelöst. Außerdem erhalte ich dort gute Rabatte, was wiederum zu den erschwinglichen Preisen in meinem Angebot führt.

Jon erwidert, sie könnten über Karis Vater so günstige Materialien bekommen, dass sie dadurch eine Menge Geld sparen. Es irritiert mich ein wenig, dass Jon der stereotypen Rollenverteilung folgt und gleichsam stellvertretend für Kari über Material und Geld redet. Immerhin ist es doch ihr Vater, der seine Hilfe angeboten hat. Außerdem bin ich etwas verwundert, dass der Vater, der ja schließlich in der Branche arbeitet, anscheinend nicht versteht, dass es für einen Bauunternehmer schwierig wäre, solche Regelungen zu akzeptieren.

Ich erläutere, dass der normale Aufschlag zum Material in

einem Projekt wie diesem 30 000 Kronen beträgt. Das ist einerseits mein Einkommen, darüber hinaus ist es aber auch die Bezahlung dafür, dass ich Bestellungen in Auftrag gebe und mich um alles kümmere, was mit Lieferungen zu tun hat, Reklamationen usw. eingeschlossen. Mein Einwand bleibt für eine Weile unkommentiert, dann schließlich sagt Jon, dass er mich versteht und mir stattdessen an anderer Stelle finanziell entgegenkommen kann. Die Preise für das Material, das sie über Karis Vater erhalten könnten, seien aber so günstig, dass sie es dabei belassen möchten.

Normalerweise ist meine Arbeitsroutine auf einer Baustelle auf die Gepflogenheiten der Lieferanten abgestimmt. Ich kenne die Fahrer, die bei Thaugland arbeiten, und ich weiß, welche Fahrzeuge ich bestellen muss, um das Material zum Dachboden hinaufhieven zu können. Ich kenne die Geschäfte, in denen ich einkaufe, und finde die benötigten Waren schnell, wenn ich einmal selbst etwas besorgen muss. All dies ist zeitsparend, gibt mir Sicherheit und macht den Bauprozess einfacher.

Die Firma Thaugland lebt im Großen und Ganzen von kleinen Unternehmern wie mir, und der Kontakt gestaltet sich in der Regel sehr angenehm. Der Wohlfühlfaktor ist für mich ziemlich wichtig, bei Maxbo hingegen habe ich immer das Gefühl, einem großen Industrieunternehmen gegenüberzustehen, und das macht mich unsicher. Allerdings kann ich das nicht als Argument anführen.

Mit viel Fingerspitzengefühl versuche ich den Petersens so gut wie möglich klarzumachen, dass ich mich auf so eine Regelung nicht einlassen möchte. Augenscheinlich fällt es ihnen schwer, meine Haltung zu akzeptieren. Das Geld ist sicherlich ein wichtiger Punkt, allerdings geht es in dieser Situation auch ums Abgewiesenwerden und darum, dass es sich um jemanden aus der Familie handelt. Karis Vater freut sich mit Sicherheit darüber, etwas für seine Tochter tun zu können.

Allerdings werde ich nicht nachgeben. Okay, vielleicht würde ich nachgeben, wenn ich Gefahr liefe, aufgrund dessen den Auftrag zu verlieren, aber um den werde ich kämpfen. Glücklicherweise lenken die Petersens ein, doch dann hat Jon eine Art Geistesblitz. Er sagt, wenn sie nicht über seinen Schwiegervater einkaufen dürften, würden sie Geld verlieren, so, als handele es sich um Zusatzausgaben, die ich ihnen aufbürde. Deshalb möchte er als Ausgleich für diese Mehrkosten einen kleinen Rabatt auf mein Gesamtangebot aushandeln. Ohne sich dessen bewusst zu werden, feilscht er jetzt mit mir und möchte 10 000 Kronen abziehen. Ich sehe Kari an, dass er jetzt improvisiert, sie fühlt sich mit der Situation offensichtlich nicht ganz wohl.

Letztlich handelt es sich bei diesen 10 000 Kronen um weniger als ein Prozent der gesamten Baukosten. Im Gesamtzusammenhang ist das bloß Kleingeld. Allerdings kann ich nicht damit argumentieren, dass es sich nur um eine kleine Summe handelt, da das ja auch für mich selbst zutreffen würde. Umgekehrt kann ich genauso wenig sagen, dass das für mich 10 000 Kronen weniger Einkommen bedeuten würde, denn 10 000 Kronen sind eben auch Geld für die Petersens. Stattdessen erwidere ich, dass wir uns doch schon von vornherein auf ein Angebot geeinigt haben und uns auch daran halten sollten. Glücklicherweise geben sie nach.

Diese Diskussion hat einen neuen Ton in unser Verhältnis gebracht. Deutlicher als zuvor ist zu spüren, dass es um eine ernste Sache geht. Zum ersten Mal habe ich durchblicken lassen, dass ich jemand bin, dem es nicht nur um Fachliches geht, um Tragkonstruktionen, Kundenwünsche und das Bauprojekt als solches. Ich habe gezeigt, dass ich auch an mich selbst denken kann. Auch wenn es unangenehm war, ist es doch richtig und wichtig, diesen Prozess gleich beim ersten Mal zu durchlaufen. Wir haben unsere Positionen gefunden – das hoffe ich jedenfalls.

Wir einigen uns darauf, den Vertrag so zu unterschreiben, wie er vor uns liegt. Die Einzelheiten im Hinblick auf die Arbeiten, bei denen die Petersens selbst Hand anlegen möchten, wollen wir später klären und diese Arbeiten dann aus dem Gesamtangebot herausnehmen, sofern sie dies immer noch wünschen. Zur Sicherheit für beide Parteien halten wir die ungeklärten Punkte schriflich als Anlage zum Vertrag fest.

Um einundzwanzig Uhr ist der Vertrag unterzeichnet, und wir reichen uns die Hände. Es war ein wenig anstrengend für alle Beteiligten, doch jetzt ist alles unter Dach und Fach, und wir können mit dem beginnen, um das es hier eigentlich geht – mit dem Umbau. Die Genehmigung für den Baubeginn und die lokale Baugenehmigung wurden bereits beantragt, ebenso die Erlaubnis für die Änderungen an der Tragkonstruktion. Um Zeit zu sparen, haben wir ein bisschen gepokert und die Anträge an das Planungs- und Baurechtsamt geschickt, bevor der Vertrag unterzeichnet war. In zwei Wochen werde ich anfangen, die Dachbodenkammern abzureißen und zu versetzen.

Auf dem Heimweg rufe ich Dan an und erzähle ihm, dass nun endlich alles geklärt ist. Dan ist Zimmermann wie ich und betreibt ebenfalls eine kleine Firma. Wenn es passt, arbeiten wir manchmal füreinander.

Wir sind beide ziemlich stur und geben in einer Diskussion nicht so leicht nach. Allerdings fällt mir das leichter als Dan. Er stößt sich immer ein wenig an meiner Detailversessenheit, daran, dass ich nicht eher mit einer Lösung zufrieden bin, bis ich sie auch tatsächlich verstehe. Er möchte am liebsten einfach weiterarbeiten und die Probleme unterwegs lösen. Ich hingegen werde unsicher, wenn ich nicht ganz genau weiß, was wir da gerade tun. Meine fast schon krankhafte Hartnäckigkeit wird ausgeglichen durch seine Energie und Fähigkeit, uns voranzutreiben. In der gemeinsamen Arbeit gehen wir dann Schritt für Schritt vor, sind dabei aber äußerst gründlich. Dan ist einsatzbereit für die Arbeit auf dem Dachboden in der Hegermanns gate.

16

Die beiden Wochen bis zum Baubeginn vergehen schnell und sind mit allerlei Kleinigkeiten angefüllt, die erledigt werden müssen.

Die Büroarbeit ist die Geißel der Kleinunternehmen. Ein schwarzes Loch, das Zeit und Energie verschlingt und immer größer zu werden scheint, je mehr man hineinstopft. Aber immerhin habe ich jetzt vor dem Baubeginn Zeit, meine Buchhaltung in Ordnung zu bringen, Papiere zu sortieren und ein paar einfache Budgetierungen für das kommende Halbjahr zu erstellen.

Ich räume meine Kammern auf, kontrolliere Werkzeug, Leitungen, Stecker und Lampen, dann geht es ans Reinigen, Ölen und Reparieren. Die Bohrmaschine und eine der Nagelpistolen bringe ich zur Wartung und lasse mir gleichzeitig meinen Nivellierungslaser kalibrieren.

Meine Vorbereitungen werden sozusagen stromlinienförmig und nehmen allmählich Fahrt auf.

Im Internet recherchiere ich verschiedene Dinge, die mit dem Auftrag bei Petersens zu tun haben. Ich sammle Broschüren und technische Anleitungen, die ich während der Bauphase benötige und mit denen ich die fertige Arbeit am Ende dokumentieren kann.

Um meine Dokumentation anschaulicher zu gestalten, habe ich mir ein einfaches System zurechtgelegt. Die Fotos, die ich während des Bauprojekts mache, werden nummeriert und in ein Dokument eingefügt. Wo es erforderlich ist, versehe ich die Bilder mit einem einfachen kurzen Text, der erklärt, was darauf zu sehen ist. Auf diese Weise erhalte ich ein übersichtliches Album, in dem das ganze Projekt dokumentiert ist und das der Kunde als Kopie bekommt, wenn der Auftrag abgeschlossen ist. In Kombination mit der schriftlichen Dokumentation erhalte ich so eine Übersicht über alle ausgeführten Arbeiten, die dann auch vom Kunden leicht nachvollzogen werden können.

Sollte man zwischen zwei augenscheinlich gleichen Wohnungen entscheiden müssen und findet bei der einen eine umfassende Dokumentation der baulichen Realisierung vor, bei der anderen hingegen nicht, würde man vermutlich diejenige wählen, von der man weiß, dass alles richtig gemacht wurde – oder nicht?

Für die Dokumentation der Arbeiten werden verschiedene vorgefertigte Systeme angeboten, ich allerdings ziehe meine einfache und selbstgefertigte Lösung vor. Jetzt bereite ich eine Mappe für den Job in der Hegermanns gate vor und füge die Fotos von der Erstbesichtigung hinzu. Der Ausgangspunkt der Arbeit ist somit dokumentiert.

Im Anschluss an die Büroarbeit fahre ich nach Ekebergskrenten und setze eine Badezimmertür ein. Das Bad hat Johannes, der Maurer, gebaut. Dabei lasse ich Johannes wissen, dass ich den Auftrag in Torshov bekommen habe, so dass er die bevorstehende Arbeit in seinen Planungen berücksichtigen kann. Ich möchte ihn so früh wie möglich auf der Baustelle haben. Dann hätten wir nämlich schon alle Arbeiten beendet, die mit Steinstaub und schmutzigem Wasser verbunden sind, bevor wir uns mit dem Bau von anderen Dingen beschäftigen, die wir sonst abdecken und schützen müssten. Johannes kann auf diese Weise viel effizienter arbeiten, und außerdem sparen wir Zeit und Material, wenn wir nichts abzudecken brauchen.

Jon hat versprochen, sich mit den Internet- und Telefonanbietern in Verbindung zu setzen, damit sie Leute schicken, um die Kabel oben auf dem Dachboden neu zu verlegen. Diese verlaufen nämlich entlang der Decke sowie an den Dachkammern, die versetzt werden sollen. Kabel- und Telefonanbieter zu einer Neuverlegung von Leitungen zu bewegen kann eine äußerst frustrierende Erfahrung sein. Zwar arbeiten diese Unternehmen mit Informationstechnologie, haben allerdings mit Kommunikation an sich nur wenig am Hut. Jon glaubt mir nicht so recht, als ich ihm sage, dass er sich unmittelbar darum kümmern muss, verspricht aber, es zu tun.

Ebba trägt den Umbau des Dachbodens ebenfalls in ihren Terminkalender ein und bittet mich darum, ihr ein paar Tage im Voraus anzukündigen, wann ich den Elektriker benötige. Einige Stromleitungen müssen schon in der Frühphase des Projekts neu verlegt werden. Der Fußboden soll herausgerissen werden, wobei man berücksichtigen muss, dass die elektrische Anlage der darunterliegenden Wohnung zum Teil über die Balkenlage auf dem Dachboden geführt wurde. Ein Teil der Leitungen muss wegen der neuen Treppenöffnung sowie ein paar neuer Rohre weichen, die anders verlaufen werden als die alten.

Das Material, das ich nach oben schaffe, muss so platziert werden, dass es nicht die laufenden Arbeiten behindert. Ein Teil wird deshalb in dem Bereich des Dachbodens gelagert, den wir nicht umbauen. Dort gibt es eine kleine offene Stellfläche, und dazu habe ich eine der dort befindlichen Dachkammern mieten können, um Werkzeug oder Ähnliches einzuschließen. Ausgehend von einer Liste, auf der ich die wichtigsten Dinge zuoberst notiert habe, kann ich schon gleich meine erste Bestellung bei Thaugland aufgeben. Ich möchte so viel wie irgend möglich auf dem Dachboden unterbringen und merke schon jetzt, dass es vermutlich recht eng wird.

Allerdings habe ich die Lagerung der verschiedenen Materialien mithilfe einer Zeichnung vorausberechnet, sodass ich mir sicher sein kann, dass alles, was ich nach oben befördere, auch seinen Platz findet.

Thaugland sende ich die Bestellung per E-Mail und buche gleichzeitig den Transport sowie einen Kranwagen. Letzteren werde ich nämlich brauchen, um den Abfall vom Dachboden hinunterzubefördern. Sobald die Abrissarbeiten beendet sein werden, wird der Abfall so ordentlich auf dem Dachboden platziert, dass es dann mit dem Herunterlassen ganz schnell gehen kann. Holzabfälle landen direkt im Container, dasselbe gilt für Lehm, Mörtel und Steine. Ganz nach Vorschrift wird natürlich für jedes Material ein entsprechender Container zur Verfügung stehen. Kleinere Mengen Mischabfälle lege ich ins Auto und bringe sie selbst zur Entsorgung.

Dan muss noch eigene Projekte fertigstellen und wird deshalb erst dann nach Torshov kommen, wenn es dort richtig losgeht. Trotzdem treffen wir uns an einem Abend, als seine Kinder schon im Bett sind, und sehen uns die Zeichnungen und den Bauplan an. Dan soll auf alle Fälle vorher wissen, worin der Job eigentlich besteht. So ist er besser vorbereitet, wenn er dann zu uns stößt. Das ist so wie mit einem Käse, der nur besser wird, wenn man ihn etwas liegen lässt. Das Projekt wartet irgendwo dort draußen, Dan muss nicht aktiv darüber nachdenken, und dennoch reift ein gewisses Gespür für die bevorstehende Arbeit in ihm heran.

Nachdem wir uns alles angesehen haben, schreiben wir eine Liste mit Dingen, die wir nicht vergessen dürfen. Daneben erstellen wir eine weitere Liste mit besonders wichtigen Dingen, die leicht zu übersehen sind oder vergessen werden können.

Zwar habe ich schon so eine Liste, aber unabhängig davon machen wir eine neue und vergleichen beide miteinander. Denn wenn wir von Neuem beginnen, fallen uns vielleicht Dinge ein, die ich bei der ersten Liste vergessen habe. Diese Liste wird uns nun während des gesamten Projekts begleiten. Punkt für Punkt haken wir die erledigten Arbeiten ab und fügen gegebenenfalls neue Dinge hinzu. Diese Checkliste ist unser wichtigstes Hilfsmittel.

17

Bevor alle Materialien und Werkzeuge auf dem Dachboden untergebracht werden können, habe ich dort oben eine Woche harte Arbeit vor mir. Die Hausgemeinschaft hat mir die Genehmigung dafür erteilt, Dachkammern zu versetzen und diejenigen abzureißen, die verschwinden sollen. Wenn alles gut geht, erfolgt die Genehmigung des Planungs- und Baurechtsamtes für den offiziellen Beginn der Arbeiten in einer Woche. Um jetzt schon loslegen zu dürfen, musste ich versprechen, die Dachkammern wieder herzurichten, falls es Probleme mit der Zulassung geben sollte. Unter der gleichen Bedingung habe ich auch die Genehmigung bekommen, den Fußboden aufzureißen. Es ist absolut verständlich, dass die Hausgemeinschaft mir dieses Versprechen abgenommen hat, und ich bin natürlich dankbar, dass sie mich schon vorzeitig mit der Arbeit beginnen lässt. Ich kann also bereits an den Tagen arbeiten, an denen ich sonst nichts zu tun gehabt hätte, und bekomme eine Woche mehr für die komplette Fertigstellung.

Um Aufträge wie diesen durchführen zu können, benötige ich als Handwerker in Norwegen eine lokale oder zentrale Autorisierung. Nichts anderes bedeutet es, wenn auf den Autos der Handwerksbetriebe die Aufschrift *anerkannter Meisterbetrieb* zu lesen ist. Ich habe keine zentrale Autorisierung und muss für jedes Projekt auf lokaler Ebene eine Zulassung beantragen. Aber die bekomme ich sowieso, schließlich habe ich einen Meisterbrief, verfüge über langjährige Erfahrung und kann viele erfolgreich abgeschlossene Projekte nachweisen.

Die zentrale Autorisierung war eigentlich eine Voraussetzung dafür, an dem Angebotswettbewerb teilnehmen zu können. Aber da ich die Petersens davon überzeugen konnte, dass ich die lokale Genehmigung sicher bekomme, durfte ich trotzdem daran teilnehmen. Nun warten wir also auf diese Zulassung sowie auf die Genehmigung für den Start des Bauprojektes an sich. Die übergeordnete Baugenehmigung für das Projekt wurde bereits erteilt, also wird sich mit größter Wahrscheinlichkeit alles regeln, weshalb das mit dem Abriss der Dachkammern verbundene Risiko nur minimal ist.

Jon kämpft derweil mit den Telefon- und Kabel-TV-Gesellschaften. Eine Menge Leitungen ist im Weg. Vorsichtig löse ich sie ab und hänge sie provisorisch auf. Dann zerlege ich die Wände der Dachkammern in Einzelteile, ordne und nummeriere diese und baue alles wieder dort zusammen, wo die neuen Dachkammern entstehen sollen.

Jon hat erzählt, dass einige Nachbarn unzufrieden darüber sind, wie ihre neuen Dachkammern ausfallen werden. Die neuen Kammern werden so gebaut, dass sie den technischen Vorschriften sowie den geforderten Mindestmaßen entsprechen.

Ich darf die Kammern keinesfalls zu klein bauen und muss berücksichtigen, dass sie nur dann genehmigt werden, wenn die Deckenhöhe mindestens 190 Zentimeter beträgt. Die Dachkammern müssen also genügend Platz bieten, sodass die Hausbewohner ihre Sachen ungehindert hineinstellen und herausnehmen können. Balken, Kamine, Rohre und sonstige Hindernisse muss ich ebenfalls im Auge behalten.

Die Zeichnungen des Architekten sind nicht ganz exakt. Wie er sich ausdrückte, sei es einfacher, die Dachkammern während des Baus nach den real vorherrschenden Bedingungen auszurichten. Deshalb zeichne ich die Umrisse der neuen Kammern auf den Boden und kann eine nach der anderen in ihrer natürlichen Größe nachmessen. So ist es ganz leicht, die vorher in Einzelteile zerlegten Kammern wieder richtig aufzubauen.

Bevor die Kammern jedoch versetzt werden können, muss der Inhalt ausgeräumt werden. Unzählige Gegenstände sind über den ganzen Dachboden verteilt, es gibt kleine Inselchen mit mehr oder weniger brauchbaren Möbeln, merkwürdigen Objekten, Erinnerungsstücken und Hausrat. Einige Nachbarn nutzen die Gelegenheit zum Aufräumen und werfen alles weg, wofür sie keine Verwendung mehr haben, wohingegen andere einfach alles übersiedeln lassen, egal was es ist.

Dadurch bekomme ich einen kleinen Einblick in das Leben der Menschen, erfahre, ob es ihnen schwerfällt, sich von Dingen zu trennen, und lerne ihren Geschmack und ihren Sinn für Ästhetik kennen. Anhand der Gegenstände kann ich ihr Alter erraten und darüber spekulieren, welchen Beruf sie haben oder hatten. Es gibt so einiges, was man tun kann, damit die Tage nicht zu langweilig werden.

Bei einer der Dachkammern helfe ich einem etwas gebrechlichen Nachbarn mit dem Ausräumen, auch weil ich so mit meiner Arbeit schneller vorankomme.

Ein paar Hausbewohner meinen plötzlich, sich ungemein viel auf dem Dachboden beschäftigen zu müssen, während ihre Sachen auf dem Fußboden vor den Dachkammern liegen. Als ob sie auf die Sachen – mögen sie mir auch noch so gleichgültig sein – plötzlich besonders aufpassen müssten, weil sie nun frei herumliegen. Alle Dachkammern waren mit kleinen Vorhängeschlössern versehen, die sich mit einem Hammerschlag aufbrechen ließen; der Inhalt hat dort mitunter jahrelang gelegen, wird aber plötzlich als schützenswert und kostbar erachtet und muss durch ständige Besuche überwacht werden.

Andere Bewohner zeigen mir Fotos und Gegenstände, die sie seit Jahren nicht mehr zu Gesicht bekommen haben. Sie erzählen mir Geschichten über diese Dinge, bevor sie sie schließlich erneut für eine lange Zeit der Dunkelheit des Dachbodens überlassen.

Sobald die neuen Dachkammern fertig und wieder eingeräumt sind, decke ich sie mit Plastikfolie ab, um zu verhindern, dass der Baustaub in den nächsten Monaten dort eindringt.

Der Teil des Dachbodens, den ich umbauen werde, ist jetzt leer. Noch bin ich aber nicht bereit, Werkzeug und Material hinaufzubringen. Ich reiße Bretter ab, ziehe alle überflüssigen Nägel heraus, löse Lampen und trenne Leitungen ab, die manchmal hundert Jahre alt sein können. Ich entferne auch Wäscheleinen und die Haken, an denen sie hängen. Der Fußboden muss weg, und alles, was ich an Lehm ausgraben werde, muss in Säcke gefüllt werden. Dabei überkommt mich das deutliche – und staubige – Gefühl, schon mitten in der Arbeit zu stecken.

Die Nägel, die aus den Dachbrettern herausragen, sind teuflisch. Wenn ich konzentriert arbeite, vergesse ich oft alles um mich herum. Deshalb ziehe ich mir ständig kleine Kopfverletzungen von Nägeln zu, die ich vorher nicht gesehen habe und derer erst gewahr werde, wenn ich sie mir schon in die Stirn gerammt habe. Bei meinem letzten Dachbodenausbau habe ich daher alle Nägel mit einer kleinen Stichsäge abgetrennt. Das ist besser so, denn so eine Kopfverletzung tut ganz schön weh, und außerdem möchte ich nicht so aussehen, als wäre ich in eine Schlägerei geraten. Kurzes Haar und rot leuchtende Verletzungen mit blutigem Schorf sehen nicht sonderlich schön aus.

Häufig bekomme ich dann zu hören, dass ich zum Arzt gehen und mich impfen lassen sollte, doch solange keine Erde und kein Schmutz von Abwasserrohren in die Wunde eingedrungen sind, habe ich Besseres zu tun. Wundstarrkrampf hatte ich noch nie, und eine Blutvergiftung habe ich mir auch noch nicht zugezogen.

Wenn ich mir wegen solcher Verletzungen jedes Mal Sorgen machte, hätte ich einen ziemlich anstrengenden Alltag. Die Angst der Menschen vor Verletzungen beruht vermutlich auf der Tatsache, dass die meisten nur selten in Gefahr geraten, sich welche zuzuziehen. Ich finde Blut und Verletzungen auch nicht angenehm, aber sie sind nun einmal ein natürlicher Teil meiner Arbeit.

Zwar könnte ich einen Helm benutzen, doch der würde meinen Kopf größer machen, sodass ich dauernd irgendwo anstieße, wenn ich in einer beengten Umgebung arbeite, was insbesondere in Dachschrägen der Fall ist. Da es sich letztlich aber nur um oberflächliche Verletzungen handelt, verzichte ich lieber auf einen Helm. Eine solide Schirmmütze aus Leder schützt ebenso gut vor kleinen Kopfverletzungen.

Große Wunden und gefährliche Verletzungen sind natürlich etwas ganz anderes. Offen gestanden wird mir übel, wenn ich darüber nachdenke, wie oft mir schon beinahe ein schlimmer Unfall widerfahren wäre. Wenn ich dem Sägeblatt einer Tischsäge unkontrolliert zu nahe gekommen bin, muss ich mich in solchen Fällen dann erst einmal hinsetzen und tief durchatmen. Meine Hände zittern, und ich kann die Reaktion im ganzen Körper fühlen. Und ich versuche herauszufinden, wie mir das passieren konnte.

Bin ich müde? Bin ich nicht ganz bei der Sache, geht mir zu viel im Kopf herum? Liegt es an der Unordnung? Manchmal verlasse ich die Baustelle dann für eine Weile, trinke einen

Kaffee und lese ein bisschen. In solchen Fällen kann es helfen, etwas zu tun, was nicht mit der Arbeit verbunden ist.

Meine Hände sind wie ein Werkzeug, sie stehen in direktem Kontakt mit dem Material, das ich bearbeite. Wenn ich einen Fußboden aufreiße, benutze ich Handschuhe, arbeite aber lieber mit bloßen Händen, wenn ich gewöhnliche Zimmermannsarbeiten ausführe. Das Ergebnis sind viele kleine Verletzungen und Schrammen. Die Handschuhe, die man heute kaufen kann, sind zum Glück viel besser als die, die wir früher benutzt haben, und ganz offensichtlich sind jüngere Leute in der Branche eher daran gewöhnt, Handschuhe bei der Arbeit zu tragen.

Meine Fingernägel sind stets kurz geschnitten, wodurch ich vermeide, dass sie abbrechen oder ich mir kleine Späne oder Ähnliches unter die Nägel ramme. Wenn doch einmal ein Span in die Haut dringt und ich ihn nicht sofort herausziehen kann, warte ich, bis sich eine kleine Infektion bildet. Dann bade ich die Hand in warmem Seifenwasser und entferne den Span mit Nadel und Pinzette. Vor einigen Jahren ist einmal so ein Span in die Haut meines Mittelfingers geraten, hat sich dann eingekapselt und ist zu einem kleinen Klumpen geworden. Das stört mich nicht weiter, und ich gehe davon aus, dass er eines Tages von selbst verschwindet.

Damit die alten Fußbodendielen Platz im Container finden, schneide ich sie passend in große Stücke. Ich habe mein eigenes elektrisches Werkzeug dabei und verwende eine Kreissäge. Dann lege ich alles ordentlich in einer Ecke zusammen, damit es bei den anderen Vorbereitungsarbeiten nicht im Weg ist.

Quer zwischen den Bodenbalken alter Wohnhäuser liegt der Zwischenboden. Oben auf diesen Brettern befindet sich Lehm, der beim Bau des Hauses als Isolierungsschicht zwischen den einzelnen Stockwerken verwendet wurde.

Ich entferne den Lehm dort, wo die neue Treppenöffnung entstehen soll und wo Rohre und Lüftungsschächte hinkommen werden. Der restliche Lehm dient weiterhin der Isolierung und kann an Ort und Stelle verbleiben, vielleicht so lange, wie das Haus stehen wird. Nach solchen Arbeitstagen kann ich mir unter der Dusche dann immer schwarzgrau verfärbten Schleim aus der Nase schnäuzen. Wasserdampf und Hitze lösen den Staub in der Nase auf, der sich dann einfach herausblasen lässt. Staubmasken sind zwar hilfreich, aber niemals ganz dicht.

Als der Lehm hier hinaufgebracht wurde, haben die Arbeiter Leitern benutzt, die von einem Stockwerk zum nächsten führten. Schon häufig habe ich auf anderen Baustellen diesen Lehm wieder hinuntergetragen, in die entgegengesetzte Richtung. Und dennoch kann ich mir nicht wirklich vorstellen, welche Mühen die Arbeiter vor 130 Jahren auf sich nehmen mussten, als sie alles hinauftrugen. Riesige Mengen Lehm, Haus für Haus, Jahr um Jahr. Damals herrschte in Oslo ein regelrechter Bauboom.

Ich nehme mein Mittagessen unten in der Wohnung ein. Das werde ich in den nächsten Wochen noch häufiger tun. Es ist etwas ungewohnt, in einer fremden Küche zu stehen. Besonders unangenehm ist das natürlich, wenn die Arbeit mit so viel Schmutz verbunden ist. Aber ich brauche nun mal einen Platz, wo ich essen kann, und außerdem war das Bestandteil des Vertrags. Der Schmutz wird irgendwann weniger werden, und die Petersens werden sich schon daran gewöhnen, dass ihre Küche zu einer Handwerkerkantine umfunktioniert wurde. Bald werde ich mich daher vermutlich schon weniger unwohl fühlen. Ich habe meine eigenen Handtücher mitgebracht, die jetzt im Bad hängen. Wenigstens habe ich dadurch das Gefühl, mich nicht allzu sehr aufzudrängen.

Morgen wird das Baumaterial angeliefert. Schon gestern habe ich damit begonnen, die Straße abzusperren, um Platz für die Container und den Kranwagen zu schaffen. Die Sperrböcke, die ich auf die Straße stelle, sind aus gesäubertem Abrissmaterial gefertigt und mit einem gelbroten Plastikband versehen. Je mehr Autos von der Straße verschwinden, desto mehr weite ich nach und nach meine Absperrung aus. Ich muss früh beginnen und den erforderlichen Platz in Anspruch nehmen, sobald er frei wird. Zwei Container und ein Kranwagen benötigen eine Menge Platz. Ich habe mich bereits frühzeitig auf der Straße umgesehen und festgestellt, dass keine Autos über längere Zeit dort parken. Einer der Wagen sah so aus, als ob er nicht häufig bewegt wird, aber da habe ich einen Zettel hinter die Scheibenwischer geklemmt. Das liegt jetzt eine Woche zurück, und gestern ist der Wagen verschwunden. Manchmal passiert es, dass ich den Besitzer eines Fahrzeugs ausfindig machen muss, damit ich ihn oder sie bitten kann, den Wagen woanders hinzustellen, aber zum Glück war das hier nicht nötig.

Um das Material mithilfe des Krans auf dem Dachboden unterzubringen, lasse ich dort, wo später ein Fenster eingesetzt werden soll, ein Loch entstehen. Das bleibt dann so lange offen, bis das ganze Material auf dem Dachboden verstaut ist. Mit durchsichtiger Plastikfolie decke ich es mehrmals zwischenzeitlich ab, sodass wir auch über Tageslicht verfügen.

Man braucht eine gewisse Erfahrung, um solche Löcher vollständig abzudichten und gleichzeitig nach Bedarf öffnen und schließen zu können. Es wäre ein ziemlicher Albtraum, bei strömendem Regen und heftigem Wind in meinem Bett in Tøyen zu liegen und mir Sorgen über die Abdichtung einer Baustelle in einem ganz anderen Stadtteil machen zu müssen. Womöglich ruft der Kunde freitagabends um zehn Uhr an, um mitzuteilen, dass Wasser in die darunterliegende Wohnung dringt. Allein der Gedanke kann schon zu schlaflosen Nächten führen, und deshalb gehe ich bei der Abdichtung gründlich und überlegt vor.

An der Unterseite ist das Loch verstärkt, sodass wir beim Hinaufhieven das Material auf der Kante ruhen lassen können. Auf dem Fußboden direkt davor habe ich einen soliden Holzbock errichtet, auf dem das Material gut Halt findet, während wir es in das Innere des Dachbodens hereinziehen.

Wenn die Holzteile heraufgehievt werden, bekommen wir es mit einigen sehr langen Paketen zu tun. Dazu kommen schwere Säcke mit Gips, eine Menge verschiedener Dinge also, die durch dieses Loch gezogen werden müssen. Vom Loch tragen wir dann alles an die Stellen auf dem Dachboden, die für die Lagerung vorgesehen sind. Ich habe schon einen Plan. Mal sehen, ob die anderen den genauso genial finden wie ich. Morgen.

18

Es ist Ende Januar, und fast drei Monate sind vergangen, seit Jon Petersen zum ersten Mal Kontakt mit mir aufgenommen hat. Gestern kam die Genehmigung für den Baubeginn. Wenn damit etwas nicht in Ordnung gewesen wäre, hätte ich den Materialtransport verschieben müssen. Aber ich hätte auch nicht diese Riesenmengen an Material kaufen können, ohne sicher zu sein, dass ich die Genehmigung erhalte.

Doch heute ist es endlich so weit, um alles mit dem Kran nach oben zu befördern, und die ganze Mannschaft steht bereit. Dan, Ole und Bård kommen wie verabredet um acht Uhr. Dan ist mit allen Wassern gewaschen und ein Multitalent. Er kann alles Mögliche erledigen, wo und wann er will. Er arbeitet mit sicherer Hand. Das ist besonders dann wichtig, wenn schwere Lasten durch eine schmale Öffnung bugsiert werden und dabei alles unter Kontrolle gehalten werden muss.

Ole und Bård arbeiten mehr oder weniger regelmäßig für eine Abrissfirma und können auch so einiges. Allerdings treiben sie sich ein bisschen zu viel im Rockermilieu herum. Am besten funktioniert es dann mit ihnen, wenn sie keinen Kater haben. Ich mag sie beide, es sind gute Leute, witzig und fleißig zugleich. Bård hat sich die Fingerknöchel an beiden Händen tätowieren lassen: Links steht »tull«, also Unsinn, rechts »tøys«, das bedeutet Quatsch. Ich finde, das spricht für sich. Heute sind die beiden in Bestform, und das ist gut so und auch unbedingt nötig. Ich habe zuvor allen klargemacht, dass sie ausgeschlafen und nüchtern sein müssen, sonst wäre es viel zu gefährlich, sie bei der Arbeit dabeizuhaben.

Im Laufe der Jahre ist mir immer bewusster geworden, dass es manchmal gefährliche Situationen geben kann. Ob das nun daran liegt, dass ich mit zunehmendem Alter ängstlicher werde, oder ob die lange Berufserfahrung es leichter macht, potenzielle Gefahren zu erkennen, ist schwer zu sagen. Vielleicht trifft beides zu.

Ungeachtet dessen ist das Unfallrisiko ein anderes, wenn ich beispielsweise allein an der Säge arbeite, als wenn mehrere Menschen damit beschäftigt sind, Material mit dem Kran hinaufzuhieven. Bin ich allein, wirkt sich die potenzielle Gefährdung nur auf mich selbst und sonst niemanden aus. Hingegen geschehen unvorhergesehene Dinge schneller, wenn mehrere Menschen gleichzeitig mit einer Arbeit beschäftigt sind. Noch dazu arbeiten wir mit schweren Lasten in großer Höhe, was wiederum gravierende Konsequenzen nach sich ziehen kann.

Vor einigen Jahren habe ich einmal in Søndre Åsen Material mit einem Kran auf den Dachboden hieven müssen und wäre dabei beinahe vom Dach gefallen. Der Höhenunterschied zur Straße betrug dreizehn Meter. Das besagte Gebäude hat ein ziemlich flaches Dach, mit circa zehn Grad Neigung, und ist mit Zinkblech eingedeckt. Es war mitten im Winter, und das mit Raureif überzogene Metalldach war höllisch glatt.

Ich hatte ein Gerüst mit Geländer angebracht, für ausreichende Sicherheit war also gesorgt, doch der Kranführer war träge und arrogant und passte nicht richtig auf. Ich stand auf den quer verlaufenden Brettern, die ich oberhalb des Gerüsts am Dach befestigt hatte, und versuchte, Isolierungsmaterial entgegenzunehmen, das in einem großen Lastennetz lag. Doch dann verhakte sich das Netz am Dachgerüst, ohne dass der Kranführer es bemerkte. Das ganze Gerüst wurde angehoben, ich bekam schreckliche Höhenangst und zog schon in Erwägung, von den Brettern herunterzuspringen und mich an dem Netz festzukrallen. Immerhin war das eine bessere Option, als hinunterzustürzen. In letzter Sekunde bemerkte der Kranführer, was vor sich ging, und hielt den Kran an. Dann ließ er das Netz vorsichtig herunter, ich kroch auf allen vieren auf das Dach und zitterte wie Espenlaub. Als ich endlich wieder aufrecht stehen konnte, goss ich mir einen Kaffee ein, stieg hinunter und redete ein Wörtchen mit dem Kranführer. Den restlichen Tag passte er dann besonders gut auf.

Danach ging es wieder hinauf aufs Dach – noch immer wartete dort oben das Material –, doch jetzt nahm ich ein Seil und vertäute mich damit am Kamin. Eine zusätzliche Sicherheitsmaßnahme, die ich schon beim ersten Versuch hätte treffen müssen. Ursprünglich war ich davon ausgegangen, dass Gerüst und Geländer sicher genug seien, aber das war ein Irrtum. Wenn ich an dieses Erlebnis zurückdenke, stehen mir immer noch die Haare zu Berge.

Derartige Vorfälle haben mich gelehrt, viel entschiedener aufzutreten, wenn es um gefährliche Arbeiten geht. Ich habe gelernt, meinem eigenen Urteil zu vertrauen, und habe auch keine Angst mehr davor, meine Meinung zu äußern.

Das Gewerbeaufsichtsamt würde vermutlich sagen, wir dürften nicht so arbeiten, dass unsere Tätigkeit Gefahren birgt. Aber das tut sie nun einmal, wenn wir mit schweren Lasten in großer Höhe beschäftigt sind. Gefahr ist ein relativer Begriff. Doch Unfälle passieren nun mal, und wir können nur unser Bestes versuchen, um sie tunlichst zu vermeiden und die Gefahr einzudämmen. Mein alter Meister sagte immer, dass Unfälle niemals geplant seien. Sie können eben auch geschehen, wenn man vorsichtig ist – und trotzdem hilft es, vorsichtig zu sein.

Solange ich das Kommando führe, darf nichts passieren. Das ist das Wichtigste bei allen Arbeiten, und es beschäftigt mich die ganze Zeit. Wenn ich unerfahrene Leute auf der Baustelle habe – und sei es auch nur als Besucher –, merke ich schnell, dass ich ihnen genau auf die Finger schaue. Manche reagieren gereizt, weil ich zu viel kritisiere. Aber ich kann nun einmal nicht genau wissen, wo die Grenze verläuft – wann die Kritik angebracht ist, oder wann jemand ganz genau weiß, was er gerade tut. Leider gibt es auch viele Menschen, die glauben, alles unter Kontrolle zu haben, weil sie schlichtweg nicht wissen, was gefährlich ist und was nicht.

Niemand soll heute vom Dach stürzen – das hat oberste Priorität. Überhaupt soll heute niemand in eine gefährliche Situation geraten – das hat ebenfalls Priorität. Das lasse ich alle wissen, als wir unten mit einem Kaffee auf dem Gehsteig zusammenstehen und uns ein bisschen unterhalten, bevor die Arbeit beginnt. Das Wichtigste ist, dass wir alle aufeinander achtgeben.

Die Abfallcontainer sind bereits eingetroffen, und wie abgemacht steht Svenn, der Fahrer von Thaugland, um Punkt halb neun mit der Lieferung vor dem Haus. Wir gleichen Bestellung und Lieferschein miteinander ab. Es ist alles in Ordnung, nur leider fehlen die Dachfenster. Dabei handelt es sich um fünf Fenster und eine Menge dazugehöriges Material für den Einbau. Das bedeutet, dass wir fünfzehn- bis zwanzigmal die Treppen zum Dachboden hinaufkraxeln müssen, denn der Kran steht uns vorläufig nur an diesem einen Tag zur Verfügung. Die Fenster sind außerdem so schwer, dass wir immer zu zweit anfassen müssen. Aber na ja, ist schon in Ordnung. Alles wird sich irgendwie regeln und ist auch kein echtes Problem, nur bin ich eben davon ausgegangen, dass die Fenster heute ebenfalls geliefert werden. Aber egal, jetzt heißt es eben Treppe nehmen und die Beine trainieren.

Während der Kranarbeiten verständigen wir uns über Funk. Svenn und ich sprechen uns vorher über die Bedeutung der Kommandos ab, die wir einander geben. Er steht auf der Straße und blickt auf das Haus, während ich mich oben auf dem Dachboden befinde und vom Gebäude wegsehe. Da kann es schon mal zu Missverständnissen kommen, wo rechts und wo links ist. Außerdem einigen wir uns darauf, dass wir alles ganz ruhig und stressfrei angehen wollen. Sollten Unsicherheiten auftreten, werden wir kurz unterbrechen, miteinander kommunizieren und die folgenden Schritte absprechen.

Als die erste Ladung durch das Loch ins Dach manövriert wird und dann abgelegt werden soll, stellen wir fest, dass es dort oben ganz schön eng ist. Keiner kann in der Öffnung stehen, solange die Kranladung in der Luft hängt, denn falls die Ladung ins Schwanken gerät oder sich irgendwo verhakt, wird es gefährlich. Langsam, ruhig und kontrolliert muss alles vonstattengehen.

Es passiert nicht oft, dass ich einen Kran dirigiere. Svenn kann das eigentlich viel besser als ich, aber er ist zum Glück ein geduldiger Mensch.

Dann schließlich geht alles wie von selbst. Ladung rein, Abfall raus. Ladung rein, Abfall raus. Der Kran macht keine Leerfahrt und wird optimal ausgelastet.

Die Abfallcontainer sollen gleich nach dem Mittagessen abgeholt werden. Container mit getrenntem Müll können keinesfalls länger dort stehen bleiben, weil sie sonst in Windeseile mit allem möglichen Gerümpel aus der ganzen Nachbarschaft gefüllt würden. Einen Müllcontainer sehen viele Menschen als perfekten Anlass, einmal aufzuräumen und ihr Zuhause zu entrümpeln. Doch die Leerung eines Containers mit reinen Holzabfällen wird doppelt so teuer, wenn jemand Plastikabfall oder ein altes Fernsehgerät hineingeworfen hat. Dann geht es nämlich nicht mehr als getrennter Müll durch. Auf unserer Baustelle gibt es einen Container für Holzabfälle und einen für Stein und Lehm. Alle mit Lehm gefüllten Müllsäcke müssen aufgeschlitzt und in den Container entleert werden. Plastikmaterial wird separat gesammelt. Solange die Mülltrennung vom ersten Augenblick an berücksichtigt wird, also schon wenn ich mit dem Abriss beginne, ist diese Sortierarbeit nicht besonders zeitraubend. Außerdem trägt sie dazu bei, dass alles geordnet abläuft, und das wiederum spart Zeit.

Svenn befestigt den Haken des Krans an den einzelnen Ladungen und braucht dafür keine Hilfe. Bård, Ole und Dan laufen einmal hinunter, um die Abfallpakete vom Kranhaken zu lösen und alles in die Container zu verfrachten, dann kommen sie wieder hoch und helfen mir dabei, das angelieferte Material dort auf dem Dachboden zu platzieren, wo es hinsoll. Außerdem sind sie Svenn dabei behilflich, alles zu verfrachten, was im Netz nach oben befördert werden soll: Werkzeug, Isoliermaterial, Gips und so weiter. Den ganzen Tag geht es rauf und runter.

Die anstrengendste Arbeit besteht darin, alles dorthin zu tragen, wo es auf dem Dachboden gebraucht wird: die Spanplatten für den Boden, der Gips für die Brandmauer. Mehrere Stapel mit schweren Holzbalken in den Größen zwei mal acht, zwei mal neun und zwei mal vier Zoll sowie ein Stapel mit verschieden großen Hölzern. Den Schichtholzträger legen wir oben auf die Hahnenbalken. Er ist ziemlich schwer, aber zu viert lässt er sich problemlos hinaufbugsieren.

Das Isoliermaterial für den Fußboden deponieren wir auf Brettern, die ich in der anderen Ecke des Dachbodens auf die Hahnenbalken gelegt habe, dort, wo sich auch die Dachkammern befinden. Werkzeug sowie Kästen mit weiterem Material werden in der Dachkammer untergebracht, die ich zu diesem

Zweck gemietet habe. Dachfenster und Verschalungsmaterial … nun ja, die sind ja heute nicht gekommen.

Die Anordnung des Materials auf dem kleinen Dachboden wird von der Reihenfolge der Arbeiten bestimmt. Ausschlaggebend ist darüber hinaus, welches Material wann gebraucht wird, wie viel die verschiedenen Holzstapel wiegen und wie viel Platz sie einnehmen.

Den ganzen Tag lang sind wir damit beschäftigt, das Material nach oben zu befördern und zu verstauen. Zwischendurch legen wir eine Mittagspause ein, und bald darauf geht es schon wieder weiter. Die Arbeit ist anstrengend, aber gleichzeitig ist es schön mitanzusehen, wie das viele Material langsam aber sicher seinen Platz findet.

Schließlich lässt Svenn noch die letzte Ladung nach oben, die mit den Zwo-Achter-Balken, die besonders schwer ist. Die werde ich als Erstes brauchen, und somit müssen sie zentral in der Mitte des Dachbodens untergebracht werden.

Zu guter Letzt kann Svenn den Kran wieder einfahren. Die anderen drei ziehen den letzten Stapel durch die Dachöffnung herein, während ich zu Svenn hinuntergehe. Wir unterhalten uns ein bisschen, ich bedanke mich bei ihm, und er kann Feierabend machen.

Wenn ich von einem Menschen sagen kann, dass ich mit ihm zusammen eine große, buchstäblich schwere Last getragen habe, ist das meiner Ansicht nach eines der schönsten Komplimente, das ich ihm machen kann. Es ist eine ganz besondere Erfahrung, wenn jeder an einem anderen Ende eines schweren Objekts anpackt und man spüren kann, wie sich die Bewegungen des anderen durch den Gegenstand hindurch fortsetzen. Ich merke sofort, ob jemand geschickt ist, ob der andere Rücksicht auf mich nimmt oder nur an seine eigene Last denkt, und ich spüre es, wenn er allmählich müde wird. Die Erschöpfung

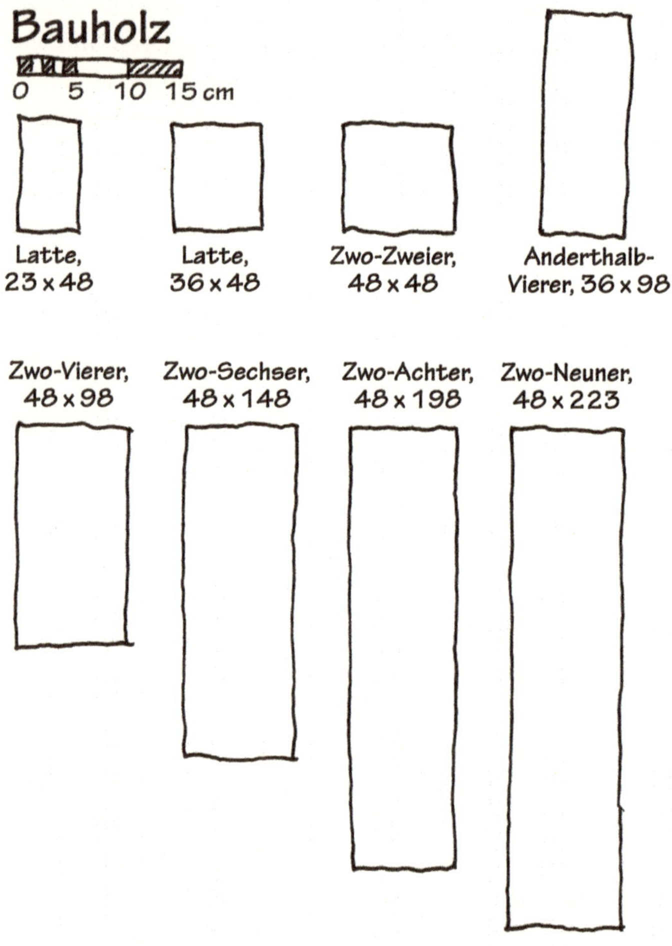
Bauholz
0 5 10 15 cm
Latte, 23 x 48
Latte, 36 x 48
Zwo-Zweier, 48 x 48
Anderthalb-Vierer, 36 x 98
Zwo-Vierer, 48 x 98
Zwo-Sechser, 48 x 148
Zwo-Achter, 48 x 198
Zwo-Neuner, 48 x 223

lässt sich an der Art der Schritte ablesen, wenn die Bewegungen schludrig werden. Und sie äußert sich in der Stille. Jeder, der Gelegenheit dazu hat, sollte ab und zu einmal gemeinsam mit anderen etwas Schweres tragen. Eine interessante Art, einander kennenzulernen.

Vielleicht, weil das Erlebnis ein rein physisches ist, man nimmt nur noch das Gewicht wahr und muss nicht allzu viel über das Drumherum oder das Unangenehme des Augenblicks nachdenken. Dabei darf man nicht vergessen, dass die Toleranz dessen, was wir als schwer empfinden, bei jedem von uns anders ausfällt. Wir schleppen gemeinsam, können uns aber nicht mehr Last zumuten, als der Schwächste mitzutragen vermag. Zwei Personen wachsen in diesem Fall zu einer zusammen.

Interessant ist es auch, wenn mehrere Personen gemeinsam etwas wirklich Schweres tragen. Zum Beispiel, wenn wir zu viert einen Schichtholzträger manövrieren. Man ist einander auf Gedeih und Verderb ausgeliefert, und wenn einer einen falschen Schritt macht, kann ein anderer verletzt werden. Die ganze Zeit muss man miteinander kommunizieren, kleine Kommentare und Hinweise geben, Feinjustierungen der gemeinsamen Arbeit. Wir müssen miteinander reden, denn verebbt das Gespräch, kann es schiefgehen und wir arbeiten nicht mehr zusammen. Okay, Augenblick, warte mal, etwas höher, wir machen eine Pause.

Wenn es sich anbietet und wir alles gut unter Kontrolle haben, wird zwischendurch auch gerne mal gescherzt. Die Menschen lachen gern, wenn das, was sie tun, anstrengend oder spannend ist und wenn sie sich ständig absprechen müssen, nach dem Motto: Wenn ich das mache, machst du das. Wir winden den da hoch und da runter, dann passt er durch. Jetzt isser drin, verdammt!

Heute war ein guter Tag. Eine Kombination aus körperlicher Arbeit, guter Organisation und dem Anspruch, alles an seinen passenden Platz zu bekommen. Wir haben hart gearbeitet. Jetzt können wir alles aufräumen und noch die letzten Dinge erledigen, und ich kann das Loch im Dach abdichten. Da ich alles schon vorbereitet habe, geht es recht schnell. Der Umsatz, den wir an diesem Tag gemacht haben, von der geleisteten Arbeit und dem angelieferten Material bis hin zur Miete des Kranwagens, entspricht etwa 140 000 Kronen. Das Material, das wir heute nach oben befördert haben, ist wie eine Art Blutspende für den Dachboden: Ab jetzt geht es aufwärts mit ihm, und die Tage können nur besser werden.

Wir machen das Licht aus und gehen in Arbeitsklamotten zusammen in die Kneipe.

19

Johan und Snorre sitzen in einer Nische an der Bar im Teddys.

Neben ihnen sind noch zwei Plätze frei. Wir kabbeln uns ein bisschen darum, wer sich hinsetzen darf, doch schließlich nehmen Ole und ich die Plätze ein. Dan zieht sich einen losen Stuhl heran, und Bård bleibt stehen. Es ist nicht besonders viel los, nur ein paar Gäste sind da. Nach und nach werden es sicher mehr. Für uns ist das jedoch die beste Zeit, denn es muss nicht rappelvoll sein, damit wir uns wohlfühlen.

Johan und Snorre kennen die anderen nur ein bisschen, aber weil wir alle umgängliche Typen sind, finden wir gleich den richtigen Ton. Wir trinken Bier und lassen es uns gut gehen, und nach einer Weile bekommen alle einen Platz in der Nische. Im Teddys ist Schichtwechsel, Engle und Kaare treten die Abendschicht an.

Wir reden über Musik. Johan und Snorre wollen nachher noch zu einem Konzert im Gamla, dort spielen Harlan City Jamboree und die Beat Tornados.

Die Beat Tornados sind eine tolle Surfband, darüber sind wir uns schnell einig. Dan und ich wären gern mitgegangen, stecken aber noch in Arbeitsklamotten und wollen nach dem Teddys erst mal nach Hause. Harlan City Jamboree ist außerdem eine Scheißband, sage ich, und schon geht's los. Es kommt zu einer lebhaften Diskussion, und während Dan versucht, Ole und mich von seiner Meinung zu überzeugen, tippt mir plötzlich jemand auf die Schulter.

Seit der letzten Rauchpause sitze ich am Rand unserer kleinen Gruppe, und neben mir steht jetzt dieser Typ, der vor zwei Monaten Snorres Arbeitsklamotten kommentiert hat. Der mit dem Dresscode im Büro. Er erkennt uns wieder und fragt, ob ich auch Handwerker sei. Angesichts meiner Arbeitsklamotten ist das ja nicht so schwer zu erkennen.

Auch er ist wieder hier, um nach der Arbeit ein Bier zu trinken, aber er hat offenbar etwas auf dem Herzen und ist nicht nur zufällig hier rübergekommen. Er sagt etwas über Ausländer in der Baubranche und wie unfähig die doch seien. Die Ironie der Tatsache, dass der neben mir sitzende Snorre Däne ist, erscheint mir zu platt, als dass ich darauf hinweisen möchte.

Der Typ hatte gerade die Handwerker bei sich zu Hause, um ein bisschen zu renovieren. Darüber will er jetzt reden. Bloß Ärger mit denen, sagt er, sie sind nie dann gekommen, wenn sie sollten, und so weiter, so etwas Ähnliches höre ich in der Kneipe nicht zum ersten Mal.

»Ja, ja«, unterbreche ich ihn, »aber ich habe jetzt frei und arbeite eigentlich auch nicht bei der Verbraucherberatung.«

»Ja, aber ...«, fährt er fort. Er lässt nicht locker und schildert uns Einzelheiten, nennt Beispiele dafür, wie blöd und unfähig seine Handwerker gewesen seien.

»Wer waren diese Leute denn? Wie hast du die gefunden?«

Ja, also, es sei eine norwegische Firma gewesen, jedenfalls mit norwegischem Namen, aber dann seien zwei Polen gekommen, um die Arbeit zu machen.

»Und wie hast du die Firma gefunden?«

Er habe sich Leute über eine Handwerkerbörse im Internet gesucht sowie über Tipps von Bekannten. Acht Firmen hätten ein Angebot abgegeben, und dabei habe er sich nicht mal die billigste ausgesucht, sagt er. Aber die zweitbilligste.

»Findest du nicht, dass Kostenvoranschläge von acht Firmen ein bisschen viel sind?«

»Nein, es ist doch ihre Sache, ob sie vorbeikommen und mir ein Angebot machen wollen.«

Damit hat er wohl recht, es ist ihre Sache. Sie kommen freiwillig, es sind erwachsene Menschen.

»Wie billig war das denn, wenn ich fragen darf? Wie hoch war das Angebot?«

»32 500 Kronen, inklusive Steuer.«

»Und, hast du deren Referenzen geprüft?«

Die ausgewählte Firma sei ihm von Bekannten empfohlen worden, und er habe auch eine Liste mit Referenzen bekommen, sie aber nicht weiter überprüft. Der Job sei auch nicht sehr umfangreich gewesen.

»Ja, wie umfangreich? In Stunden oder Tagen bemessen?«

»Die haben 'ne gute Woche gearbeitet.«

»Du weißt also nicht, wie viele Stunden ingesamt. Aber zwei Leute für eine gute Woche – können wir vielleicht von 100 Stunden ausgehen?«

»Ja, bestimmt.«

Ich bin etwas erschöpft und fühle mich leicht gereizt. Also entschuldige ich mich und gehe zur Toilette. Dort rechne ich im Kopf kurz nach, was der Typ mir erzählt hat. Als ich zurückkomme, sitzt er immer noch da. Mittlerweile unterhält er sich mit Snorre, und zwar über Ausländer in der Baubranche. Ausgerechnet.

»Du, ich finde das ganz interessant«, sage ich. »Ich erzähl dir jetzt mal, was ich darüber denke. Also nur, wenn du willst. Ich sag dir meine Meinung dazu, aber die musst du dann auch aushalten.«

»Kein Problem«, erwidert er. »Ich kann mit ehrlichen Meinungen umgehen.«

Er kann jetzt keinen Rückzieher machen und Schwäche zeigen. Schließlich hat er damit angefangen, und außerdem hat er gesagt, dass er meine Meinung aushält, also kann ich ihn ein bisschen in die Mangel nehmen. Ich habe mein Rechenstück noch nicht ganz zu Ende gebracht, bin aber ganz gut im Kopfrechnen. Ich nehme mir einen Zettel und Kugelschreiber zu Hilfe und lege beides auf den Tresen.

»Also. Du hast acht Leute zu dir nach Hause kommen lassen, um ein Angebot über circa 26000 Kronen erstellen zu lassen, ohne Mehrwertsteuer. Abzüglich des Materials, das sie kaufen müssen, bleiben ihnen also 21000 Kronen Lohn für hundert Arbeitsstunden plus etwa sechs Stunden für die Besichtigung und die Erstellung des Angebots.

Du hast freundlicherweise acht Firmen eingeladen, dir ein Angebot zu machen, die Chancen stehen also eins zu acht. Das bedeutet, dass man vielleicht acht Jobs berechnen muss, um einen zu bekommen. Die Zeit muss ja erst mal verdient werden, in diesem Fall also 48 Stunden. Kommst du noch mit?«

Er nickt, ich fahre fort.

»Damit wären wir bei hundert Stunden für die Arbeit und 48 Stunden für die Besichtigungen.

Der Firmeninhaber möchte natürlich für die Besichtigung und Weiterverfolgung des Jobs samt anderen Ausgaben bezahlt werden. Sagen wir mal, er ist bescheiden und berechnet einen Stundenlohn von 200 Kronen für 55 Stunden eigener Arbeit sowie eine kleine Pauschale für Werkzeug, Anfahrt und so weiter. Dann sind wir schnell bei 14000 Kronen.«

Ich frage den Kerl, ob er findet, dass der Firmeninhaber in meiner Rechnung außergewöhnlich gut bezahlt wird. Das findet er nicht.

»Tja, damit bleiben 7000 Kronen für die unfähigen Leute übrig, die zu dir nach Hause gekommen sind, um anzustreichen. Das entspricht einem Stundenlohn von siebzig Kronen pro Person, einschließlich Urlaubsgeld.«

Ich spreche ganz ruhig und ohne lange nachzudenken. Nur ein paar Berechnungen muss ich schriftlich machen, was bestimmt etwas einstudiert wirkt, aber das macht nichts.

»Siebzig Kronen die Stunde. In Polen ist das bestimmt 'ne ganze Menge?«, frage ich, ohne eine Antwort abzuwarten.

»Und billig hier. Billig ist doch das passende Wort, oder?«

Er ist ganz still geworden, aber ich spüre, dass er ziemlich irritiert ist.

»Ich wollte das bloß erzählen. Du brauchst jetzt gar nicht so sauer und ungehalten zu sein.« Sagt er.

»Nee, brauch ich nicht.«

Ich bin überhaupt nicht sauer. Vielleicht war ich etwas ungehalten, aber das hängt wohl davon ab, wen man fragt. Und ich bin noch gar nicht fertig.

»Aber du gehörst auch zu diesen Geizhälsen, die immer dieselben selbstgerechten Geschichten erzählen. Kaum kannst du ein paar Kronen sparen, ist dir Sozialdumping völlig egal. So kannst du es dir leisten, hier in die Bar zu kommen und mir noch so eine Geschichte darüber zu erzählen, wie dumm und schlecht die polnischen Handwerker sind.

Du schlägst dabei so einen vertraulichen Ton an, als ob du mir damit sagen willst, dass du mich nicht für einen von denen hältst, dass ich besser bin. Soll ich mich jetzt etwa darüber freuen?

Tja, man bekommt eben nur das, wofür man auch bezahlt. Die Probleme, die du mit deinen Handwerkern hattest, hast du dir selbst zuzuschreiben. Wenn du jetzt sauer auf mich bist, ist das völlig in Ordnung. Wir sitzen hier in der Bar, und du bist zu mir gekommen. Du hast also selbst darum gebeten.«

Das Gespräch ist beendet, und jetzt sind wir uns noch viel

weniger einig als zu Beginn. Er scheint deswegen etwas überrascht, ich bin es nicht.

Er ist einfach nur ein ganz normaler Durchschnittstyp. Es ist ganz normal geworden, Handwerker, Putzhilfen und Autowäscher auf diese Weise zu missbrauchen. Die Kunden sind ganz gewöhnliche Menschen, ebensolche wie er in der Bar. Es ist mir auch gleichgültig, wer sie sind. Mich interessiert eher, wer die Arbeit macht. Schließlich hätte ich das sein können.

Dan macht sich auf den Heimweg, Johan und Snorre fahren ins Gamla. Ich bleibe noch auf ein Bier mit Ole und Bård, bevor ich dann über Grønlandsleiret nach Hause stapfe.

Der restliche Tag verläuft ruhig. Ein bisschen Buchführung, etwas ausruhen und ein Spaziergang am Fjord, von Bjørvika nach Vippetangen.

20

Am Montagmorgen klopfe ich an die Tür und gerate mitten in das morgendliche Chaos der Petersens, die auf dem Sprung zur Arbeit und in den Kindergarten sind. Ich finde es gut, sich regelmäßig zum Wochenbeginn zu begrüßen. So sehen die Kunden, dass ich nach dem Wochenende sofort weitermache. Kari und Jon sind oben auf dem Dachboden gewesen, haben sich das ganze angelieferte Material angesehen und sind erstaunt über die Ausmaße. Ich hatte mich sehr darum bemüht, dort oben so viel Platz wie möglich zur Verfügung gestellt zu bekommen, und jetzt haben sie auch begriffen, warum. Jens und Fredrik sind neugierig und mustern mich interessiert, ohne etwas zu sagen. Die beiden schlüpfen in Schuhe und Winterzeug, und dann zieht jeder seines Weges.

Ich hätte gerne Licht auf dem Dachboden. Fenster. Es wird mit Sicherheit einfacher und angenehmer, dort oben zu arbeiten, wenn die Fenster erst einmal eingebaut sind. Im Winter ist es schon dunkel genug, Tageslicht ist also Gold wert. Ich fange an auszumessen und zu markieren, wo die Fenster hinsollen. Sie sollen genau oberhalb der Fenster in der darunterliegenden Etage eingebaut werden, da ist das Planungs- und Baurechtsamt penibel. Bei vielen der älteren Häuser, die bis Ende der Neunzigerjahre ausgebaut wurden, sind Fenster, Erker und Dachterrassen häufig ganz zufällig und nur den vorhandenen Dachsparren folgend platziert worden, ohne sich ansonsten der Fassade anzupassen. Dem wollte die Baubehörde dann irgendwann einen Riegel vorschieben und fing an, strenger zu kontrollieren, ob die Fenster auch wirklich gemäß der Architektenentwürfe eingebaut werden und nicht gemäß der Baukonstruktion. Bei vielen Häusern mussten dann fertige Fenster versetzt werden, und selbst neue Erker wurden eingerissen und an anderer Stelle wieder eingebaut.

Bei diesem Dachboden habe ich Glück. Nur eine der Dachsparren steht den neuen Fenstern im Weg und muss somit versetzt werden. Da ich ohnehin die gesamte Dachkonstruktion verändern will, bereitet mir das nicht viel zusätzliche Arbeit.

Ich fange damit an, jene Teile der existierenden Dachkonstruktion abzutrennen, die wegmüssen, damit ich etwas Neues einbauen kann. Das Dach darf nicht zu sehr geschwächt werden, Schritt für Schritt schneide ich die Pfetten ab, die über den Dachsparren liegen, um Platz für die Fenster zu schaffen. Dort, wo die neuen Fenster eingesetzt werden, verstärke ich die Konstruktion mit neuen Sparren an der Außenseite. Die Dachbretter lasse ich so, wie sie sind, damit das Dach auch weiterhin dicht bleibt.

Die Fenster werden von Thaugland geliefert, und am Dienstagabend hilft Dan mir dabei, sie alle hinaufzuschleppen. Zwar hat er noch immer ein wenig mit eigenen Aufträgen zu tun, kommt aber zwischendurch, wenn es nötig wird. Die Fensteröffnungen in den Dachbrettern und das Einsetzen der Fenster werden wir morgen zusammen in Angriff nehmen. Wenn wir Dachfenster montieren, nehmen wir sie aus den Rahmen heraus und setzen die fensterlosen Rahmen dann ein. Die schweren Fenster allein in die Rahmen einzusetzen ist zwar möglich, aber nicht gerade lustig. Besser ist es, man macht die Arbeit zu zweit.

Am Mittwochmorgen sitze ich im Auto, um ein paar Kleinigkeiten bei Motek zu besorgen. Dort ist gerade ein Akkubohrer im Angebot, den ich zu kaufen erwäge, außerdem will ich prüfen, ob ich nicht vielleicht einige der dort angebotenen Konstruktionsschrauben verwenden kann. Anstatt sie mir in die Hegermanns gate liefern zu lassen, mache ich lieber selbst einen Abstecher in den Baumarkt. Der Bohrer allerdings muss warten, der alte, den ich habe, wird es noch eine Weile tun müssen.

Das Radio ist ständig eingeschaltet. Im Auto und auf der Baustelle. Ohne Radio wäre der Job ziemlich einsam. Auf den Baustellen, wo ich das Kommando habe, herrscht allerdings ein nahezu absolutes Verbot für Radiowerbung. Ich ertrage einfach nicht diese überspannte Art, in der einem alles Mögliche angeboten wird. Alles wird so ausgesprochen, als stünde hinter jedem Wort ein großes Ausrufezeichen. Wenn ich auf diesem Werbeverbot bestehe, gibt es manchmal schon Diskussionen mit anderen Handwerkern. Ab und zu lasse ich mit mir reden, aber ich gebe niemals kampflos auf. Ein Tag mit dem Sender P4 kann ganz schön anstrengend sein. In den Morgensendungen vom Kanal P1 sind Verkehrsmeldungen, Nachrichten und Wetterbericht das Wichtigste. Heute soll es schneien, bei etwas Wind und Temperaturen um den Gefrierpunkt. Das werden wir sicher merken, wenn wir fünfzehn Meter über Straßenniveau stehen und Fensterrahmen einsetzen. Der Wind wird den Schnee direkt zu uns hineinblasen.

Auf Kanal P1 werden wetterbedingte Verkehrsbehinderungen gemeldet, hier und da staut es sich, und wegen eines Unfalls auf der E6 bei Kløfta ist eine der nach Süden führenden Fahrspuren gesperrt. Nach den üblichen Ermahnungen, rücksichtsvoll zu fahren und geduldig zu sein – das Ganze wirkt fast wie eine kleine Morgenandacht für Autofahrer –, gibt es eine neue Wettermeldung.

Worum geht es eigentlich, wenn morgens in so einem lockerentspannten Tonfall über das Wetter geplaudert wird? Abgesehen von wetterbedingten Verkehrsbehinderungen, dient der Wetterbericht eigentlich ausschließlich unseren Freizeitaktivitäten. Seine Bedeutung für die Arbeit wird eigentlich nur erwähnt, wenn morgens um sechs ein Wetterlagebericht für die Fischerboote durchgegeben wird. Das kommt nicht so häufig vor, allenfalls bei Sturmflut oder extremer Trockenheit, hat aber überhaupt keine Ähnlichkeit mit den Wetterberichten aus alten Tagen, in denen der Einfluss des Wetters auf die Arbeit noch von großer Bedeutung war. Die Fischer auf dem Meer, die Bauern und die Handwerker, also alle, die es sich nicht aussuchen können, ob sie trotz mieser Wetterverhältnisse hinausmüssen, werden im Zusammenhang mit dem Wetter kaum noch berücksichtigt. Wetter findet nur noch draußen in der Natur statt und wird nach Schneetiefe und befahrbaren Skiloipen definiert, oder nach Sonnenstunden und Badetemperaturen.

Die Morgenandacht ist fast dasselbe wie Radiowerbung, nur mit ruhigen, weichen Stimmen anstatt des überspannten Optimismus wie auf Kanal P4. Sobald sie einsetzt, wechsle ich den Sender. Eigentlich seltsam, dass auch weiche Stimmen überspannt klingen können.

Meist lande ich beim Norwegischen Rundfunk und wechsle dort zwischen verschiedenen Programmen und Kanälen. Wenn ich mich konzentrieren muss, höre ich oft nicht zu, was eigentlich gerade läuft, und vergesse dann, den Sender zu wechseln. Und ich sehe durchaus ein, dass Radioprogramme auf Samisch für die meisten meiner Kollegen eine Zumutung sind. Ich selbst kann dem mitunter durchaus etwas abgewinnen, wenn die Sprache im Hintergrund dahinfließt, ohne dass ich etwas verstehe. Für mich sind es nur Stimmen und Wörter ohne Bedeutung.

Das Programm »Abels Turm« auf P2 finde ich immer großartig. Ich arbeite mit dem Brecheisen, während im Radio darüber gesprochen wird, wieso Kaffee in einer Tasse schneller überschwappt als Bier in einem Glas. Ich meine mich zu erinnern, dass das etwas mit dem Schaum und den Luftblasen im Bier zu tun hat. Naturwissenschaftliche Lektionen, während ich angewandte Physik praktiziere. Ich lerne, während ich arbeite.

Und nachmittags höre ich mir gern »Fru Larsen« auf P13 an. Ich finde es erstaunlich, wie die Moderatorin Kari Slaatsveen es immer noch Jahr für Jahr schafft, so gutes Radio zu machen. Da passiert es dann manchmal, dass ich mitten in der Arbeit innehalte und genau zuhöre – und das schon seit den Neunzigerjahren. Vielleicht sollte ich ihr irgendwann mal eine Rechnung schicken, um das auf diese Weise verlorene Arbeitseinkommen einzufordern?

Solange wir nicht die ganze Kleinarbeit machen müssen, lassen sich die Fenster schnell montieren, und wenn wir bis in den Abend hinein arbeiten, schaffen wir es, vier Fenster einzusetzen. Ich beende die Arbeit mit der Außenverschalung um die Fenster und schneide die Dachziegel im Laufe der nächsten Tage zurecht. Diese Arbeit kann von einer im Fenster stehenden Leiter aus gemacht werden, aber ich binde mir ein Seil um, das im Innern gut vertäut ist. Draußen ist es kalt und trocken, um Wasserschäden brauche ich mir also keine Sorgen zu machen.

Ab nächster Woche kann dann die Wintersonne den Dachboden erhellen. Es ist noch eine Weile hin, bis der Frühling wärmeres Wetter bringen wird, aber jetzt, da sich die Sonne schon zwischen acht und neun Uhr morgens zeigt, kann es nicht mehr allzu lange dauern.

21

Guten Morgen, allesamt. Montag, neue Woche, ich begrüße die Petersens.

Sie waren sich nicht so ganz sicher, wie die Decke des Badezimmers aussehen soll, und ich habe einige Stücke einer Leimholzplatte in Espe mitgebracht, die sie sich ansehen können. Sie haben immer Zeit genug, sich zu entscheiden, bis das letzte Material besorgt wird.

In dieser Woche arbeiten wir mit schweren Materialien und müssen ständig Treppen und Gerüst hinauf- und hinunterklettern, auf und nieder. Die Arbeit macht Spaß, man bewegt sich viel und kann sich so richtig verausgaben.

Holz kommt normalerweise in einer Länge von bis zu 5,3 Metern, die Dachsparren jedoch sind fast sechs Meter lang. Ich habe extralange Zwo-Neuner bestellt, damit sie nicht verlängert werden müssen. Sie wiegen pro Stück an die dreißig Kilo und sind ziemlich unhandlich, wenn sie genau eingepasst werden müssen. Ich baue mir einen »Helfer«, damit ich allein arbeiten kann.

Ein Helfer ist ein leichtes Gestell, mit dem das gestützt und festgehalten wird, was man montieren soll. Es ist, wie sich zwei zusätzliche Hände zu basteln, außerdem ist es eins meiner Lieblingswörter aus meinem Handwerk. Einen Helfer zu bauen ist fast ein bisschen so, als bastele man sich zwei zusätzliche Hände, oder als mache man sich wie Willi Wiberg selbst einen Freund – eine Art Alfons für Handwerker. Mit einem guten Helfer kann ich diese langen Dachsparren problemlos anbringen.

Wo dreifache Zwo-Neuner hingehören, bereite ich zuerst einen nach einem mit dem Laserentfernungsmesser ermittelten Längenmaß vor. Ich schneide den Zwo-Neuner zurecht und hebe ihn an Ort und Stelle, dann wiederhole ich den Vorgang bei dem Sparren für die andere Seite des Dachs. Die Sparren liegen oben kreuz und quer übereinander, und zusammengesetzt werden sie Sparrenbinder genannt. Ich überprüfe, ob sie zusammenpassen, und messe eventuelle Ungenauigkeiten nochmals aus. Da ich die Größe der beiden soeben montierten Sparren auf einem Zwo-Neuner im Materialstapel gekennzeichnet habe, kann ich die gefundenen Ungenauigkeiten nun nochmals korrigieren. Auf diese Weise werden die nächsten Sparren exakter zusammengefügt.

Je dichter und enger die Sparren ineinandergefügt sind, desto stärker und stabiler ist die Konstruktion. Außerdem ist diese Arbeitsweise schnell und einfach. Ich brauche das schwere Material nicht hochzuheben, um es dann wieder herunterzunehmen und anzupassen, sondern ich kann unten stehen und messen und alles bequem und sicher zurechtschneiden. Das Gewicht der Zwo-Neuner variiert stark, je nachdem, wie dicht das Holz gewachsen ist. Ein Balken kann fast doppelt so viel wiegen wie ein anderer derselben Länge. Ich habe für die ersten Sparren zwei leichtere genommen, für den Fall, dass ich sie zu sehr hin- und herbugsieren muss.

Alle Zwo-Neuner, die zusammenzufügen sind, werden verleimt und vernagelt. Ich streiche ausreichend Leim auf die eine Fläche und ziehe die Teile dann mit Schrauben zusammen, ehe ich die Nagelpistole zur Hand nehme und sie mit neunzig Millimeter langen Nägeln aneinander befestige. Es ähnelt ein bisschen der Herstellung von Brettschichtholz.

Die ursprünglichen Dachsparren, die mit Zwo-Neunern verstärkt werden sollen, werden im Prinzip ebenso behandelt. Auf diese Weise erhalte ich ein Dach, das solide und nach den Berechnungen gebaut ist, die der Bauingenieur für mich angestellt hat.

Ich habe Sparrenbinder hergestellt. Die werden an sich von Dachstuhlproduzenten in mehreren Varianten angeboten. Sie haben einen Begriff gewählt, der gut klingt, und nehmen ihn für ihre eigenen Erzeugnisse, obwohl er etwas anderes bedeutet als das, was sie herstellen. Ein Dachstuhl ist ein ganz eigener Bestandteil des Gebäudes, ein Rahmen, der quer unter den Dachsparren liegt, wie zu ihrer Unterstützung. Der Begriff Dachstuhl ist ein Beispiel dafür, dass sich die Fachsprache ständig weiterentwickelt, und ist mittlerweile so eingeführt, dass er als Fachausdruck keine Probleme mehr macht.

Am Donnerstag fange ich ein wenig später an als sonst und nutze den Tag für Büroarbeit. Ich möchte den Papierkram gern auf dem Laufenden halten, aber das kommt mir vor wie eine Zumutung. Dass ich den Betrieb in Ordnung halten muss und dabei nicht ohne administrative Arbeit auskomme, ist selbstverständlich, aber manches davon hilft mir bei der Betriebsführung nicht im Geringsten. Ich könnte auch einen Sack Erbsen auf dem Boden auskippen und eine nach der anderen auflesen, um dann noch einmal von vorne anzufangen – so kommt mir die Büroarbeit oft vor.

Dafür macht sie meinen Rücken nicht müde, und deshalb ist so ein Bürotag für mich wie ein Ruhetag. Ich versuche, solche Tage dann einzuschieben, wenn mein Rücken besonders strapaziert ist. Auf diese Weise kann ich die ungeliebte Büroarbeit als eine Art Pause nutzen, wenn der Körper eine braucht. Das ist besser, als an einem Samstag mit vorgehaltener Pistole ans Werk zu gehen.

Als ich am Freitagmorgen auf den Dachboden hochkomme, bin ich nach dem Bürotag richtig scharf darauf, weiterbauen zu dürfen. Ich beschäftige mich mit den Dachsparren und der Befestigung der Tragkonstruktion.

Unten an die Kniewand hänge ich einen Zwo-Neuner an die Mauer und befestige ihn mit Bolzen unter den Sparrenfüßen, den Enden der Dachsparren. Ich montiere auf jeder Seite der Sparren einen Beschlag, der sie mit dem stützenden Zwo-Neuner verbindet. Nun können die Sparrenfüße nicht weglaufen.

Es ist acht Uhr abends, ich bin müde. Ich wollte in dieser Woche mit dem Sparrendach fertig werden, und das habe ich geschafft. Jetzt kann die Firstpfette angepasst werden, die darunterliegen und es stützen soll.

Solche Ziele sind wie kleine Lichtpunkte im Alltag, ich kann mich dann hinsetzen, die vollendete Arbeit ansehen und zufrieden sein. Sie bilden einen Abschluss, sind aber auch ein Anfang für das Nächste, was passieren soll. Wenn ich mich dann umschaue, bekomme ich ein gutes Gefühl für das, was ich geleistet habe. Gleichzeitig überlege ich, ob es anders oder besser hätte gemacht werden können. Es ist wie eine kleine, persönliche Baubesprechung. Ich sitze auf einem Materialstapel, ruhe mich aus und überlege mir, wie ich die nächsten Arbeiten angehen soll, vor allem, wie die Firstpfette richtig angebracht werden muss.

Aber nun kann ich nach Hause gehen und gut schlafen.

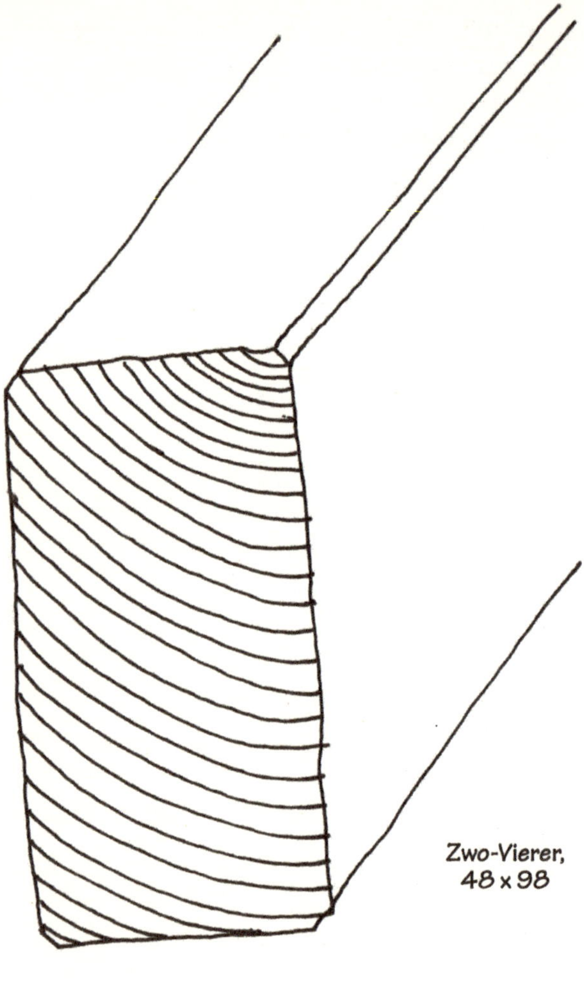

Zwo-Vierer,
48 x 98

22

Stilles, ruhiges Wochenende. Guten Morgen, guten Morgen. Alle begrüßen den Montag freudig, und ich gehe nach oben und trinke einen Kaffee. Ich bin ausgeruht und freue mich darauf, loszulegen, aber zuerst Kaffee, alles anschauen und überlegen. Die Woche fängt so an, wie sie am Freitag geendet ist.

Oben auf den Hahnenbalken liegt ein sechs Meter langer, 180 Kilo schwerer Träger aus Brettschichtholz. Der muss mehr als vier Meter hoch unterhalb der Dachsparren angebracht werden. Das ganze Wochenende hindurch hat er in meinen Gedanken herumgespukt. Manchmal kann das anstrengend sein, so viel an die Arbeit zu denken. Aber an diesem Wochenende habe ich mich eher darauf gefreut, mit der Arbeit weiterzumachen, darauf, dass Dan am Mittwoch kommt, und auf alles, was wir zusammen machen werden. Es ist ein bisschen langweilig, viel allein zu arbeiten, und wenn wir zu zweit sind, schaffen wir nicht nur mehr, sondern haben auch viel mehr Spaß.

Vorläufig ist der Träger nur ein großes, unhandliches Stück Brettschichtholz. Er soll zu einem unbedingt nötigen Teil der Tragkonstruktion werden. Sollte irgendwann jemand auf die Idee kommen, ihn zu entfernen, könnte das Dach weder sein eigenes Gewicht noch Schnee und Wind aushalten. Es würde nachgeben oder schlicht und einfach zusammenbrechen.

Der Träger soll acht Sparren unter der einen Dachfläche stützen und in einem Meter Abstand von der Firstpfette quer unter den Sparren liegen. Damit er stabil sitzt und dem Sparrenwerk die maximale Stütze liefert, schneide ich eine zehn Zentimeter lange Ausklinkung oder Sparrenkerbe in die Sparren, in die der Träger eingepasst werden soll.

Das Dach ist nicht überall gleich, deshalb muss jede Sparrenkerbe ein wenig unterschiedlich ausfallen.

Zum Ausmessen benutze ich eine Schnur, um die Sparrenkerben in einer geraden Linie parallel zur Firstpfette anzubringen. Ich nehme den Strichlaser, um die Sparrenkerben in den richtigen Winkel zu legen. Dabei muss ich ziemlich oft die Leiter und das von mir aufgebaute Rollgerüst hoch- und runterklettern.

Vor zwanzig Jahren hätte ich viel herumprobieren müssen, ehe es mir richtig gelungen wäre, aber jetzt ist es eine einfache Aufgabe, wenn ich nur Stufe für Stufe vorgehe. Jeder Schritt macht den nächsten einfacher.

Das Hebelprinzip ist ebenso wie der Helfer ein guter Freund, wenn der Träger angebracht werden soll. Ich greife zu einer Kombination aus beidem, lasse sie zusammenarbeiten.

Auf jeder Seite des Trägers stelle ich zwei Zwo-Vierer auf, und quer dazwischen lege ich einige Zwo-Achter. Es sieht jetzt aus wie eine Leiter mit wenigen Stufen, und die sichere ich und befestige sie an den Hahnenbalken, sodass sie nicht umkippen kann. Ich baue zwei solcher Leitern, und ich stelle sie im passenden Abstand von der Mitte des Trägers auf. Diese Art von Leitern ist eine Variante des Helfers. Der Abstand zwischen ihnen bewirkt, dass das Gewicht des Trägers am einen Ende das Gewicht am anderen ausgleicht. Jetzt kann ich ganz einfach das Hebelprinzip nutzen und den Träger hochwippen. Zuerst hebe ich das eine Ende und schraube darunter einen querlaufenden Zwo-Achter fest, auf der Leiter, die ihm am nächsten steht. Dann mache ich das Gleiche am anderen Ende. Jetzt geht es hier hoch und da hoch, ohne viel Kraft zu verbrauchen. Die Entfernung zwischen den Leitern ist gerade so groß, dass das Gleichgewicht im Träger das Heben erleichtert, während der Träger trotzdem gut und stabil liegt.

Auf diese Weise habe ich eine sichere Methode gefunden, den Träger hochzuheben, ohne ihn schwer stemmen zu müssen. Außerdem habe ich die Möglichkeit, ihn seitlich an meinem Gerüst zu verschieben, um die Sparrenkerben an den Balken zu justieren, falls das nötig werden sollte.

Aber ich kann den Träger nicht allein hochheben. Ab morgen werden wir zu zweit sein, dann ist alles schon vorbereitet. Dan wird sich an einen gedeckten Tisch setzen.

Es ist früher Abend, die Petersens sind zu Hause. Ich gehe zu ihnen nach unten, ehe ich Feierabend mache. Die ganze Familie ist da, sie haben gerade zu Abend gegessen. Ich merke, dass ich Hunger habe, aber ich werde gleich nachher indisch essen, deshalb ist es nicht so schlimm.

Sie wirken fröhlich, weil es jetzt richtig zur Sache geht, und das Bauprojekt ist für die Familie ein großes Ereignis. Ich erkläre, dass die Arbeiten plangemäß verlaufen und dass Dan morgen kommt, dann wird es richtig losgehen.

»Habt ihr keine Lust, euch das oben mal anzusehen?«, frage ich.

»Doch«, sagt Jon, »eigentlich schon.«

»Ich kann euch alles zeigen und ein bisschen erklären. Aber dann müsst ihr sofort kommen, ich bin eigentlich schon auf dem Heimweg.«

Jon und Kari ziehen ihre Schuhe an, die Kinder aber reagieren nicht.

»Aber wollt ihr es euch nicht alle ansehen?«, frage ich.

»Da oben ist es jetzt zu staubig und gefährlich«, erklärt Jens.

Offensichtlich ist den Jungs eingeschärft worden, dass sie

sich auf der Baustelle nicht blicken lassen dürfen und dass sie noch eine ganze Weile da oben nichts zu suchen haben.

»Das geht schon, man muss nur vorsichtig sein. Habt ihr denn keine Lust, Jungs, wenn eure Eltern es erlauben?«

Jon blickt Kari an, und sie sieht die Kinder an, die zuerst mich und dann Mama und Papa ansehen. Ich habe mich gewissermaßen ins Familienleben eingemischt, lächele aber strahlend und ohne Schuldbewusstsein.

»Dann geht das sicher«, sagt Kari. »Wenn ihr wollt, meine ich?«

Jens und Fredrik springen auf, stürzen zur Tür und rufen: »Ja!«

»Dann müsst ihr aber Schuhe anziehen«, sagt Kari, wie zur Bestätigung, dass sie mit nach oben dürfen.

»Und einen Mantel, das gilt auch für eure Eltern. Da oben ist es kalt«, füge ich hinzu.

Ehe wir auf den Dachboden gehen, mache ich den Jungen klar, dass sie da oben nicht herumlaufen und nur dahin gehen dürfen, wo ich es erlaube. Das gilt auch für die beiden Erwachsenen, aber das erwähne ich nicht extra. Das ist jetzt mein Schiff, und so chaotisch, wie eine Baustelle in diesem Stadium der Bauarbeiten wirkt, ist es ein Schiff in schwerer See.

Ich öffne die Tür und stecke den Hauptstecker ein, sodass alle Lampen auf einmal aufleuchten. Das macht Eindruck, vor allem auf die Kinder. Von stockdunkel zu ganz hell, überall. Die Erwachsenen waren auch nicht mehr hier, seit die Fenster eingesetzt worden sind. Sie haben offenbar eine respektvolle Distanz eingehalten, und in vielerlei Hinsicht ist das gut. Manchmal ist es besser, in Ruhe arbeiten zu können.

Sie sehen die Fenster, die Dachbalken, das viele Baumaterial und das Hilfsgestell, das ich gebaut habe, um den Träger anbringen zu können. Es gibt keine Bodenbretter, nur Balken und Lehm. Es sieht aus wie eine Mischung aus Ruinen und straffer Struktur. Die Dachkonstruktion mit den Sparren wirft in alle Richtungen Schatten. Es gibt alte, nachgedunkelte Materialien und neue, die noch fast ganz weiß sind. Es sieht schmutzig aus, und es ist staubig. Ich empfinde Staub nicht als Schmutz. Staub ist Staub. Ich kann einstauben und davon ganz grau werden, aber ich bin damit noch nicht schmutzig. Das sind zwei verschiedene Dinge, oder besser gesagt Zustände.

Es riecht nach Staub, und es ist kalt. Es ist nur schwer vorstellbar, dass dieser Dachboden einmal ein Zuhause werden soll.

»Hierhin kommt das Schlafzimmer. Da werdet ihr dann wohl wohnen?«, frage ich die Jungen.

»Wo?«, will Jens wissen.

Ich zeige es ihm, aber es ist nicht so einfach für einen dreieinhalb Jahre alten Jungen, zu begreifen, dass das, worauf ich zeige, ein Schlafzimmer für ihn und seinen Bruder werden soll, mit Spielzeug und Betten und allem, was dazugehört. Fredrik ist fünfeinhalb und kann es erklären.

»Da wahrscheinlich, dahinten.«

Er hat begriffen.

»Unsere Betten können da stehen, am Fenster. Da können wir schlafen.«

Dachbodenfenster sind etwas Neues für ihn, und da soll sein Bett stehen. Für ihn ist es gewissermaßen logisch, das Bett dort stehen zu haben, wo man hinausschauen kann, in den Himmel. Kari sieht, wohin er zeigt, und erklärt.

»Da ist das Dach schräg und zu niedrig, da kann euer Etagenbett also nicht hin. Vielleicht geht es dahinten, wo in eurem Zimmer die Ecke sein wird? Wäre das nicht schön?«

Es ist ein guter Moment. Kari und Jon sehen, dass ihre Kinder es spannend finden, dass sie anfangen, den Dachboden als ihr Reich zu betrachten. Die Baustelle ist für die Kinder etwas anderes als das Gerede der Erwachsenen über den Dachboden.

Jens und Fredrik sehen mein Werkzeug, die große Kreissäge auf ihrem Gestell, den Hammer und den Winkel, die auf einem Werkzeugstapel liegen. Fredrik muss einfach vorsichtig den Hammer berühren, der gleich neben ihm liegt. Er fasst ihn nicht richtig an, er streift ihn nur wie einen zerbrechlichen oder gefährlichen Gegenstand.

»Nein! Nicht anfassen!«, sagt Jon und hält ihn zurück.

»Das ist nicht gefährlich«, sage ich.

»Sie können ihn ruhig berühren, das kann er aushalten.«

»Na gut, wenn es dem Schreiner recht ist. Aber ihr müsst zuerst fragen.«

Fredrik fragt, und mir ist es recht.

Kinder stehen oft im Weg, wenn Erwachsene etwas Praktisches erledigen müssen. Dann verabreden sich die Erwachsenen so, dass einer auf die Kinder aufpasst und sie damit quasi aus dem Weg schafft, während der andere arbeitet, denn so ist es am effektivsten.

»Jetzt werde ich diesen Nagel einschlagen und das Regal reparieren, vielleicht kannst du ja mit den Kindern einen Spaziergang im Park machen.«

Das Praktische wird gefährlich, und der Arbeitsplatz wird zum Tatort, an dem die Kinder die Arbeit der Erwachsenen mit ihrer Neugier und ihrer quengelnden Anwesenheit aufhalten könnten.

»Oi. Der ist aber schwer«, sagt Fredrik und hebt den Hammer mit beiden Händen an. Er kann sich nicht beherrschen und schlägt mit dem Hammer vorsichtig auf den Zwo-Neuner, auf dem er gelegen hat.

Es gibt viel zu sehen und zu zeigen, deshalb sage ich, sie könnten ein anderes Mal sicher ein bisschen zu tischlern versuchen. Während ich sie auf dem Dachboden herumführe, erkläre ich, dass dort das Badezimmer hinkommt. Als wir nähertreten, sind die Jungen fast ehrfürchtig still.

»Hier kommt die Badewanne hin, ihr wollt doch sicher eine Badewanne?«, frage ich. »Badet ihr gern?«

Fredrik sagt, dass Jens Angst hat, Seife in die Augen zu bekommen, aber dass er selbst gern badet.

»Vielleicht wäre eine Badewanne ja trotzdem nett?«, frage ich Jens.

Er nickt, wirkt aber nicht so recht überzeugt.

»Und da kommt die Toilette hin, da an der Wand.«

Sie geben sich alle Mühe, sich vorzustellen, wie es aussehen wird. Das ist beim Bad schwieriger als beim Schlafzimmer, wegen der Installationen und all der Dinge, die so technisch wirken und fest montiert sind.

Ein Schlafzimmer ist einfacher, mit den Wänden, Decke und ihren eigenen Sachen. In einem Badezimmer ist die Einrichtung endgültig, wie eine Maschine mit vielen Teilen, aber vorläufig existiert das alles nur in der Phantasie.

Sie kommentieren das Badezimmer auf erwachsene und kindliche Weise, und dann ist der Rundgang beendet.

»Nein, jetzt ist es wirklich spät. Ich will nach Hause«, sage ich.

»Aber ihr könnt später mehr sehen, wenn ich auch schon mehr gebaut habe. Wenn ihr wollt?«, frage ich, vor allem an die Jungen gerichtet. Und sie wollen.

Indisch im Punjab Sweet House und ein ruhiger Abend. Ich freue mich darauf, von jetzt an bei der Arbeit Gesellschaft zu haben, denn ab morgen wird Dan richtig einsteigen.

23

Wir haben Kaffee in der Thermoskanne. Dan und mir ist eine Thermoskanne lieber, als die Kaffeemaschine der Kundschaft zu benutzen, obwohl uns das meistens gestattet wird. So eine Thermoskanne auf der Baustelle ist gemütlich, ein bisschen wie bei einem Picknick, nur ohne Lagerfeuer und mit etwas mehr Staub.

Wir sitzen da mit unseren Tassen und sehen uns die Zeichnungen und den Dachboden an. Gleich soll der Träger hinaufgehievt werden, eine Zuckerbrotarbeit, auf die wir uns freuen. Heute wollen wir die Sache langsam angehen und es uns gemütlich machen. Das Wichtigste ist jetzt, richtig in Gang zu kommen, zusammen.

Wir haben in letzter Zeit beide sehr viel anstrengende Arbeit gehabt. Ich spüre es im Leib, dass es viel zu heben gab und dass der Dachboden kalt ist. Ich habe leichte Schmerzen, vor allem, wenn ich morgens aufwache. Ich fühle mich fast wie gerädert, aber es tut an keiner Stelle mehr weh als an einer anderen. Wenn mein Körper dann warm wird, geht es besser.

Ich hebe den Träger am einen Ende an, Dan steht schon mit dem Zwo-Achter da, und dann legen wir los. Es geht nach dem Hebelprinzip, Kraft mal Arm. Egal welche Kraftübertragung, ob Flaschenzug, Gangschaltung, Zahnräder, Brecheisen – alles funktioniert nach diesem physikalischen Prinzip. Es ist mein Lieblingsprinzip. Ich weiß nicht, was sie gegessen und welche Sprache sie gesprochen haben, die Leute, die Stonehenge erbaut haben, aber auch sie waren sicher total begeistert vom Hebelprinzip.

Der Träger ist sechseinhalb Meter lang. Es gibt zwei Auflagestellen für den Träger, und sie sind ungefähr zwei Meter voneinander entfernt. Deshalb müssen wir an die dreißig Kilo heben, das schaffe ich selbst mit Muskelkater. Mit dieser Methode könnten wir problemlos einen Träger vom Gewicht eines Autos heben, wenn es nötig wäre.

Als der Träger fast schon richtig liegt, nehmen wir noch mal alle unsere Kräfte zusammen. Ich weiß zwar, dass er passt, bin sicher, dass meine Messungen und die zurechtgesägten Sparrenkerben stimmen, aber es ist dennoch ein spannender Augenblick. Wir heben ihn mit dem Stemmeisen an, legen Klötze zwischen Träger und Auflagepunkte, und er fügt sich problemlos in die vorbereiteten Fugen.

»Das hast du gut hingekriegt«, sagt Dan. »Schwein gehabt!«

Wie unser alter Meister immer sagte, wenn wir gut und gründlich gearbeitet hatten. Wir befestigen den Träger an sämtlichen Sparrenkerben, indem wir die Konstruktionsschrauben fest anziehen. Jetzt wird der Träger vom Dach gehalten.

Am einen Ende bringen wir eine Box an, einen zehn mal zehn Zentimeter großen Holzblock, der in der Ecke zum Treppenhaus steht und auf dem der Träger nun solide ruht. Am anderen Ende haben wir ein Loch in die Mauer geschlagen, in dem der Träger jetzt steckt. In das Loch habe ich einen stabilen Auflagepunkt gegossen, und jetzt legen wir Stahlscheiben unter den Träger, damit die Auflage die richtige Höhe bekommt. Dann dichten wir das Loch um den Träger mit Putzmörtel ab. Jetzt stützt der Träger auch das Dach.

Es ist eindeutig zu sehen, wie viel besser das Ergebnis wird, wenn der Träger neben der Firstpfette angebracht ist. Wir schauen zufrieden hoch und betrachten das Ergebnis unserer Arbeit. Dann bauen wir unser Hilfsgerüst für den Träger ab, pusten den Staub vom Werkzeug, räumen auf und gehen mit dem Staubsauger überall durch. Wir möchten es jetzt hier richtig sauber und ordentlich haben, so sauber und ordentlich, wie ein staubiger, mit Gegenständen vollgestopfter Dachboden überhaupt werden kann. Schließlich sind wir jetzt hier zu zweit, und da muss es ordentlicher sein, als wenn ich allein bin. Im eigenen Chaos zu arbeiten ist das eine, aber fremdes Chaos macht gleich noch einen viel schlimmeren Eindruck.

Es ist effektiver und weniger gefährlich, und es ist einfach angenehmer, zur Arbeit zu kommen, wenn die Baustelle ordentlich ist.

24

Dan kommt am nächsten Morgen mit der Straßenbahn. Er wohnt gleich oberhalb von Storo, in Disen, und er ist froh, wenn er sein Auto einmal stehen lassen kann. Obwohl ich es von Tøyen aus nicht so weit habe, nehme ich hingegen den Wagen. Die öffentlichen Verbindungen zwischen Tøyen und der Hegermanns gate sind nicht so gut. Es ist praktisch, bei der Arbeit das Auto in der Nähe zu haben, aber die Suche nach einem Parkplatz geht auf die Nerven.

Wenn es – so wie jetzt, Mitte Februar – viel Schnee gibt, sieht die Räumung in Oslo vor allem so aus, dass der Schnee einfach hin- und hergeschoben wird. Straßen und Bürgersteige werden zwar freigeräumt, aber der Schnee wird einfach nur zur Seite geschaufelt, und die Autofahrer schaufeln ihn dann wieder zurück auf den Gehsteig oder die Fahrbahn, um ihren Wagen auszugraben. Um mein Auto am Morgen freizubekommen, muss ich erst mal den Schnee drumherum wegräumen, und um in Torshov parken zu können, muss ich die Parklücke freischaufeln. Das Gleiche wird nachmittags in umgekehrter Reihenfolge wiederholt, wenn ich aus Torshov nach Hause will, denn dann sind die Straßen oft abermals frisch geräumt.

Ich habe gelernt, dass ich mein Auto schon abends freischaufeln sollte, bevor der Schnee härter wird und stärker vereist. Das macht dann morgens weniger Arbeit. Der Neuschnee, der vielleicht über Nacht gefallen ist, ist leichter zu entfernen.

Der Dachboden ist kalt, aber wir sind an Kälte gewöhnt und

ziehen uns entsprechend warm an. Mein Kälteekzem ist trotzdem wieder da, es lässt sich durch Kleidung nicht verhindern. Die Haut an meinen Händen wirft Risse, gegen die weder Salben noch Handschuhe helfen. Die größten Risse behandle ich mit Klebebinde, sonst geraten zu viel Schmutz und Splitter in die Wunden, und wenn sie groß genug sind, können sie außerdem auch bluten. Wir nehmen immer Klebebinde, wenn wir uns schneiden oder Wunden zuziehen. Schon ein kleiner Schnitt in die Fingerspitze kann stark bluten. Klebebinde ist das Einzige, was bei der Arbeit fest sitzt, Pflaster reicht nicht, und die Binde kann straff in viele Schichten gelegt werden, bis sie eine kleine Blutung stoppt. Falls es sich um größere Verletzungen handelt, bei denen Klebebinde nicht mehr hilft, müssen wir ohnehin zum Arzt, um die Wunde eventuell nähen zu lassen. Ab wann man eine Wunde für groß genug hält, um damit zum Arzt zu gehen, ist jedoch sehr verschieden, und der Toleranzbereich dürfte bei Menschen, die in ihrem Beruf ein erhöhtes Risiko für Schnittwunden haben, deutlich ausgeprägter sein. Ich habe rein gar nichts für Blut, Wunden oder Schmerz übrig, merke aber, dass ich das alles auf der Arbeit weniger wichtignehme, als wenn ich die Arbeitsklamotten ausgezogen habe. Bei der Arbeit scheint es weniger wehzutun, dann muss ich einfach weitermachen.

Wir sind mit der groben Tragkonstruktion fertig, befestigen einige Beschläge besser und bringen dort, wo es nötig ist, einige Konstruktionsschrauben an. Nach und nach liegt immer weniger Material im Weg, aber nur bis zur nächsten Runde mit dem Kran, wenn wir das restliche Material nach oben befördern. Dann wird wieder eine Menge Zeug herumliegen, um das wir uns herumarbeiten müssen.

Ich habe mich schon darauf gefreut, nun Sattelhölzer, Stützbalken sowie überflüssige Tragkonstruktionen herausreißen zu

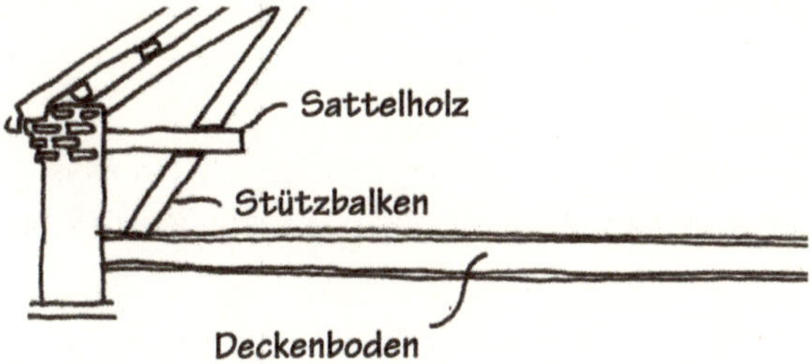

Ursprüngliche Konstruktion

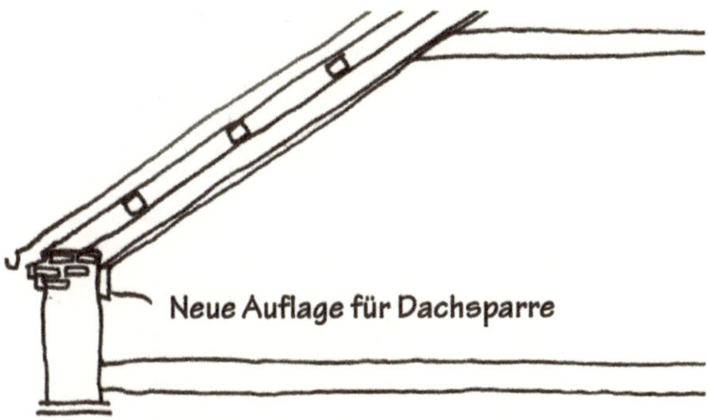

Neue Konstruktion

können. Das abgetragene Material wird ordentlich zu kompakten Haufen gestapelt. Ohne Sattelholz und Stützbalken müssen die alten Dachsparren beim Übergang zur Mauerkrone verstärkt werden. Hier benutzen wir Bandeisen, um die Sparren vor Bewegung zu schützen.

Der Dachboden wird offen und schön, und es ist leichter, hier ohne die störenden Balkenkonstruktionen zu arbeiten.

25

Die Arbeit an der Treppenöffnung ist eine der Aufgaben, für die wir meiner Meinung nach die beste Methode entwickelt haben. Wir haben viele solcher Löcher anlegen müssen, bis wir darauf gekommen sind, wie wir es machen werden.

Die Öffnung, von der hier die Rede ist, ist die Verbindung zwischen dem bewohnten Teil des Hauses und einer staubigen, lärmenden Baustelle. Der Staub dringt in alles ein, was nicht gut abgedeckt ist. Deshalb ist es wichtig, den Dachboden während des Ausbaus vom Leben unten im Haus zu trennen, und wir können dieses Problem lösen, ohne die Verbindung zwischen den beiden Welten zu öffnen. Wenn das Loch am Ende dann ganz geöffnet wird, steht nur noch ein Tag mit Schreinerarbeiten aus, dann kann der Anstreicher ans Werk gehen, und auch die Treppe kann schließlich montiert werden. Das bedeutet ein Minimum an Unannehmlichkeiten für die Kundschaft und für uns eine gute Lösung.

Unten in der Wohnung müssen wir in der Decke ein kleines Loch zum Dachboden schlagen, genau in der Mitte der zukünftigen Treppenöffnung. Anhand dieses Lochs nehmen wir die Messungen vor, um die Treppenöffnung anbringen zu können.

Schon ehe wir das Baumaterial hochbefördert haben, hatte ich Lehm und Zwischenboden an der Stelle entfernt, wo die Treppenöffnung geplant war, und eine provisorische Schallisolierung angebracht. Jetzt entfernen wir die Isolierung, und Dan geht hinunter in die Wohnung. Er hat einen Akkuschrauber, eine Schraube, einen Pappkarton und eine Trittleiter bei sich.

Die Schraube dreht er ungefähr in der Mitte der Stelle, wo die Treppenöffnung entstehen soll, durch die Decke. Unter der Schraube klebt er den Pappkarton fest an die Decke. Dann steigt er auf die Leiter und hält den Karton von unten fest, während ich von oben um die Schraube ein Loch von circa zwanzig mal zwanzig Zentimetern in die Decke säge. Da das Loch in der Mitte der geplanten Treppenöffnung liegt, brauche ich keine Rücksicht auf die Decke zu nehmen und kann mit Säbelsäge und grobem Blatt ans Werk gehen.

Ich hebe das herausgesägte Deckenstück auf, nehme den Staubsauger und säubere die Umgebung des Lochs und den Karton, den Dan unten festhält. Danach entfernt Dan das Klebeband und den Karton, und schon haben wir ein Loch in der Decke, das zum Dachboden führt, ohne die Wohnung dabei eingestaubt zu haben.

Ausgehend von der Zeichnung messen wir die genaue Position und Größe der zukünftigen Treppenöffnung aus.

Dafür nehmen wir einen Punktlaser und stellen ihn in der Wohnung so auf den Boden, dass er durch das Loch und auf den Dachboden zeigt. Der Punktlaser ist selbstnivellierend, das heißt, er sendet senkrechtes und waagerechtes Laserlicht aus und gibt uns damit einen klaren gemeinsamen Bezugspunkt oben auf dem Dachboden und unten in der Wohnung.

Die Treppenöffnung muss in einem präzisen Verhältnis zu zwei Wänden in der Wohnung angebracht werden. Vom Laser ausgehend messen wir die Entfernung zur einen Wand unten in der Wohnung und markieren sie oben auf dem Dachboden. Dann nehmen wir uns die andere Wand unten vor und markieren die Entfernung ebenfalls oben auf dem Dachboden. Jetzt haben wir die Maße, die wir brauchen, aus der Etage unter uns geholt, und können nun das Loch wieder schließen. Dan bedeckt es mit zwei Schichten Gips, die er an der Decke befestigt, und klebt die Ränder mit Klebeband zu, damit es nicht staubt. Das kleine Loch wird nur noch einmal geöffnet werden, nämlich dann, wenn der Zimmermann, der die Treppe baut, die dafür benötigte Höhe misst. Als Nächstes wird die Treppenöffnung für Treppenmontage und Einzug bereitgemacht.

Wir essen heute um eins, etwas später als sonst. Wenn ich allein arbeite, achte ich nicht weiter darauf, wann ich esse, dann entscheidet mein Magen, und der meldet sich meistens zwischen elf und zwölf, aber es kann auch manchmal ein oder zwei Uhr werden, ehe ich merke, dass ich etwas essen muss. Dan ist da eher Gewohnheitsmensch, deshalb versuchen wir, wenn wir zusammenarbeiten, jeden Tag um halb zwölf zu essen.

Beim Essen wollen wir eigentlich nicht über die Arbeit reden, auch wenn sich das nur schwer vermeiden lässt. Es tut gut, ein bisschen abzuschalten, dann denkt man danach klarer. Kaffee trinken wir meistens oben auf dem Dachboden, aber heute sitzen wir unten über Bauplänen und überlegen, wie wir beim Umbau der Tragkonstruktion vorgehen sollen. Wir haben im Kühlschrank ein eigenes Fach für eine Tüte mit Lebensmitteln. Thermoskaffee ist gut und schön, aber wir mögen beide keine vorher geschmierten Butterbrote. Eine richtige Mahlzeit wird es erst, wenn wir hier Brot schneiden und die Schnitten selbst belegen. Petersens waschen unsere Handtücher, machen das sogar häufiger als wir selbst. Deshalb schwelgen wir im Luxus, was Kost und Hygiene angeht.

Die eine Wand in der Wohnung geht oben auf dem Dachboden weiter. Im Gegensatz zu unten ist sie dort oben jedoch nicht verputzt, und darauf müssen wir Rücksicht nehmen.

Die Wand auf dem Dachboden und die in der Wohnung

gehen in dieselbe Richtung, deshalb können wir das Loch parallel dazu anlegen. Die Abmessung der Wand unten zeigt uns die Platzierung des Loches an, und die Wand oben die Richtung.

Die Öffnung ist auf 1,8 mal 1,9 Meter berechnet. Wir markieren eine parallele Linie zur Wand oben, wo die eine Seite der Treppenöffnung verlaufen soll, und befestigen darauf ein gerades Brett, um eine einfache Grundlage zum Messen zu haben.

Um einen Winkel von neunzig Grad zu berechnen, benutzen wir die vereinfachte Handwerkervariante vom Satz des Pythagoras. Betragen die Seiten eines Dreiecks drei, vier und fünf Zentimeter, dann misst der Winkel zwischen den beiden kürzeren Seiten automatisch neunzig Grad und bildet damit einen rechten Winkel. Wir nehmen das gleiche Verhältnis und machen ein größeres Dreieck von 120, 160 und 200 Zentimentern Seitenlänge, und schon haben wir auf unserem geraden Brett einen Winkel von neunzig Grad.

Wir wissen ja, wo die eine der beiden anderen Seiten der Öffnung sein soll, nämlich dort, wo sich unten die andere Wand befindet, und haben das auf einem Balken markiert. Hier machen wir unseren rechten Winkel, und 1,9 Meter davon entfernt zeichnen wir eine Parallele. Jetzt ist unser Treppenloch ausreichend gekennzeichnet. Die letzte Seite der Öffnung ist die unverputzte Mauer.

Dann überprüfen wir die Diagonalen. Sind die Diagonalen in einem Viereck gleich, dann müssen die Winkel in den Ecken zwangsläufig neunzig Grad betragen. Das müssen wir nachmessen und kontrollieren, und dann am besten noch ein zweites Mal kontrollieren. Wir arbeiten mit präzisen Messungen an groben Materialien, die verstaubt und uneben sind.

Während wir langsam landen und die Entspannung kommt,

wechsle ich noch schnell den Stecker der einen Lampe aus. Es ist besser, das sofort zu erledigen, als sich tagelang über einen defekten Stecker zu ärgern.

Freitag ist ein seltsamer Tag. Viele werden ungeduldig und wollen so schnell wie möglich ins Wochenende, was wohl völlig normal ist. Sie wollen, dass der Arbeitstag ein Ende hat. Mich dagegen überkommt am Freitagnachmittag oft eine besonders große Arbeitslust. Es ist, als könnte ich ganz ohne Verpflichtungen ans Werk gehen. Die Arbeit ist getan, und alles, was ich jetzt noch mache, ist eine Zugabe. Ich merke, dass ich noch gut länger bleiben könnte, die Zeit mit Reden ausdehnen, aber Dan schaltet sich ein, er will nach Hause, und ich werde Suppe essen.

26

Helene, Snorre und Christer warten mit dem Bestellen auf mich. Die Hue-Suppe im Hai ist die beste billige Mahlzeit, die ich in Oslo kenne.

Helene arbeitet im Kindergarten, als eine von denen ohne richtige pädagogische Ausbildung, und nennt sich »Tante ohne Hintergrund«. Sie ist blitzgescheit, und es macht Spaß, mit ihr zu reden, und mit Snorre und Christer zusammen sind wir eine lustige Suppengesellschaft.

Christer ist ganz oben, Snorre und ich sind in der Mitte, und Helene repräsentiert den Bodensatz, wenn es um das Berufsprestige hier bei unserer Essensrunde geht.

Wir unterhalten uns eine Weile über Arbeitsqualität. Sagt der Status etwas darüber aus, wie schwer die Arbeit ist, wie schwer es ist, im Beruf gute Qualität zu liefern? Die Diskussion wird ein wenig langweilig, weil wir alle zu schnell einer Meinung sind. Status und Qualität stehen in keinem schlüssigen Zusammenhang. Aber dann kommt Helene auf die geniale Idee, zu fragen, was Qualität denn überhaupt ist. Preis, Haltbarkeit, Funktionalität? Sicher. Nachfrage? Ja und nein. Umwelt? Ja.

»Nein!«, sage ich. »Umwelt, oder alles das, was jetzt nachhaltige Produktion genannt wird, gehört nicht zur Qualität eines Produktes.«

»Aber das sollte es doch, ich kaufe doch nichts Umweltschädliches. Zumindest nichts zu Schädliches«, sagt Christer.

»Entweder ist die Produktion schädlich oder die Verwendung.«

»Du bist zum Beispiel im vorigen Monat nach Barcelona geflogen, und was ist mit deinem iPhone, mit den ganzen seltenen Metallen? Du liebst doch dein Telefon, du bist ja total verschossen in dein smartes Telefon.« Snorre redet sich jetzt in Rage.

»Ja, aber hier gibt es keine Alternative.«

Helene kommentiert das leicht ironisch: »Vielleicht keinen Abstecher nach Barcelona?«

Wir beschließen, ein konkretes Handwerksprodukt zu diskutieren, um genau durchzugehen, welche Rohstoffe benutzt werden, wer es herstellt und wie es verwendet wird. Wir entscheiden uns für ein Hemd.

»Wenn das Hemd gut zu tragen ist und wenn es gut genäht ist und wenn es mir gefällt, ist es gut genug für mich«, sage ich.

»Dann kümmerst du dich also nur um dich selbst!«

Wir bestellen noch eine Runde Bier, und dann sagt Helene:

»Dann darfst du nicht jammern, dass dein Handwerk nicht gut genug behandelt wird. Wenn dein Hemd aus umweltschädlichem Material besteht und von Kindern in Bangladesch genäht worden ist, kannst du gleich aufhören zu quengeln, weil es euch armen Handwerkern in Norwegen so schlecht geht.«

Ich bin allein gegen den Rest der Welt.

»Hör mal, dass das Hemd an sich in Ordnung ist, heißt ja nicht, dass ich Kinderarbeit gut finde oder eine zerstörte Umwelt. Alle kaufen, was sie wollen, und haben dafür ihre Gründe, so wie Christer für seinen Flug nach Barcelona, während er alle zehn Minuten sein Telefon anglotzt. Ich kaufe keine von Kindern genähten Hemden, jedenfalls nicht, dass ich wüsste. Aber das sagt nichts über die Hemden aus, die diese Kinder nähen. Wir stellen es uns so leicht vor, dass sie in Bangladesch eine Qualitätskontrolle haben müssten, die sich nach den Lebensbedingungen der Kinder richtet. Aber so eine haben wir in Norwegen ja auch nicht.«

»Hier gibt es auch keine Kinderarbeit«, sagt Christer.

»Wir nähen unsere Hemden hier in Norwegen ja wohl kaum selbst«, sage ich. »Aber das ist nicht der Punkt. Wir haben Gesetze, die Kinderarbeit untersagen. Wir haben Gesetze, die zu nachhaltiger Produktion beitragen sollen. Die Hemden werden nicht von Kindern genäht, weil das verboten ist. Deshalb können wir die Qualität von Hemden, die Kinder hier genäht haben, nicht beurteilen, denn es gibt ja keine. Die Arbeitsschutzgesetze und solche Dinge stehen gewissermaßen über den Verbraucherrechten.

Dein Hemd aus der Kinderfabrik kann so gut sein, wie es will, aber wir können trotzdem den Import verbieten, mit derselben Begründung, mit der wir unsere eigenen Gesetze erlassen. Es ist ein bisschen typisch, dass die Diskussion über Qualität so leicht damit endet, dass wir unsere Grundrechte an ein Hemd knüpfen. Wir würden nie die Grundrechte in unserer eigenen Gesellschaft ausgehend von der Qualität unserer Kleidung begründen.«

Ich bin jetzt richtig in Fahrt.

»Dann sollten wir also unsere eigenen Arbeitsschutzgesetze auf alles anwenden, was wir importieren?«, fragt Helene.

»Eigentlich schon, vielleicht. Und dann werden die Probleme mit Sozialdumping und solchen Dingen hier in der Handwerksbranche auch ein ernstes Problem, an dem wir etwas ändern müssen, oder sie müssten das werden, denn es müsste dann leichter sein, den richtigen Zusammenhang zu sehen. Es ist ein merkwürdiges und wichtiges Zeichen unserer Zeit, dass die Herkunft der Dinge grenzenlos ist. Heute sind jedermann und jedefrau globalisiert. Umwelt und Arbeitssituation werden nicht von Landesgrenzen bestimmt.«

Bei dieser Diskussion bin ich sehr froh über die Gesellschaft, in der ich lebe. Auch wenn nicht alles perfekt funktioniert, haben wir doch die Möglichkeit, die totale Ausbeutung von Menschen und den totalen Raubbau an der Natur zu verhindern. Deshalb wird wohl die Enttäuschung umso größer, wenn wir versagen und in unserem Luxusdasein Fehler machen, wir könnten es uns schließlich leisten, uns richtig zu verhalten. Ohnehin werde ich mit einer leichten Promille ein bisschen sentimental und ein Mann von Gesetz und Ordnung, und ich schlage vor, auf das Arbeitsschutzgesetz anzustoßen. Da machen alle mit.

»Ohne Gesetze, die uns alle beschützen, hätten wir eine ganz andere Gesellschaft. Ohne diesen Schutz würden sicher alle Eltern darauf hoffen müssen, dass ihre Kinder auf der richtigen Seite der Fabriktore landen. Das heißt, vor den Toren und in den Schulen. Darauf ein Prosit!«

»Ich bin froh, dass ich nicht schon mit dreizehn auf den Bau musste. Kleine Kinder dürften keine Herrenhemden für ein unpraktisches Herrenvolk nähen müssen«, sagt Snorre, und dann gehen wir ins Teddys.

27

Montagmorgen, hallo, hallo.

Die Familie war übers Wochenende auf einer Hüttentour und hat den Dachboden nicht mehr gesehen, seit der Träger angebracht wurde und die Konstruktionen aus Sattelholz und Stützbalken entfernt worden sind. Sie kommen mit nach oben, um sich kurz umzusehen. Die Kinder sind auch ohne Kaffee hellwach und erzählen von Schlittenfahrten und Skitouren. Dan ist schon eingetroffen und dabei, Lichter anzubringen und Werkzeug vorzubereiten.

Kari und Jon gefällt, was sie hier sehen. Auf dem Hängeboden ist der Träger nicht im Weg, es ist also so geworden, wie es gedacht war. Selbst wenn der Dachboden gerade eine einzige Baustelle mit Werkzeug und Stapeln voller Baumaterial ist, kann man schon leicht erkennen, dass ohne Sattelhölzer und Stützbalken alles offener ist – diese Konstruktionen haben viel Platz weggenommen. Also kann man wirklich sagen, dass das was gebracht hat.

Ich habe mich bisher mit meinen Ideen zurückgehalten, wenn sie von den im Bauplan dargestellten Lösungen abwichen. Doch mittlerweile sehen die Petersens ja, wie wir arbeiten, und da trauen sie uns hoffentlich zu, dass wir liefern können, was wir versprechen. Für das Badezimmer haben sie sich eine Einrichtung von IKEA vorgestellt, aber ich habe einen Vorschlag für eine Einrichtung, die vor Ort hergestellt und exakt ins Bad eingepasst werden kann. Sie wird aus Küchenarbeitsplattenholz gemacht und wird etwas mehr kosten als die, die sie bei IKEA bestellt haben. Ich zeige ihnen eine Skizze und Bilder von ähnlichen Arbeiten, die wir bei anderen Kunden ausgeführt haben. Kari und Jon sind interessiert. Wir einigen uns darauf, dass ich ihnen die Bilder und die Skizze per Mail schicke, und dann wollen sie sich die Sache überlegen. Auf dem Hängeboden könnten wir einen IKEA-Schrank an das Schrägdach anpassen, dann hätten sie auch ein bisschen was von IKEA, und Stauraum kann man nie genug haben.

Das Einfachste wäre natürlich gewesen, sich an den ursprünglichen Bauplan zu halten und den Bauprozess nicht noch komplizierter zu machen, aber das Bad wird viel schöner und die Arbeit macht uns mehr Spaß, wenn sie sich für unsere Lösung entscheiden. Die Petersens gehen wieder nach unten, und Dan schenkt uns Kaffee ein.

Die Balkenlage zwischen Wohnung und Dachboden muss an der Stelle der Treppenöffnung entfernt werden, deshalb muss sie um das Loch herum erneuert und im übrigen Teil verstärkt werden. Die neue Deckenkonstruktion wurde vom Bauingenieur gezeichnet und abgemessen.

Statt die Balkenlage während des Umbaus von unten her abzustützen, hängen wir sie oben im Dach auf. Das muss geschehen, während wir die neue Konstruktion bauen, damit sich die Balkenlage nicht bewegen kann, wenn sie geschwächt ist. Wenn es zu Bewegungen kommt, kann es in der Decke der darunterliegenden Wohnung Risse geben, und die zu reparieren wäre eine Heidenarbeit.

Wir brauchen Zwo-Vierer und viele Schrauben. Die Schrauben, die wir für solche provisorischen Aufhängungen benutzen, werden immer wieder verwendet. Akkuschrauber und neue, bessere Schrauben haben uns für solche Fälle neue Möglichkeiten gegeben. Dieses Hilfsgerüst ist einfach und solide.

Unter den Balken rund um die geplante Öffnung versprühen wir Bauschaum. Bauschaum füllt Löcher und Risse, er erstarrt und klebt alles aneinander. Das ist eins unserer Geheimrezepte und sorgt dafür, dass wir eine solche Treppenöffnung mit minimalen Schäden für die Wohnungsdecke herstellen können.

Die drei Bodenbalken, die parallel zur nächstliegenden Mauer auf dem Dachboden verlaufen, müssen durchtrennt werden. Der vierte, der liegen bleibt, muss dann auch die Last der drei durchgeschnittenen Balken tragen. Daher wird er an der Seite mit zwei verleimten und vernagelten Zwo-Neunern verstärkt und zusätzlich mit durchgehenden Bolzen sowie Bulldog-Scheibenbügeln fixiert. Dann sitzt er fest.

Von diesem vierten Balken aus werden wir einen Wechsel im rechten Winkel zur Wand legen. Dieser Querbalken hängt am einen Ende an dem verstärkten Hauptbalken, am anderen haben wir ein Loch in die Klinkermauer geschlagen, wo der Balken dann aufliegt.

Wir haben die Stelle markiert, an der wir das Loch schlagen werden. Jetzt messen wir ein größeres Loch ab, um Platz für die neuen Balken und Gipsplatten zu schaffen, die am Ende alles verkleiden sollen. Dort werden wir die Bodenbalken kappen, oder eben die Deckenbalken, je nach Blickrichtung.

Dan baut die Motorsäge auf, schärft die Kette und sägt die Balken genau durch. Vorläufig sollen sie noch nicht in der ganzen Treppenöffnung entfernt werden. Wir nehmen nur so viel weg, dass wir Platz für den Wechsel haben, deshalb entfernt Dan von jedem Balken an die dreißig Zentimeter. Dann legen wir den Wechselbalken ein. Die Bodenbalken, die noch immer in die Konstruktion einbezogen werden sollen, werden an diesen neuen Balken angehängt und solide mit Beschlägen und Nägeln befestigt. Vom Wechselbalken, der nun quer zwischen

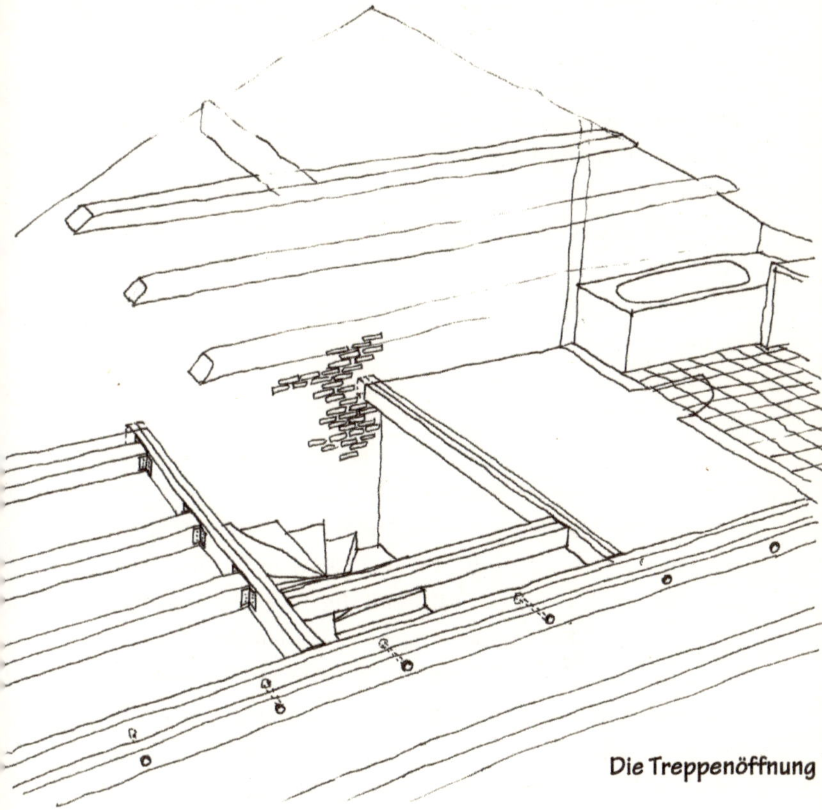

Die Treppenöffnung

den verstärkten Bodenbalken und der Mauer verläuft, legen wir einen neuen Balken in neunzig Grad parallel zur Mauer, und das ist die zweite Seite der Öffnung. Davon wiederum legen wir einen neuen Balken in 90 Grad bis an die Mauer, und das ist die dritte Seite der Öffnung. Wir bauen die drei Seiten eine nach der anderen vom Rand her, und die Klinkerwand bildet dann weiterhin die vierte Seite.

Die Konstruktion um das Loch ist fertig, und die Decke in der Wohnung weiterhin unversehrt. Oben auf dem Dachboden sieht man einen viereckigen Rahmen in den Bodenbrettern, dort, wo das Treppenloch hinkommt. Die Bodenkonstruktion ist um die Öffnung fester und stärker als vorher.

Die Balkenstümpfe im Treppenloch besitzen jetzt, da sie abgeschnitten worden sind, keine Tragfähigkeit mehr. Wir verbinden sie provisorisch mit der neuen Konstruktion, dann können wir den Spanboden darüberlegen und somit auf einer undurchbrochenen, ebenen Bodenfläche arbeiten. Wir isolieren das Loch, und damit sind die Vorschriften für den Feuerschutz erfüllt. Sollte es während der Bauphase zum Brand kommen, ist der Dachboden nach wie vor ein abgeschlossener Bereich. Die Isolierung fungiert außerdem als Lärmschutz für die Familie unten in der Wohnung. Wir räumen auf und entfernen unser provisorisches Gerüst, mit dem die Balkenlage am Dach hing. Jetzt können wir den Boden legen und mit den Arbeiten beginnen, die uns dem neuen Dachboden gefühlsmäßig schon eher näherbringen.

28

Petersens haben einen fertig behandelten Fußboden aus solidem Kiefernholz bestellt. Der könnte an sich direkt auf die Tragplatten der Lagerhölzer bzw. die der Nagelleisten gelegt werden, aber dann müssten wir jetzt den Boden legen und ihn abdecken. Während der Bauphase ist es auch bei guter Abdeckung schwierig, eine Beschädigung des Bodens zu verhindern, deshalb wird ein Unterboden aus Spanplatten gelegt. Die Unebenheiten und Höhenunterschiede können bei solchen alten Böden groß sein. Auf diesem Dachboden sind es vier Zentimeter, die wir jetzt mit neuen Tragplatten ausgleichen müssen, damit wir den Spanboden darüberlegen können. Wir brauchen fast den ganzen Rest der Woche, um den Boden zu begradigen.

Freitagmorgen, und Bjørn Olav, der Elektriker von Ebbas Firma, verlegt die Leerrohre für die elektrischen Leitungen im Boden. Zwei alte Rohre mussten umgelegt werden, um Platz für das Treppenloch zu schaffen, und er verlegt auch die neuen, die unter den Spanboden sollen. Wir machen einen Plan für die weiteren Elektroarbeiten, er stellt eine Liste darüber auf, welche Materialien er beim nächsten Mal mitbringen muss, und dann zieht er nach Elektrikermanier zum nächsten Auftrag weiter.

Elektriker sind dauernd unterwegs und überall im Einsatz. Es ist eine Arbeitsweise, die mir nicht zusagen würde. Mir sind größere Aufträge lieber, bei denen ich über längere Zeit weitermachen kann. Im Handwerk werden viele verschiedene Menschen benötigt, unter anderem solche, die Servicearbeiten mögen, viele kleine Aufträge, für die sie im eigenen Auto durch die Gegend fahren. Bjørn Olav gefällt dieser Alltag, er ist in gewisser Weise sein eigener Chef.

Mir kommt diese Art von Servicearbeit jedoch so vor, als wäre sie das genaue Gegenteil, als ob mir pausenlos irgendwer erzählte, was ich zu tun habe. Bei größeren Arbeiten habe ich wenigstens das Gefühl, mir die Zeit selbst einteilen zu können, ich kann langfristiger planen und bin an mehr Phasen der Arbeit beteiligt, also nicht nur ein Glied in der Kette. Ich fühle mich auf diese Weise freier, andere dagegen finden es langweilig und zu unflexibel.

Die Woche ist schnell vergangen. Es geht stetig voran, und ich bin zufrieden. Oft scheint die Zeit zwar schneller voranzuschreiten als die Arbeit, aber ich kann sehen, dass es gut läuft, bis auf weiteres jedenfalls.

Wir trinken noch den letzten Schluck Kaffee, und dann machen wir Feierabend. Dan muss zu einem Kindergeburtstag und freut sich auf Kuchen. Er ist ein Schokoladenkuchenmann.

29

Ich schaue am Montagmorgen in der Wohnung vorbei, und Petersens erzählen, dass sie sich das Treppenloch angesehen haben. Sie waren in der vergangenen Woche nicht oft auf dem Dachboden, aber am Sonntag sind sie doch mal hinaufgegangen. Ich glaube, sie versuchen, während der Arbeiten ein wenig Distanz zu uns zu wahren, ganz einfach aus Rücksichtnahme. Sie wollen nicht, dass wir uns überwacht fühlen, und möchten uns ihr Vertrauen beweisen. Das ist nett gemeint, aber nicht notwendig. Ich habe es gern, wenn die Kunden unsere Fortschritte mitverfolgen und neugierig sind. Es kann problematisch sein, wenn sie kein Vertrauen zu unserer Arbeit zeigen, oder wenn sie Fragen und Probleme auf eine Weise zur Sprache bringen, dass sie fast wie Vorwürfe klingen. Kari und Jon sind jedoch nicht so. Ihre Art zu fragen und ihr Interesse zu zeigen, sagt mir zu. Sie könnten von mir aus gern häufiger auf den Dachboden kommen, schließlich bauen wir hier doch ihr neues Zuhause.

»Das muss ja ein Haufen Arbeit gewesen sein«, sagt Kari über das Treppenloch.

»Und gar kein Staub in der Wohnung, eigentlich haben wir das nicht so recht geglaubt, als Sie das versprochen haben.«

»Ja, mehr Staub kriegt ihr auch nicht ab, bis wir da oben fertig sind. Natürlich abgesehen von dem, den wir mitbringen, wenn wir zum Essen nach unten kommen und so. Das geht doch hoffentlich?«, frage ich, und es klingt ein wenig wie eine Entschuldigung.

»Nein, das ist kein Problem, ihr müsst doch essen.«

»Ihr könnt fragen, was ihr wollt«, sage ich. »Wartet nicht damit, wenn ihr irgendwo unsicher seid. Das führt sonst zu Missverständnissen und Durcheinander. Fragt einfach, wenn irgendwas ist, und kommt ruhig immer mal wieder hoch und seht euch an, was wir gerade machen.«

Augenblicke wie diese sollte man nutzen, um sich über eine Form der Zusammenarbeit zu verständigen, denn wenn es plötzlich ein Problem gibt, kann es sonst zu spät sein. Dann kommt es leichter zu Streitigkeiten und Konflikten.

Wir arbeiten gerade am Fußboden und sind jetzt so weit, dass wir einen Teil davon schon mit Spanplatten bedecken können. Deshalb reden wir ein bisschen über den Fußboden, den sich die Petersens ausgesucht haben. Ein Dielenboden fühlt sich weicher an als hartes Parkett und ist auch schöner, finden sie. Es scheint ihnen auch wichtig zu sein, dass die Massivholzdielen weniger bearbeitet sind als Parkett und deshalb umweltfreundlicher. Dan und ich sind derselben Meinung und sagen, dass wir uns darauf freuen, einen guten Kiefernboden zu verlegen, denn Parkett wird viel häufiger verlangt, fast zu häufig für unseren Geschmack.

Parkett ist etwas billiger, da es sich schneller legen lässt, und das ist wohl der gängigste Grund, warum viele sich dafür entscheiden. Aber es gibt noch andere Gründe dafür, dass Parkett inzwischen bei der Entscheidung für einen Fußboden so stark dominiert. Die großen Produzenten und Baumarktketten investieren viel in das Marketing von Parkett und Plastiklaminatböden. Sie sind zum Köder geworden, so ähnlich wie Schweinefleisch und Windeln bei den Supermarktketten.

Parkett ist härter, deshalb gibt es nicht so leicht Kratzer und Kerben, und viele ziehen es aus optischen Gründen vor. Über Geschmack lässt sich nicht streiten, aber Massivholzdielen halten in der Regel länger, da sie häufiger geschliffen werden können. Auf diese Weise sind sie haltbarer, aber die Einstellung vieler Leute zur Haltbarkeit hat sich geändert. Es ist günstiger geworden, alles neu zu kaufen, und viele können sich das leisten. Parkett wurde immer preiswerter, je unbeliebter Abnutzung und Schönheitsflecken wurden. Weil es leichter zu legen ist, verlangt es dem Handwerker weniger ab als der Boden, den die Petersens sich wünschen. Und je mehr sich Parkett als üblicher Bodenbelag durchsetzt, desto geringer wird die Zahl derer, die noch einen guten Dielenboden legen können.

Ich ziehe es vor, von »kostbar« und »preiswert« zu sprechen. Die Wörter »teuer« und »billig« sind zu wertend, und ich verwende sie nur, wenn am Preis etwas nicht stimmt. Verglichen mit Massivholzdielen gelten Vinylbeläge oft als schlicht. Beide Böden können teuer sein, aber dann halten viele den Preis für übertrieben. Wenn der Massivholzboden preiswert ist, dann ist er eben auch seinen Preis wert. Bringt der Vinylboden dem Hersteller viel Gewinn, dann kann er jedoch durchaus als teuer bezeichnet werden, auch wenn er weiterhin weniger kostet als der Massivholzboden.

Ich mag beide Bodentypen, es sind ehrliche Lösungen. Die Wortwahl ist auch eine Medizin gegen Snobismus. Dielenböden aus Massivholz sind kostbarer, aber das bedeutet keineswegs, dass Vinylböden billig sein müssen. Wer viel Geld hat, verspürt manchmal das Bedürfnis, das zu zeigen, und Snobismus ist eine billige Möglichkeit, sich vom Pöbel zu unterscheiden, billig jedenfalls für die Reichen. Die Produkte selbst sollten nicht zum Teil dieses Statusgerangels gemacht werden. Bei mir zu Hause bin ich der Herr, kann hier die Devise lauten, und man beschmutzt den Boden des Gastgebers nicht, wenn man zu Besuch ist, egal, ob der Boden aus Massivholz oder aus Vinyl ist.

Wir legen Spanplatten auf den Teil des Bodens, der bereits begradigt ist, auch über dem künftigen Treppenloch. Dann sägen wir die Spanplatten genau dort zurecht, wo das Loch entstehen wird, und lassen sie liegen. Wenn das Loch dann gemacht wird, brauchen wir nur noch die Spanplatten wegzunehmen. Jetzt, da der Boden über dem Treppenloch liegt, ist der Dachboden wirklich zu einer eigenen kleinen Welt geworden.

Damit auch der restliche Boden begradigt werden kann, wird sämtliches Baumaterial, das noch im Weg liegt, auf dem mit Spanplatten bedeckten Teil untergebracht. Mit dem restlichen Teil des Bodens kommen wir deutlich schneller voran. Wenn wir erst einmal richtig drin sind, wird die Arbeit leichter, wir müssen dann weniger überlegen und Umwege machen.

»Die Arbeit tanzt in meinem Kopf jetzt eine Pols«, wie mein früherer Meister, der Akkordeonspieler, gesagt hätte.

Der Spanplattenboden ist fertig, und Dan tanzt zwar keine Pols, aber dafür ein bisschen Line-Dance, hört aber zum Glück auf, ehe »Achy Breaky Heart« zum Ohrwurm werden kann.

Das Aufräumen und Reinhalten der Baustelle geht jetzt leichter, und die Höhenarbeiten werden sicherer und effektiver, da wir von einem flachen Boden aus arbeiten können.

30

Ein zu niedriger Preis geht oft mit geringer Kompetenz, Pfuschwerk oder beidem einher. So einfach verhält es sich beim Handwerk, und das ist ein anderes Problem als die Sache mit dem Preisdumping. Dass man schlechte Qualität riskieren kann, auch wenn man einen angemessenen Preis bezahlt, ist wieder eine andere Diskussion. Denn dann ist nicht der Preis der Grund für die fehlende Qualität.

Die Anpassung eines Dachbodens an die Brandschutzvorgaben nimmt viel Zeit in Anspruch, und man kann eine Menge Geld einsparen, wenn man sich die Sache leicht macht, aber als Brandschutz ist das Ergebnis dann womöglich wertlos.

Es ist so, als hätte man ein großes, teures Auto und kaufte hochwertige Kindersitze, um die Sicherheit der Familie zu gewährleisten, aber die Reifen wären abgenutzt und die Bremsen schlecht.

Diesen Vergleich kann man sogar noch weiterführen. Es ist so, als täte man das mit offenen Augen, denn auch wenn das Auto teuer ist, war es doch billig im Vergleich zum Listenpreis, als man es gekauft hat, viel zu billig. In fröhlicher Runde prahlt man damit, wie billig man es bekommen hat, weiß aber auch, dass da etwas nicht stimmen kann. Man bekommt schließlich keinen gut erhaltenen Rolls Royce für den Preis eines heruntergekommenen Lada.

Der Dachboden wird dann leicht zur Brandfalle, doch solange es nicht brennt, kommt man billig weg. Aber wie soll man das dann nennen? »Preiswert« trifft es jedenfalls absolut nicht.

Wir wollen eine Brandmauer bauen. Zudem soll auf beiden Seiten der Brandmauer ein Streifen Gips unter die Decke geschraubt werden, und der Hängeboden soll vor Bränden gesichert sein.

Die bereits stehenden Mauern, die den Wohnbereich vom Rest des Dachbodens trennen und ein Teil der Brandmauer werden sollen, sind bereits als feuerfest anerkannt. Jetzt geht es also um die Maßnahmen, die für den ausgebauten Dachboden selbst getroffen werden müssen.

Ehe wir mit der Mauer anfangen, setzen wir zwischen Treppenhaus und Dachboden eine neue Brandschutztür ein. Die Wohnung und der restliche Dachboden werden als separate Brandabschnitte voneinander abgetrennt, und jeder braucht seine eigene Tür.

Das Prinzip der Brandabschottung, das wir auf dem Dachboden mithilfe der Brandmauer umsetzen werden, wird EI 60 genannt. Das bedeutet, dass auf der einen Seite der Mauer sechzig Minuten lang alles komplett in Flammen stehen kann, ohne dass Rauch und Feuer durchdringen.

Brandmauern können auf vielerlei Weisen gebaut werden, was die bereits existierenden Wände belegen. Wir wollen eine doppelte Mauer mit normalem Ständerwerk bauen. Am leichtesten lässt sich das beschreiben, indem man zuerst einmal klärt, was eine Wand ist. Sie besteht aus Zwo-Vierer-Stützbalken mit zwei Schichten Gips auf der einen Seite, und die Mauer wird isoliert. Die Gipsplatten werden im Verbund montiert, also so, dass die Fugen der einen Schicht im Verhältnis zu denen der anderen verschoben werden, um durchlaufende Fugen zu vermeiden. Schließlich wird die äußere Gipsschicht gespachtelt.

Die andere Mauer wird ebenso gebaut und in geringem Abstand von der anderen aufgestellt. Diese zwei Mauern bilden dann die beiden Seiten einer Brandmauer.

Alle Gipsplatten an Decke und Wänden müssen in einem Abstand von einem halben bis einem Zentimeter angebracht werden. Der Zwischenraum wird mit Brandschutzfugen gefüllt. Die Fugen müssen die richtige Breite im Verhältnis zur Tiefe haben, um richtig zu funktionieren und das Durchdringen von Rauch verhindern zu können. Gips und Fugen einander anzupassen ist die wohl zeitraubendste Arbeit beim Bau einer Brandmauer wie dieser, wo es ein Schrägdach mit Pfetten gibt. Und gerade bei diesem Teil der Arbeit wird am allerhäufigsten gepfuscht.

Bei einem Brand tötet zumeist der Rauch, und das macht das Verfugen zu einem sehr wichtigen Teil der Brandschutzarbeit. Der Unterschied zwischen guter und schlechter Arbeit ist hier absolut entscheidend.

31

Ich verschlafe und komme heute ein bisschen außer Atem auf der Baustelle an. Das ist ein anstrengender Auftakt für den Montagmorgen, deshalb setzen wir uns erst einmal und reden über Gott und die Welt, ehe wir die Woche anfangen lassen. Stress neigt dazu, sich wie eine dunkle Wolke über die Arbeit zu legen, aber ein ruhiges Gespräch kann die Wolke verfliegen lassen, ehe sich der Himmel noch mehr zuzieht. Dan hat unten vorbeigeschaut, deshalb wissen sie, dass wir schon losgelegt haben. Sie haben dabei angekündigt, dass sie die Badezimmereinrichtung gerne von uns bauen lassen möchten und dass sie sich an der Decke eine Holzvertäfelung aus Espenholz wünschen. Als Kontrast zu der hellen Espe an der Decke soll alles andere aus Eiche sein. Sie wollen auch die IKEA-Schränke an den Hängeboden unter dem Schrägdach angepasst haben. Das sind schöne Arbeiten, auf die wir uns freuen können.

Wir bauen ein Ständerwerk für die Wände und isolieren sie, ehe wir den Gips auftragen. Um die Arbeit leichter zu machen, heben wir die Gipsplatten auf zwei Böcke und arrangieren alles so, dass es als Arbeitstisch fungiert.

Wir fertigen die erste Gipsplatte für die eine Wand und danach eine spiegelverkehrte Kopie, die für die andere Seite der Wand vorgesehen ist. Die Platten müssen genau lotrecht stehen. Das ist wichtig, denn so haben wir einen festen Ausgangspunkt, von dem aus wir die anderen Platten abmessen können.

Ehe wir die erste Platte montieren, übertragen wir die exakte Größe der halben Platte auf eine neue, das heißt, wir kopieren sie. Diese neue Platte ist für die zweite Gipsschicht, die im Verbund auf der anderen liegen soll, also um sechzig Zentimeter verschoben, damit nicht Fuge auf Fuge zu liegen kommt.

Nun befestigen wir die erste Platte, und danach auf der anderen Seite der Wand den spiegelverkehrten Zwilling.

Jetzt ist die nächste Platte an der Reihe. Die Hälfte kopieren wir wieder auf die Platte, von der wir schon eine Hälfte haben, nämlich als Kopie von unserer ersten Platte. Nun haben wir wiederum eine ganze Platte.

So geht das noch eine ganze Weile: Platten machen, kopieren, montieren, neue Platten machen. Auf diese Weise gipsen wir beide Seiten der Brandmauer gleichzeitig. Mit dieser Methode brauchen wir weniger zu messen, stattdessen wird alles kopiert. Das spart Zeit, und außerdem ist es so leichter, die Platten auf mögliche Ungenauigkeiten anzupassen.

Dieses Kopierspiel erfordert einen gewissen Überblick und Sinn für Systematik, aber wenn es sorgfältig gemacht wird, führt es zu guten Ergebnissen. Die Methoden, die wir wählen, können immer diskutiert werden, denn von welcher Methode ließe sich schon behaupten, sie sei die beste? Man kann die Zeit, die man gewinnt, nicht messen, wie mein alter Meister immer sagte.

Die Brandschutzverfugung erledigen wir mit einer pressluftbetriebenen Fugenpistole. Es sind sehr viele Fugen zu machen, aber mit dem richtigen Werkzeug geht es schnell, und außerdem erspart es uns das mühsame Pumpen mit der Hand. Dort, wo Leitungen durch die Mauer laufen, müssen wir eine speziell dafür berechnete Fuge benutzen, die sich im Brandfall ausdehnt und das Loch abdichtet, falls die Leitung schmilzt.

Auf die Deckenbalken legen wir auf beiden Seiten der Brandmauer eine Schicht Gipsplatten und verfugen sie zur

Mauer hin. Für den Gips oben an der Decke dürfen wir keine zu langen Schrauben benutzen. Das wäre ein sehr teurer Fehler, denn dann müssten wir das Dach mit neuer Dachpappe belegen. Das hieße dann: hoch mit dem Baugerüst, runter mit Verbindungsleisten, Latten und Dachsteinen, und alles neu decken. Allein der Gedanke an einen Patzer von solchen Ausmaßen tut schon weh.

Jetzt ist die Brandmauer fertig, und der Dachboden ist in zwei Bereiche geteilt. Die Baustelle ist ein Teil, und wenn wir vom Dachboden reden, dann meinen wir diesen Teil. Der Rest des Dachbodens, wo die Dachkammern und der Trockenboden liegen, befindet sich außerhalb der Brandmauer. Gut vier Monate nach dem ersten Gespräch mit Jon ist der Dachboden unser eigenes Reich geworden; erst jetzt sind wir hier wirklich für uns.

Wir sichern auch den Hängeboden gegen Brandgefahr und kümmern uns zugleich um die Traglatten für den Spanboden, auf die wir die Spanplatten legen. Als wir damit fertig sind, haben wir einen weiteren kleinen Tanzboden dazugewonnen. Ich lasse die Lampen aufblinken, aber diesmal ist Dan nicht in Line-Dance-Stimmung.

Fredrik schaut herein und mustert uns wortlos.

»Ja, hallo! Ist das die Bauaufsicht?« Die Tür geht ganz auf, und da steht der Rest der Familie. Das heißt, nicht ganz, denn Jens ruht auf Papas sicherem Arm.

»Ja, die Jungen wollten gern die Bauarbeiten begutachten, sie sind neugierig.«

Jon stellt Jens auf den Boden. Dan bittet alle herein.

»Hereinspaziert, hereinspaziert! Wollt ihr sehen, was wir hier gerade machen?«

Jens nickt, zeigt auf das noch nicht vorhandene Schlafzimmer und sagt: »Da schlafen wir dann.«

»Seht ihr denn die Mauer, die wir gebaut haben, die habt ihr doch noch nicht gesehen?«

Das Schlafzimmer der Jungs hat jetzt durch die Brandmauer eine Wand bekommen. Fredrik geht hinüber und scheint das alles seltsam zu finden. Auch hat ihr Dachboden jetzt einen Fußboden.

Die Kinder laufen umher und schauen sich alles an. Dan zeigt ihnen, wie sie auf dem Boden mit Gipsstücken zeichnen können. Sie dürfen das, auch wenn sie dabei einstauben. Wir führen ein kleines Erwachsenengespräch darüber, wie die Arbeiten laufen, während die beiden jungen Herren von der Bauaufsicht in ihre Projektplanung vertieft sind.

Dan und ich berichten, dass alles gut läuft, es geht ganz nach Plan. Wir reden ein bisschen über die Einrichtung, die sie sich fürs Badezimmer wünschen, und über die Täfelung für die Decke. Sie hatten gedacht, solche Lösungen kosteten zu viel, und ihnen war auch nicht bewusst, dass ein Schreiner eine solche Einrichtung bauen kann. Ich wende ein, dass sie ja noch nicht wissen, ob wir das auch gut machen werden, aber füge gleich hinzu, dass sie zufrieden sein werden. Wir kennen uns jetzt besser und können uns ein paar Scherze erlauben.

Die Inspektion der Bauaufsicht ist zu Ende. Dan und ich räumen ein bisschen auf, beschließen dann aber, erst am Montag richtig Ordnung zu schaffen. Für diese Woche reicht es, wir sind zufrieden, weil wir jetzt Brandmauer und Hängeboden fertiggestellt haben. Übers Wochenende darf ruhig allerlei auf dem Dachboden herumliegen, denn es ist ja jetzt unser Reich – und niemand hat dort etwas zu suchen, bis wir nächste Woche zurückkommen.

32

Guten Morgen. Neue Woche. Fredrik und Jon sind beide erkältet und bleiben deshalb heute zu Hause.

Am Vormittag räumen wir den Dachboden auf, Abfälle werden aus dem Weg geschafft, und wir erledigen übrig gebliebene Kleinarbeiten.

Ab und zu essen wir im Bentse Kafé zu Mittag, und heute kommt es uns gelegen, dass wir in der Hegermanns gate die beiden Kranken haben. Dan möchte Schweinebraten, während ich Frikadellen mit gedämpftem Weißkohl bestelle.

Die alten Burschen sitzen an ihren Stammplätzen und diskutieren über Fußballergebnisse, Politik und alles Mögliche andere. Lian, der hier arbeitet, zieht wie üblich die Show ab und bringt Leben in die Bude für alle Gäste, die das wünschen. Bei der Tür sitzt ein Mann ganz allein. Er ist still und wird in Ruhe gelassen. Dennoch wird er nicht vergessen und wie alle anderen versorgt.

Zwei ältere Damen aus Torshov kommen herein und stürzen sich gleich in eine Diskussion mit den alten Knaben. Lian flirtet ein bisschen und neckt sie, als hätte er es mit zwei Teenies zu tun. Das hier ist eines der angenehmsten Lokale, die ich in Oslo bisher gefunden habe.

Essen und Kaffee, wir reden ein bisschen über die Arbeit und ein bisschen über den Alltag.

Ich habe von Kari und Jon Petersen einen guten Eindruck. Sie packen mit an und kümmern sich. Jon hat zum Beispiel die Kabel für den Dachboden besorgt. Und als wir den Vertrag aufgesetzt und unterschrieben haben, lief alles sauber und ordentlich ab. Sie wollen Lösungen und akzeptieren die getroffenen Entscheidungen. So kommt es mir jedenfalls vor.

»Sie stellen Fragen und sind dabei ehrlich interessiert, das gefällt mir. Sie fragen mich etwas, ohne dass es so wirkt, als wollten sie mir eigentlich erzählen, wie ich meine Arbeit machen soll. Und es ist nett bei ihnen, mit den Jungs, und wie sie miteinander reden.«

Dan sieht das auch so, die sind in Ordnung.

Es macht Spaß, für Kunden zu arbeiten, die wissen, was sie wollen, die klare Wünsche haben und die zeigen, dass sie es zu schätzen wissen, wenn sie sehen, dass die Arbeit nach Wunsch verläuft.

Wir diskutieren den Fortgang der Arbeit. Ich würde am liebsten mit dem Badezimmerboden anfangen, aber Dan meint, wir müssten uns zuerst die Decke vornehmen. Für die Decke ist viel Material vonnöten, und er will erst mehr von dem Zeug loswerden, das wir noch rumliegen haben, damit wir es nicht unnötig hin- und herschieben müssen. Aber da im Badezimmer so viel getan werden muss, wäre es eigentlich gut, gleich damit anzufangen und den Badezimmerboden zuerst in Angriff zu nehmen. Es ist immer von Vorteil, ausreichend Zeit einzuplanen. Schließlich stimme ich Dan aber zu, dass uns immer noch genug Zeit für das Badezimmer bleibt, auch wenn wir später damit anfangen. Es war nur ein kleiner ungeduldiger Reflex, eine unbewusste Zuckung im Eilmuskel. Geduld ist jedoch eins der wichtigsten Arbeitsgeräte eines Handwerkers, und die Arbeiten auf dem Dachboden gehen gut voran. Seltsam eigentlich, wie der Stress uns zum Narren halten kann, selbst dann, wenn es keinen Grund gibt, gestresst zu sein. Es ist gut, dass Dan mich bremst, und ein wenig überraschend, denn normalerweise ist es umgekehrt.

Wir beide können über Lösungen diskutieren und uns an alles erinnern, woran wir uns erinnern müssen. Wir können unterschiedlicher Meinung sein, aber es ist immer eine Meinungsverschiedenheit ohne Kampf ums Prestige. Immer müssen die Diskussionen beendet und die Entscheidungen getroffen werden, und dann setzen wir die gewählte Lösung um, auch wenn einer von uns vielleicht anderer Meinung war. Das hier ist mein Projekt, und deshalb habe ich das letzte Wort. Dan besteht darauf, und bei seinen Projekten ist es umgekehrt. Wir arbeiten als Team, aber einer von uns trägt die Hauptverantwortung.

Wenn ich zusammen mit Akademikern praktische Arbeit leiste, macht sich der Unterschied in der Arbeitskultur für mich deutlich bemerkbar. Akademiker scheinen in einer Diskussionskultur groß geworden zu sein, in der die abschließende Einigung, also die Konklusion, vielleicht am wenigsten trainiert wird.

Die Ansagen auf einer Baustelle sind oft kurz und bündig, fast wie ein Befehl. Akademiker können provoziert und wütend werden, wenn ihnen klar vorgeschrieben wird, was sie zu tun haben. Sie können mitten in der Arbeit eine Diskussion vom Zaun brechen und eine Gruppenarbeit in ein Kolloquium umfunktionieren.

Sich einer Entscheidung oder einer Autorität unterzuordnen bedeutet nicht, unterwürfig zu sein. Das sieht man zum Beispiel sehr gut daran, wenn man etwas gemeinsam stemmen muss. Denn wenn die Entscheidung getroffen ist, ist die Diskussion beendet, und dann handeln wir wie eine Person, egal, wie uneins wir uns vielleicht vorher waren. Der Unterschied zwischen Wort und Tat wird hier deutlich. Vielleicht würden Akademikern die Befehle, die sie erhalten, besser gefallen, wenn sie ein wenig diplomatischer verpackt wären, aber dazu hat man nicht immer die Zeit. Ich finde es oft anstrengend, mit Akademikern zusammenzuarbeiten, auch wenn es natürlich Ausnahmen gibt, denen zu begegnen ein Vergnügen ist.

Dan und ich beschließen, mit Kniestöcken und Decke anzufangen. Wir schwelgen ein wenig in Erinnerungen an frühere Dachbodenausbauten, die wir gemeinsam durchgeführt haben, und frischen dabei unser Gedächtnis auf, wie wir bei diesem oder jenem vorgegangen sind. Das Schwelgen in Erinnerungen ist eine Mischung aus seriösem Fachgespräch und Eigenlob. Wir glauben fest daran, wie man beim Angeln sagt, aber wir sind unseren Methoden gegenüber auch kritisch. Gibt es etwas, das wir noch verbessern könnten? Als wir das Bentse Kafé verlassen, wissen wir, wie wir anfangen wollen, und wir wissen auch so ungefähr, wie die ganze Arbeit an Kniestöcken und Decke laufen soll. Wir haben einen gemeinsamen Film im Kopf.

Warme Luft enthält mehr Feuchtigkeit als kalte Luft, das sieht man zum Beispiel, wenn nach dem Duschen der Badezimmerspiegel beschlägt. Die Glasfläche kühlt die Luft ab, und die setzt etwas von der Feuchtigkeit frei. Die Luft in einem erwärmten Haus enthält mehr Feuchtigkeit als die kältere Luft draußen. Wenn sich die warme Innenluft zwischen Wänden und Decke bewegt und abgekühlt wird, muss sie Feuchtigkeit abgeben. Was mit dem Spiegel im Badezimmer passiert, müssen wir in Decke und Wänden kontrolliert ablaufen lassen.

Das ist ganz grundlegend, um zu verstehen, wie wir in Norwegen bauen. Böse Fehler haben garantiert auch böse Konsequenzen. Ein Haus kann innerhalb weniger Jahre in Fäule übergehen, wenn man bei dieser Arbeit schlampt.

Ganz außen muss ein Wetterschutz hin, zum Beispiel Ziegel aufs Dach oder eine Verschalung an die Außenwände. Unter diese äußerste Schicht gehört dann eine Luftdichtung, die das, was an Feuchtigkeit und Niederschlag ankommt, ableitet. Auf der Innenseite dieser Luftdichtung liegt die Winddichtung, und darunter wiederum die Wärmedämmung. Ganz innen, für das Hausklima, kommt in der Regel Plastik. Man kann mit unterschiedlichen Materialien bauen, aber das Prinzip ist dasselbe.

Es gibt natürlich einige Aspekte an dieser Konstruktion, die zu einem schlechten Innenklima führen können, aber wenn alles richtig gemacht wird, wird auch das Innenklima gut. Ich muss den Kunden oft erklären, wie das alles zusammenhängt. Es lässt sich vielleicht damit vergleichen, dass man sich bei schlechtem Wetter eben richtig anziehen muss. Wenn wir bauen, denken wir ganz ähnlich, und dieses Bild verstehen viele besser als Erklärungen über Thermodynamik. Auf unserem Dach liegen neue Ziegel auf Verbindungsleisten und Latten. Die Dachpappe darunter sorgt für Abdichtung gegen Wasser und Wind, und sie atmet auch, ungefähr so wie eine Goretex-Jacke. Der äußerste Teil des Dachs ist also fertig. Jetzt werden Dan und ich das Dach ausfüttern, isolieren und gipsen.

33

Gerade zu bauen ist leichter, als schief zu bauen. Mithilfe von Lot, Winkelmesser, Gradwasserwaage und geraden Linien hat man vorhersagbare Ausgangspunkte. Das Schiefe entzieht sich jedoch der Kontrolle. Dass jemand schief und chaotisch baut, wenn es eigentlich gerade sein sollte, erscheint ziemlich seltsam, denn rational ist es nicht.

Man braucht Wissen und Fähigkeiten, um richtig zu bauen, aber dann wird es auch leichter. Wenn ich an der Oberfläche schlechte Bauweise sehe, werde ich skeptisch, ob das Darunterliegende, was man nicht sieht, gut ist. Dann weiß ich nicht, ob Isolierung und Lüftung ordentlich gemacht worden sind, oder ob die Konstruktion an einigen Stellen womöglich undicht ist.

Viele halten Pfuschwerk und Schlamperei für die häufigsten Gründe für schlechte Bauergebnisse, aber das glaube ich nicht. Die häufigsten Gründe sind fehlendes Wissen, Zeitdruck und schlechte Bauleitung. Wenn man einen Handwerker, der sein Fach nicht sicher beherrscht, an eine Aufgabe setzt und Zeitdruck hinzufügt, während der Chef die Arbeit nicht im Auge behält, wird es meistens schiefgehen. Wenn das dann auch noch mit Sprachproblemen und Unterbezahlung gewürzt wird, ist das Chaos komplett.

Wir machen uns auf dem Dachboden passende Ausgangspunkte, von denen aus wir arbeiten können. Gutes Handwerk beginnt mit den ersten Kreidestrichen, mit Gradwasserwaage, Laser und einem rechtwinkligen Dreieck der Seitenlängen drei, vier und fünf Zentimeter. Der Anfang ist in vieler Hinsicht das Schwerste, denn man muss viele Entscheidungen treffen und vieles abwägen.

Um die Arbeit einschätzen zu können, müssen wir weit nach vorne in die Zukunft denken.

Es gibt immer Ungenauigkeiten, das lässt sich nicht vermeiden.

Eine wichtige Erfahrung ist es zu wissen, wann man besonders viel Zeit für Genauigkeit aufwenden muss, und wann wir einfach loslegen können. Das Vertrauen, das Dan und ich zueinander haben, und das Wissen um unser unterschiedliches Temperament sind vielleicht die wichtigsten Werkzeuge, die wir als Kollegen haben. Wir gleichen die guten und schlechten Seiten des anderen aus und bringen das Beste aus zwei Denkweisen zum Vorschein. Es ist sogar so, dass das, was im einen Augenblick richtig zu sein scheint, schon im nächsten falsch sein kann. Einige unserer besten Tage haben wir meiner Meinung nach dann, wenn wir wie wild diskutieren. Danach komme ich nach Hause und weiß, dass wir beide dazu beigetragen haben, viel gute Arbeit zu leisten, und dann empfinde ich schon fast so etwas wie Liebe für Dan, denn er nimmt mich, wie ich bin, und schafft es trotzdem, so zu sein, wie er will.

Abweichungen sind unvermeidlich, aber es ist dumm und unnötig, diese Spielräume wegzuwerfen. Eine Ungenauigkeit braucht kein Problem zu sein, nur wenn es zu viele sind, kann die Lage ernst werden.

Unsere Erfahrung sagt, dass es wichtig ist zu lernen, was man nicht kann. Das ist nicht leicht, denn was man nicht kann, weiß man doch nicht, wie kann man es also bemerken? Wann muss ich aufhören und mich erst einmal informieren? Ins Netz gehen, Kollegen anrufen, oder den Architekten, den Ingenieur?

Die eigene Begrenzung sehen zu können ist die wichtigste Fähigkeit eines guten Handwerkers.

Dieses Wissen erwirbt man nur durch die Praxis. Ich kann einem Lehrling davon erzählen, aber am Ende muss es doch im Laufe der Zeit erlernt werden, durch Arbeit.

Fehler zu machen ist der wichtigste Quell zum Wissen um das, was man nicht kann. Durch unsere Fehler begreifen wir, wie wichtig es ist zu wissen, was wir machen. Ein guter Lehrbetrieb ist einer, der Fehler ertragen kann, der aber die Arbeit des Lehrlings so gut im Blick hat, dass die Fehler nicht zu groß werden.

Tüchtige Fachleute sind oft eine ganz besondere Mischung aus Selbstsicherheit und Unsicherheit. Sie besitzen eine Art gespaltener fachlicher Persönlichkeit, als ob ihre Sicherheit von ihrer Unsicherheit abhängig sei. Die Sicherheit kommt aus einem Strom von Fragen, der nicht anzuhalten ist, und die Erfahrung öffnet die Tür zu dem Raum mit all den Dingen, die man nicht kann.

Wer schief baut, ist entweder zu unsicher oder nicht unsicher genug, auch das hat er gesagt, mein alter Meister. Er war in Diskussionen wie ein riesiger Granitblock, ich konnte bestenfalls einige Kerben hineinschlagen. Er diskutierte am besten mit sich selbst, aber es dauerte einige Zeit, bis ich begriffen hatte, dass er mit sich selbst strenger war als mit allen anderen. Wie an einen Granitblock konnte man sich gut an ihn lehnen.

34

Der Boden ist unsere erste Orientierung, er ist jetzt wieder ausgeglichen. Der Mittelpunkt des Dachfirsts ist ein anderer Ausgangspunkt, den wir verwenden. Wir stellen den Punktlaser unter den First und projizieren so die genaue Position der beiden Firstenden auf den Boden. Mit der Kreideschnur ziehen wir eine Linie zwischen beiden Punkten und zeichnen den Dachfirstverlauf auf dem Boden nach.

Dann messen wir die Entfernung vom Dachfirststrich auf dem Boden bis zur Kniewand und zeichnen an der Stelle, wo die Wand hinsoll, eine Parallele. Die zweite Wand soll dann im Badezimmer stehen, aber so weit sind wir ja vorläufig noch nicht.

Die Kniewand ist ein besonderer Teil eines solchen Ausbaus. Wo vorher ein luftiger und offener Dachboden war, schließen wir Wände und Dach jetzt ein. Bei der Kniewand trifft das Mauerwerk der Wände auf Dachbalken und Dachbretter. Das ist die perfekte Brutstätte für Fäule und Schwamm. Fäule ist schlimm genug, Schwamm dagegen eine bautechnische Katastrophe. Wenn man beim Bauen Fehler macht, legt man im schlimmsten Fall eine Art Treibhaus für Mikroorganismen an, und dann sind Schäden nicht nur möglich, sondern sozusagen vorprogrammiert.

Die Winddichtung und Plastikschichten in der Wand müssen undurchlässig und sorgfältig ausgeführt sein, damit keine Feuchtigkeit durch die Wand dringen kann. Außerdem muss für ausreichende Lüftung gesorgt sein. Zwischen Isolierung und Mauerwerk füge ich eine zusätzliche Lüftungsschicht ein, sodass es zehn Zentimeter werden statt fünf. Um Frischluft in die Wand zu bringen, habe ich eine einfache Lösung. Ich heuere Leute an, die Kernbohrungen im Mauerwerk vornehmen. Sie sollen vom Dachbodeninneren aus bohren, das macht die Arbeit einfach. Bei Kernbohrungen wird auch Wasser verwendet, doch wenn man die Bohrungen zu Beginn der Bauarbeiten macht, sind die dabei entstehenden Pfützen leicht zu entfernen.

Diese Löcher sorgen dafür, dass der Raum zwischen Außenwand und Innendämmung ausreichend belüftet wird. Wenn die Löcher gebohrt sind, muss man mit einem Baulift nach draußen und Gitter ankleben, um sie zuzudecken. Das hat allerdings keine Eile, deshalb erledigen wir das später, wenn der Schnee verschwunden ist und wir den Lift ohnehin für andere Arbeiten auf dem Dach brauchen.

Da geht mir auf einmal auf, dass die Belüftung der Kniewände im Bauplan fehlt. Ich weiß zwar, dass sie notwendig ist, habe aber nicht daran gedacht. Das könnte zu einer Diskussion führen, denn ich will, dass Petersens diese Rechnung bezahlen. Jon ist nicht gerade begeistert, als ich es ihm erzähle, und ich merke, dass er ausweicht, als ich Lösungsmöglichkeiten und Kosten beschreibe. Wir müssen uns aber einigen und schnell zu einer Entscheidung gelangen. Das sieht er auch so, und er wird den Architekten sofort anrufen.

Dan und ich arbeiten an unserer Kniewand weiter. Wir ändern unseren Plan ein bisschen und bauen die Wand so, dass die Winddichtung geöffnet werden kann, um Löcher in die Mauer zu bohren, und sich danach wieder gut abdichten lässt.

Wir achten darauf, auch den Boden zu den Mauern hin gut abzudichten, um eine Kältebrücke zu vermeiden, also einen

Bereich, der die Kälte von innen hereinziehen kann. Die Stützstreben für die Wand werden in Stahlprofilen auf dem Boden aufgestellt und an den Dachbalken oben sorgfältig festgemacht. Die Wand ist jetzt ein guter Ausgangspunkt, um die Decke von unten her auszufüttern und abzudichten.

An jedem Ende der Wand messen wir dreißig Zentimeter von den Dachbrettern ab und markieren das an den Stützstreben. Nun haben wir die Dicke der Decke und Platz für die Isolierung. Da die Decke schief ist, korrigieren wir die beiden Markierungen so weit, bis sie auf gleicher Höhe genau waagerecht zueinander liegen. Mit der Kreideschnur ziehen wir einen Strich an der ganzen Wand entlang, über alle Streben. Hier wird sich dann die Ecke oder die Kante zwischen Decke und Wänden befinden, und jetzt ist alles waagerecht und im rechten Lot. Wir legen ein biegsames Stahlband an den Strich, den wir auf dem Gerüst der Kniewand gezogen haben, und haben jetzt in der Ecke zwischen Wand und Decke eine Nagelleiste. Dabei handelt es sich um ein zehn Zentimeter breites Stahlband, das in der Mitte perforiert ist, um in jedem gewünschten Winkel gebogen werden zu können. Wir benutzen noch immer Wörter wie Nagelleiste für das Stahlmaterial, auch wenn sie für die Schrauben in den Gipsplatten vorgesehen sind. Die Ecken, die wir auf diese Weise bauen, werden sehr stabil, sodass es keine Risse zwischen den Gipsplatten gibt.

Der Beschlag wird zu einer Art Bodenschwelle für die Decke, und es lässt sich darauf leicht weiterbauen.

Die Decke hat eine Neigung von 36 Grad. Wir können genauso gut mit der Giebelwand anfangen. Dazu befestigen wir ausgehend von der stählernen Nagelleiste in der Kniewand einen Eins-Vierer und suchen mit der Gradwasserwaage 36 Grad. An der Brandmauer auf der anderen Seite des Raumes wiederholen wir diesen Vorgang. Die Nagelleisten werden nach einer Schnur ausgerichtet. Diese befestigen wir oben und unten am Zwo-Vierer im Abstand von einem Zentimeter und justieren sie so, dass sie schnurgerade werden. Die Decke ist jetzt unten mit Stahl und an den Seiten durch Zwo-Vierer definiert. So können wir dann am Montag ans Werk gehen, ohne uns um zu viel Kleinkram kümmern zu müssen.

Wir verabschieden uns ins Wochenende, und Dan fährt zu seiner Familie nach Hause, während ich noch auf eine kleine Besprechung mit den Petersens bleibe. Auch Karis Vater will die Baustelle sehen. Sie bringen Kaffee und Kuchen mit auf den Dachboden. Ich treffe den Vater zum ersten Mal, aber Kari hat mir erzählt, dass er sich hier oben schon häufiger umgeschaut hat. Was wir machen, sieht gut aus, sagt er, und das ist aus seinem Mund sicher ein großes Kompliment. Ich zeige ihm einige Bilder vom Bau der Konstruktion für das Treppenloch, und er ist begeistert, dass es unten keinen Staub oder Dreck gegeben hat, während wir daran gearbeitet haben. Wir reden darüber, wie es jetzt weitergehen soll, und er erkundigt sich nach Details wie dem Badezimmerboden und den Wänden, nach Membranen und solchen Dingen. Vor allem reden wir darüber, wie es sein wird, wenn alles fertig ist. Ich entschuldige mich bei Kari und Jon dafür, dass ich im Bauplan nicht an die Lüftungslöcher für die Kniewände gedacht hatte, und sie sagen, man müsse ja so viel im Kopf behalten, da sei das nur verständlich. Kari sagt, ein solcher Ausbau bringe mehr Details mit sich, als sie sich vorgestellt habe, und da sei es kein Wunder, dass ich das hier vergessen hatte. Das mit der Rechnung für Bohrung und Material werde sich schon finden.

Jens und Fredrik rennen herum und bestaunen Werkzeug und Material. Sie dürfen den Hammer und manches andere ausprobieren, zeichnen um die Wette, hämmern los und diskutieren darüber, was sie bauen wollen.

»Boot«, sagt Jens. Er hat ein Stück Holz gefunden, das an einem Ende spitzwinklig zurechtgeschnitten ist. Ein Klötzchen darauf als Steuerhaus, und schon sehen es auch wir Erwachsenen. Fredrik greift zum Hammer, und mit einem Nagel und etwas Hilfe von Opa sitzt das Steuerhaus bald dort, wo es hingehört. Ich sage, dass sie auf dem Boden dort zeichnen können, wo ihr Zimmer sein wird, und mit dem Bleistift zeichnen sie eine Art Bett auf den Boden, dorthin, wo sie es gern hinstellen würden, und das Schaukelpferd, das mit ihnen zusammen dort wohnen wird. Dann ist die Baubesprechung mit der Familie zu Ende. Sie bleiben noch ein wenig auf dem Dachboden, ich aber fahre nach Hause.

35

Es war ein geruhsames Wochenende, das am Montagmorgen ein jähes Ende nahm, als ich eine halbe Stunde, nachdem der Wecker geklingelt hatte, dann doch noch aufwachte. Muss mich zusammenreißen, darf nicht so oft verschlafen. Der Frühling hat schon zaghaft eingesetzt, aber die Nachwirkungen eines langen Winters sind noch zu spüren.

Ich schaue durch die Tür und erledige die Montagsgrüße. Die Jungs verlangen sofort nach mir, und ich darf erst gehen, nachdem sie mir das Boot gezeigt haben, das mitten im Zimmer steht. Es hat jetzt Mast und Segel bekommen, der Opa hat ihnen geholfen. Es soll im Frühling mit zur Hütte segeln, erzählen sie.

»Vielleicht könnt ihr auch in der Badewanne oben im neuen Badezimmer damit segeln?«, schlage ich vor.

Sie halten das für eine gute Idee, und ich gehe auf den Dachboden, während unten in der Wohnung die Diskussion über Badewannen und Segelboote hohe Wellen schlägt.

Dan und ich arbeiten heute weiter an der Decke. An der höchsten Stelle, gleich unterm Dachfirst, bauen wir uns eine provisorische Anlage für die oberen Nagelleisten, die wir mit einer vom einen zum anderen Ende der Anlage gespannten Schnur begradigen.

Ich bin froh darüber, dass ich besonders lange Zwo-Vierer bestellt habe, die für die gesamte Deckenfläche von oben bis unten reichen werden. Wir können sie ganz einfach aufrichten und im Abstand von sechzig Zentimetern oben an der provisorischen Anlage und unten an unseren stählernen Nagelleisten anbringen. Nachdem wir die Zwo-Vierer mit einer Schnur quer über der Deckenmitte begradigt und alle gut an der Aufhängung zwischen den Dachsparren befestigt haben, haben wir eine abgesenkte Decke mit minimalen Abweichungen.

Wir übertragen den Verlauf des Dachfirsts, den wir mit Kreide auf den Boden gezeichnet hatten, auf unsere provisorischen Nagelleisten oben, befestigen daran einen Winkelbeschlag, und schon ist die Nagelleiste für die Firstpfette fertig. Der Ausgangspunkt für die Abschrägung der anderen Deckenfläche ist nun durch diese neue Firstpfette festgelegt.

Wir haben viele Jahre gebraucht, um diese Einbautechnik für Decken zu entwickeln, und kennen niemanden, der es genauso macht. Das Gleiche gilt für die Art und Weise, wie wir das Treppenloch anlegen, und eigentlich für alles, was wir tun. Wir haben einiges von anderen Handwerkern gelernt, und dann haben Dan und ich diese Verfahren gemeinsam weiterentwickelt. Es gibt keine Beschreibung dafür, wie diese Probleme praktisch gelöst werden könnten. Typisch Handwerk also, der Handwerker muss die Lösung selber finden. Wenn mir jemand mit einer besseren Methode über den Weg liefe, würde ich mich einfach nur freuen.

Ich habe meine Erfahrung. Von anderen zu lernen ist wichtig, aber die Erfahrung ist etwas so Persönliches, dass ich sie fast als Teil meiner Persönlichkeit bezeichnen kann. Statt als etwas besonders Großartiges wiedergeboren zu werden, möchte ich lieber mehrmals hintereinander Handwerker sein, aber jedes Mal mit intaktem Erfahrungsschatz. Noch ein paar Runden mehr drehen und weiter Erfahrungen sammeln, das wäre schön, nur bräuchte ich jedes Mal einen neuen Rücken.

Das Werkzeug kann als Maßstab dienen, um die Komplexität der Arbeit an der Decke zu beschreiben. Wir benutzen Wasserwaage, Punktlaser, Laserentfernungsmesser, Maßband, Zollstock, Winkel, Kreidestrich, Schnur, Richtscheit und Bleistift für die Messungen.

Messung, Berechnung und Präzision sind leicht als Metaphern im täglichen Leben zu verwenden. Ein übertriebener Drang nach Genauigkeit ist nicht positiv, aber es ist auch nicht gut, wenn durch Schlamperei alles schief wird. Der Grad der erforderlichen Präzision variiert von Fach zu Fach. Während Metallarbeiter mit Hundertstelmillimetern und noch kleineren Maßen arbeiten, arbeite ich mit Millimetern und Zentimetern. Maurer haben meistens etwas mehr Spielraum als Schreiner. Die Präzision eines Handwerkers ist zudem situationsabhängig. Unterschiedliche Teilbereiche der Arbeit erfordern auch eine unterschiedliche Genauigkeit.

Der Präzisionsanspruch darf bei guten Handwerkern nicht dogmatisch werden, aber er ist notwendig. Ich bin bei der Arbeit allerlei Menschen mit einer in dieser Beziehung etwas verworrenen Einstellung begegnet, die die Anforderung, in ihrer Arbeit sorgfältig und genau zu sein, fast als Angriff auf ihre persönliche Freiheit erleben. Sie bilden sich oft ein, ein besonders hochentwickeltes Verhältnis zur Freiheit zu haben. Und dann werfen sie alles in einen Topf und glauben, wenn man dem folge, was guter Handwerksbrauch genannt wird, bedeute das, sich Autoritäten zu beugen, einen Kniefall vor der Macht zu tun. Sie wollen improvisieren, oder anders ausgedrückt, einfach machen dürfen, was sie wollen. Sie werden niemals gute Handwerker.

Die Redewendung »alles in einen Topf werfen« stammt aus einem ganz anderen Handwerk, dem Kochen. Dennoch passt das Bild, denn wenn in einer Küche die Grundlagen des Kochens durcheinandergebracht werden, geht eben auch einiges schief. Der Kochberuf ist ein Handwerk, bei dem die fachliche Disziplin besonders deutlich wird. Man soll sich nicht davon täuschen lassen, dass viele Köche ein bisschen verrückt wirken, die besten unter ihnen sind ausgekochte Fachleute. Vielleicht werden sie von ihrer harten Arbeitswelt mit der scharfen Kontrolle und dem Zeitdruck geprägt, oder der Beruf zieht solche Leute an.

Um von der handwerklichen Präzision abweichen zu können, muss man wissen, wie es richtig geht. Ohne dieses Wissen entscheidet der Zufall über das Ergebnis, wie in einer Lotterie.

Diese Mischung aus Selbstständigkeit und notwendiger Anerkennung von fachlicher Autorität und Disziplin gehört zu den schönsten Seiten des Handwerks.

36

Bald werden die Materialstapel verschwunden sein, und das ist gut so, denn aus alldem Rohmaterial ist durch unsere Arbeit etwas Grundverschiedenes geworden. Der Dachboden sieht jetzt, Ende März, ganz anders aus als im November, als Jon Petersen mich zum ersten Mal angerufen hat. Die Vögel haben draußen schon zu singen begonnen, wenn auch noch vorsichtig. Mein Kälteekzem, das sich am Thermometer orientiert und den Winter hindurch kommt und geht, ist fast verschwunden. Es wird Frühling.

Jetzt brauchen wir neues Baumaterial, denn das alte geht zur Neige. Wir haben nicht mehr genug, um die Decke auf der Seite mit dem Badezimmer fertig zu bauen, aber es reicht noch für die wichtigsten Teile, den Rahmen für die Decke und Teile der Kniewand.

Wir erledigen von diesen Arbeiten so viel, wie das Material es zulässt. An vielen Stellen brauchen wir kleine Nagelleisten, und dafür nutzen wir die Holzreste, die übrig geblieben sind, nachdem wir die Kniewände gebaut und die Decke abgeschrägt haben. Schwund bedeutet verlorenes Geld und mehr Abfall, der weggebracht werden muss. Wenn man es bei der Arbeit klug anstellt, gibt es nur wenig Schwund, man spart meterweise Geld, und das gehört zu den direktesten Beiträgen, die wir im Umwelt- und Rohstoffzusammenhang leisten können. Es könnte eine Szene aus einem Traum sein, ein riesiges lächelndes Sparschwein, in das ich Materialreste werfe, als wären es Münzen. Damit mein Traum auch richtig umweltbewusst wird, darf das Schwein frei herumlaufen.

Die Lösung für die Belüftung der Kniewand wurde akzeptiert, und Petersens übernehmen die Kosten. Das ist eine Erleichterung, es gibt keine Diskussion, und Jon hat sich um alles gekümmert. Er seufzt fast hörbar am Telefon, als ich sage, dass ich die Lösung per Mail vom Architekten beschrieben haben muss, mit Größe, Anzahl und Platzierung der Löcher. Solche Vorschriften gibt es in der angeblich freien Baukultur. Ich habe keine Wahl und muss nerven.

Ich habe Jukka angerufen und gefragt, ob er uns die Löcher für die Lüftung bohren kann, und er kann sehr kurzfristig kommen. Diesen Anruf habe ich schon gleich getätigt, nachdem die Problematik aufgetaucht war. Jukka arbeitet für eine größere Firma, aber ich habe nur mit ihm zu tun und treffe Verabredungen direkt mit ihm. Es lohnt sich, eine gute Beziehung zu Leuten in verschiedenen Firmen zu haben, Probleme sind dann oft leichter zu lösen. Es kommt mir manchmal vor, als brächten die kleinen Firmen uns Sympathie entgegen und versuchten deshalb, uns ein wenig unter die Arme zu greifen.

Jukka packt seinen gewaltigen Hilti-Bohrer aus und beginnt den Tag damit, dass der Bohrer sich verkeilt und nicht mehr funktioniert. Also muss er einen neuen holen und sitzt den Großteil des Vormittags im Stau. Er erledigt die Arbeit für mich, hat aber einen langen Tag vor sich, da er auch noch einen anderen Auftrag ausführen muss. Anstandshalber flucht er ein bisschen auf Finnlandschwedisch, ist aber trotzdem gut gelaunt.

Ich kümmere mich um die Winddichtung und mache die Kniewand so weit fertig, dass sie nur noch isoliert werden muss.

Am Freitagmorgen kommt Thomas für die Sanitärinstallation. Er ist ein netter und tüchtiger Kerl, mit dem es sich gut arbeiten lässt. Aber auch ein Pechvogel, wenn er in der Freizeit mit irgendeinem Werkzeug hantiert, das er nicht so oft benutzt, und dann wieder mit einem neuen Verband oder Pflaster daherkommt. Am elektrischen Hobel hat er sich zum Beispiel einmal verletzt, ich mag gar nicht daran denken, ein Installateur am elektrischen Hobel. Das passt einfach nicht zusammen. Wir haben die nötigen Löcher gebohrt und eingerissen, was eingerissen werden muss, also kann Thomas direkt ans Werk gehen.

Er bringt den Duschabfluss und den Ablauf der Toilette an.

Alle Hauptabflussrohre müssen gelüftet werden. Wenn man auf einer Toilette die Spülung betätigt und das Wasser in den Abfluss läuft, entsteht ein Sog, der das Wasser aus dem Siphon zieht. Wenn in diesem Verschluss kein Wasser steht, steigt der Gestank aus der Kloake direkt in die Wohnung auf. Durch Lüftung der Hauptabflussrohre kann man diesen Sog vermeiden, und die Lüftungsöffnung wird über dem Dach gelegt, wo der Gestank verfliegen kann, ohne dass irgendwer davon gestört wird. Wir werden später kleine Abdeckungen auf die Rohre setzen. Thomas macht erst einmal nur das Allernötigste, und dann können Dan und ich im Badezimmer ans Werk gehen.

Ein Bad zu bauen bedeutet sehr viel Arbeit. Es sind viele unterschiedliche Arbeitsschritte vonnöten, und sie fallen in ganz unterschiedliche Fachbereiche. Alle müssen wir hier mitanpacken, Zimmermann, Sanitärinstallateur, Elektriker, Maurer, Maler und Membranbauer. Alle haben ihre Aufgabe, und alles muss in der richtigen Reihenfolge passieren. Ein neues Badezimmer, wie wir hier eins bauen wollen, kostet an die 250 000 Kronen. Eigentlich sogar mehr, denn es sind etliche grundlegende Arbeiten an Boden, Decke und Wänden nötig, die an sich noch zum Dachbodenausbau gehören.

Ein typisches Gesprächsthema unter Handwerkern ist, was alles an Verrücktheiten auftreten kann, wenn sich Leute ein Bad einbauen lassen. Wenn jemand anbietet, so ein Badezimmer für 160 000 Kronen zu bauen, sind die Aussichten auf ein gutes Ergebnis ziemlich gering. Wo werden die 90 000 Kronen denn eingespart, beim Material oder beim Lohn?

Um einen Boden dicht zu bekommen, benötigt man eine Membran, die sich zum Abflussrohr hin abneigt und an diesem mit einem Klemmring befestigt wird. Was Johannes neulich über das neue Badezimmer erzählt hat, das er herausreißen und neu bauen musste, weil die Membran den Abfluss verschloss, ist eine witzige Geschichte, aber nicht so selten, wie man meinen könnte. Im Badezimmer der Petersens legen wir die Abflussrohre für Waschbecken, Waschmaschine und Duschabfluss mit einer Schicht Spezialisolierung auf die Membran und sichern uns auf diese Weise gegen Lecks. Über die Rohre kommt dann die Armierung für den Beton, und schließlich werden die Heizkabel so an der Armierung befestigt, dass sie mitten im Estrich zu liegen kommen und die Wärme im Boden gleichmäßig verteilt wird.

Die oberste Bodenschicht mit den Fliesen wird abfallend zu beiden Abflüssen gelegt, damit das Wasser aus der Dusche direkt in den Abfluss läuft und der restliche Raum zum Hauptabfluss abfällt.

Wenn sich jemand über unzureichendes Gefälle im Badezimmer beklagt, ist damit oft gemeint, dass das Wasser Pfützen bildet, anstatt abzulaufen.

Am Freitag steht die nächste große Materiallieferung ins Haus, das Material ist bestellt, und Svenn fungiert abermals als Chauffeur und Kranführer. Ole und Bård stellen sich wie verabredet ein, Dan ist wieder da, und wir können alles problemlos unter Dach und Fach schaffen.

Das Material nimmt diesmal noch mehr Platz ein als bei der letzten Lieferung, denn jetzt muss auch die Isolierung für Wände und Decken eingelagert werden. Wir bringen sie auf unseren Arbeitsgerüsten oben auf den Hahnenbalken im Bereich der Dachkammern unter, denn dort ist Platz. Wir bekommen Feuchtraumplatten, Gipsplatten, Befestigungsmittel, Leim, Fugenmasse und Plastikfolie, also jede Menge Kram. Auch der Badezimmermörtel für Johannes sowie Fliesen und Fliesenleim werden geliefert. Die Kranmiete macht sich bezahlt.

Der Mörtel für den Boden wiegt an die 1,2 Tonnen, das sind fast fünfzig Säcke zu je 25 Kilo. Ohne den Kran wären das fünfzig Touren die Treppen hoch zum Dachboden gewesen, und dann hätten auch noch Fliesen und Leim hochgeschleppt werden müssen, was fast ebenso viel geworden wäre.

Diesmal sortieren wir nicht, sondern alle Abfälle kommen in einen Container. Das ist nämlich billiger als zwei halbvolle Container mit Mülltrennung. Der Container ist noch immer nicht voll, deshalb können Petersens ihn mit ihrem alten Kram auffüllen. Jon hat heute früher Feierabend gemacht, um alles wegzuwerfen, was sie loswerden wollen. Bård hilft ihm bei einem Sofa und anderen größeren Dingen.

Durch das viele neue Material gibt es jetzt wieder viel zu tun. Bei allem, was wir schon geschafft haben, und angesichts des frischen Baumaterials haben wir das gute Gefühl, auf dem richtigen Weg zu sein. Wir klopfen uns alle gegenseitig auf die Schultern.

Heute ist Kuchentag. Ich schaue beim Bäcker in der Åsengate vorbei und kaufe Zimtkringel und Vanillekugeln. Thomas bekommt als Spezialbestellung Kopenhagener von Bäcker Hansen. Wir sind nicht oft in so großer Runde, es ist Freitag und wir wollen ein bisschen feiern. Jon kocht Kaffee, und als wir mit dem Verräumen des neuen Materials fertig sind, machen wir Kaffeeklatsch auf den Materialstapeln.

Ich schließe das Loch im Dach, und damit ist für diese Woche Schluss, mit der Arbeit, meine ich. Es ist das erste freie Wochenende seit langem, keinerlei Büroarbeit.

Ole kommt am Samstag mit zum Angeln nach Hurumlandet, um Meerforellen zu fangen. Der Wetterbericht verheißt Sonne und Windstille, deshalb machen wir den ersten richtigen Törn des Jahres, wie wir das nennen. Wir waren beide in diesem Jahr schon auf kleineren Touren draußen unterwegs, aber wir bilden uns ein, dass dieser Törn der Auftakt in die Frühjahrs-Angelsaison wird, und glauben fest daran, ohne dass der Fisch aus diesem Grund besser beißen wird als sonst. Aber der Glaube zählt beim Angeln, das ist wie auf der Arbeit.

Ole glaubt immer, dass es anderswo besser ist als da, wo er gerade seine Angel auswirft, und deshalb muss er sie immer wieder von neuem auswerfen, gerne an schwer erreichbaren Stellen. Er rutscht von einem Stein ab, und seine Wasserstiefel füllen sich mit Wasser. Das ist das erste Mal, dass ich jemanden in mit Eiswasser gefüllten Wasserstiefeln sehe. In seinem Kälteschock schnappt er nach Luft wie eine Forelle an Land. Wir schöpfen seine Stiefel aus, er bekommt den Rest des Kaffees, und ich muss auf der gesamten Fahrt nach Hause grinsen. Es war jedenfalls eine gelungene Tour, aus der man eine lustige Anekdote machen kann, auch wenn wir nichts gefangen haben.

37

Ich schaue am Montagmorgen bei der Familie vorbei und beginne die Arbeitswoche erholt und mit klarem Kopf. Heute bin ich zum ersten Mal in diesem Jahr mit dem Rad zur Arbeit gefahren. Die Steigung hoch nach Torshov wirkt bei den ersten Malen zwar sehr lang, aber nach und nach wird es leichter. Jetzt gehört die Entscheidung zwischen Fahrrad und Auto mit zur Planung, bis die Radsaison vorüber ist. Wenn ich während des Arbeitstages das Auto brauche, fahre ich damit, sonst nehme ich das Fahrrad, falls ich nicht zu faul bin.

Ich habe immer ein Gefühl von Freiheit, wenn ich auf dem Rad unterwegs bin, die Unabhängigkeit von Auto und öffentlichen Verkehrsmitteln ist wohltuend. Wenn ich mich nach der Arbeit auf das Fahrrad setze, ist für mich mehr Feierabend, als wenn ich ins Auto steige, denn das nutze ich ja vor allem für die Arbeit.

Das Bad der Petersens entsteht entlang der Kniewand, es bekommt eine länglich Form und wird an die zehn Quadratmeter groß. Am einen Ende soll vor der Querwand die Badewanne stehen, am anderen Ende, vor der Wand zum Treppenhaus, sind Dusche und Toilette geplant. Vor die Kniewand kommt ein Podest, auf der Waschmaschine und Wäschetrockner stehen sollen, darunter gibt es dann Stauraum. Tür und Waschbecken kommen an die Wand zum Dachbodenraum.

Ich verlege die Spanplatten, und so gibt es für beide im Badezimmer Platz und genügend Arbeit. Das Badezimmer ist jetzt schon ein ganz eigener Raum, »Dachboden« nennen wir jetzt nur noch den Rest unserer Baustelle. Dan war noch draußen auf dem Dachboden mit kleinen Nagelleisten an der Decke beschäftigt, aber jetzt kommt er zu mir ins Badezimmer.

Wir machen zunächst die Decke und bauen das Gerüst für die Wände. Die Membran auf dem Boden wird zwanzig Zentimeter an der Wand hochgezogen, und später kommen an der Wand Feuchtraumplatten hinzu, die über der Membran zum Abfluss hinunterführen. Nun ist alles bereit für den Membranbauer, der morgen kommt.

In dieser Phase des Bauprojektes gibt es viel Arbeit an kleinen Flächen. Das Bad, kleine Nagelleisten und anderer Kleinkram nehmen die ganze Woche bis zum Donnerstag in Beschlag. Wir arbeiten ruhig weiter, hier braucht es viel Geduld, und die habe ich. Dan hält sich an mein Beispiel und wird auch nicht ungeduldig.

Wir stehen bei der Arbeit dicht nebeneinander und reden viel dabei. Es ist auch nicht sonderlich anstrengend, die Woche ist entspannt und angenehm, solange wir nicht das Gefühl haben, zu wenig zu schaffen, und darum gestresst sind.

Am Freitag macht Dan einen Bürotag. Der Dunst vom Leim des Membranbauers macht das Atmen unangenehm, da ist es gut, wegbleiben zu können. Ich komme am Montagmorgen wieder und zeige dem Membranbauer, was er zu tun hat, dann warte ich auf den Treppenschreiner, der vorbeischaut, um Maß für die Treppe zu nehmen. Es dauert einige Zeit, bis der Membranbauer alles vorbereitet hat, und diese Zeit nutzen wir, bevor die Luft unerträglich wird.

Dan und ich haben gestern, ehe wir gegangen sind, die Spanplatten vom Treppenloch entfernt. Ich nehme die Isolierung weg und entferne dann die Gipsplatten von dem kleinen Loch in der Decke der Wohnung, anhand dessen Dan und ich das Treppenloch ausgemessen haben. Der Treppenschreiner steht unten und misst die Entfernung zwischen dem Boden unten und dem Boden des Dachbodens und erhält so ein auf den Millimeter genaues Ergebnis. Ich bringe die Gipsplatte wieder an, lege die Isolierung zurück und decke das Loch zusammen mit dem Treppenschreiner wieder mit Spanplatten ab.

Jetzt sind die Leimdünste wirklich schlimm, und ich gehe nach Hause, um ebenfalls ein wenig Papierarbeit zu erledigen.

Später am Tag schaue ich auf dem Dachboden vorbei und teste die Membran, indem ich Wasser auf den Badezimmerboden laufen lasse. Ehe ich das Wasser laufen lasse, dichte ich den Abfluss mit einer Art Ballon ab, der ins Abflussrohr gelegt und dann aufgeblasen wird. Ich hole über einen in die Dusche geführten Schlauch Wasser aus der Wohnung. Der Badezimmerboden wird zu einem kleinen Bassin, das mit zehn bis fünfzehn Zentimetern Wasser gefüllt ist und bis morgen so stehen bleiben soll, denn dann kann ich sicher sein, dass alles dicht ist.

Jon und Kari kommen mit herauf und werfen einen Blick auf den mit Wasser gefüllten Badezimmerboden. Es ist sicher beruhigend für sie zu sehen, dass bei der Dichtung alles sorgfältig ausgeführt worden ist.

Am Samstagnachmittag schaue ich noch einmal vorbei, wie erwartet ist die Membran dicht. Also nehme ich den Ballon aus dem Abfluss und lasse das Wasser ablaufen.

38

Neuer Einsatz, neuer Gewinn! Mein alter Meister war mit Tombolas aufgewachsen und begrüßte uns manchmal am Montagmorgen mit diesem Motto, und jetzt mache ich das auch.

Bjørn Olav soll am Dienstag die Fußbodenheizung legen, und Johannes soll am Mittwoch den Estrich gießen. Davor werden wir im Badezimmer keinerlei Schreinerarbeiten mehr ausführen, denn wir wollen keine Schäden an Membran oder Wärmekabeln riskieren.

Dan hat sich am Wochenende beim Skilaufen in den Bergen das Knie verzerrt, aber er kann sich trotzdem an den leichteren Arbeiten beteiligen. Jetzt sind wir schon mit den letzten Nagelleisten beschäftigt, es ist meistens Kleinarbeit, die auch bei einem verletzten Bein keine Probleme macht. Ich nehme die komplizierten weiter oben, und er kann sich an die tiefer gelegenen Luftschichten halten. Er humpelt mit steifem Knie umher und wird für den Rest des Tages Long Dan Silver genannt. Er muss sich einige Sprüche darüber anhören, dass es kaum einen Unterschied macht, ob er ein oder zwei Beine hat.

Die Dachfenster von Velux können mit passender Verkleidung geliefert werden, die dann vor Ort an die Fenster angepasst wird. Mir gefallen diese Verkleidungen nicht, und in der Stadt kommt es selten vor, dass meine Kunden sie wollen. Die Verkleidungen haben etwas von Anstalt an sich, mit einer langweiligen weißen Lackierung und sanften Rundungen statt Ecken, wo sie im Winkel abgeknickt sind. Außerdem enden sie mit einer Leiste zum Dach hin, und mir sind die markierten Linien lieber, bei denen wir Gipsverkleidung ohne Leisten anlegen können. Auf einem Dachboden ist so viel von seiner Konstruktion sichtbar, mit Balken, Dachflächen, Ecken und Mauerwerk, da ist das Schlichte das Beste. Wir werden hier Verkleidungen aus Gips machen, wie ich sie vorziehe, aber mein Geschmack ist hier nicht entscheidend. Kari und Jon wollten diese Lösung.

Es gibt große Unterschiede, was die Baukultur innerhalb der Stadt angeht, schon zwanzig Autominuten vom Zentrum entfernt sieht man das, und sie werden umso deutlicher, je weiter man sich entfernt. Die Velux-Verkleidungen sind ein Beispiel: Je weiter man sich von Oslo-Mitte entfernt, umso beliebter werden sie. Die Verwendung von TakEss-Platten und MDF-Platten, die Holztäfelung imitieren, sind zwei weitere Beispiele für Produkte, die außerhalb der Stadt beliebter sind. Bemalte Gipsflächen sind in der Stadt gern gesehen, gelten auf dem Dorf jedoch als zu schlicht.

Für diese Unterschiede kann es viele Gründe geben. Die Finanzen spielen sicher eine Rolle. Außerhalb der Stadtkerne sind Wohnungen in der Regel billiger, oder besser gesagt weniger teuer. Handwerk kostet manchmal etwas mehr als vorgefertigte Lösungen, und da fällt es leichter, mehr in eine teure Wohnung zu investieren, als die Kosten dort zu steigern, wenn der Quadratmeterpreis niedrig liegt.

Auch die Baukultur in der Baubranche spielt eine Rolle. In den Städten gibt es nicht nur mehr und unterschiedlichere Kundschaft, sondern auch mehr Handwerker. Das fachliche Umfeld ist größer, und das bringt auch eine größere Spannweite dessen, was sie können und was sie anbieten, als in einem kleinen Ort mit nur wenigen Handwerkern.

Es hat außerdem mit Geschmack zu tun. In den Städten leben mehr Menschen mit höherer Ausbildung und größerem sogenannten kulturellen Kapital. Sie wollen keine schlichten Wohnungen, und MDF-Täfelung gilt in diesen Kreisen als proll. Paradoxerweise werden nackte, gestrichene Gipsflächen von vielen für simpel befunden, die nur eine kurze Zugfahrt von der weißen Oper in Oslo entfernt wohnen.

Ich persönlich ziehe Gips vor, verstehe aber auch die MDF-Anhänger. Ich wohne in Tøyen, komme aber vom Dorf, also kann man sagen, dass ich zwischen zwei Kulturen pendele. Als Handwerker sympathisiere ich dennoch mehr mit dem Handwerk und denen, die mich dafür bezahlen. Das Wichtigste an einem Haus ist, dass die, die dort wohnen, einen Ort haben, um ihren Hut aufzuhängen, wie man sagt, und dass sie sich wohlfühlen.

Die Nagelleisten für die Fenster sind nicht ganz einfach in der Ausführung. Die Decke mit der Isolierung ist sehr dick, und die Fensterverkleidungen fallen tief aus. Damit mehr Licht hereinkommt, schrägen wir die Verkleidungen ab. Oben bauen wir in Winkeln waagerecht, unten geht es lotrecht, und dann schrägen wir vom Fenster her ab. Es kann an die Schießscharten in alten Burganlagen erinnern.

Wir nehmen Gipsplatten und schneiden daraus die Winkel zurecht, die die Verkleidungen haben sollen, und halten Holzschablonen an die Verkleidungen im Fensterrahmen, und dann können wir unsere Nagelleisten den Holzschablonen anpassen. Auf diese Weise werden die Winkel für die Verkleidungen bei allen Fenstern gleich.

Die Verkleidungen sollen gut aussehen, müssen aber auch gut isoliert sein, und die Schießschartenform lässt uns weniger Platz zum Isolieren. Das gleichen wir aus durch biegsamen Plattenstahl für die Nagelleisten. Stahl nimmt der Isolierung keinen Platz, und man kann schnell und präzise damit arbeiten.

Details wie die Nagelleisten für die Fensterverkleidungen brauchen ihre Zeit, und für die Kundschaft kann es dabei so aussehen, als täten wir gar nichts mehr. Mir gefällt es, so nach und nach mit diesen kleinen Dingen beschäftigt zu sein, während Dan meistens ungeduldiger ist und unbedingt weiterkommen will. Für ihn wirkt es verlockender, mit den Feinarbeiten zu warten und an den Dingen zu arbeiten, die große, sichtbare Ergebnisse zeitigen. Solange wir produzieren, ist es an sich egal, was wir machen, aber ich finde, es liefert besseren Überblick, wenn die Feinarbeiten in der Reihenfolge erledigt werden, in der sie auftauchen. Es ist auch ein bisschen langweilig, gar zu lange an den Feinarbeiten zu sitzen, deshalb lohnt es sich, sie zu verteilen.

Die Kunden sind nicht dabei, wenn wir arbeiten, und sie sehen nicht, was wir tun. Die Arbeiten, die lange Zeit brauchen, sind oft die, bei denen die Kundschaft nicht ganz begreift, was zu tun ist. Sie können dann fast glauben, wir hielten uns nicht an Absprachen, seien nicht vor Ort und bei der Arbeit. Dann erzähle ich ein bisschen mehr darüber, was wir gemacht haben, und vielleicht übertreibe ich auch damit, wie müde und frustriert es uns macht, dass alles so lange dauert.

Wenn es um stundenweise Einzelarbeiten geht, ist es noch wichtiger, der Kundschaft begreiflich zu machen, dass wir wirklich fortlaufend arbeiten. Ich bin schon in Konflikte mit Kunden geraten, die nicht gesehen oder begriffen hatten, welche Arbeiten ich ausgeführt hatte. Dann kann natürlich jede Rechnung unverhältnismäßig hoch wirken. Ist es dann meine Schuld, dass ich es ihnen nicht deutlich genug gemacht habe? Vielleicht, aber es ist auch nicht so ganz einfach, unsere Arbeit Menschen zu erklären, die davon keine Ahnung haben.

Petersens haben unterwegs immer wieder Fragen gestellt und die entstandenen Probleme durchdacht. Sie haben mitgemacht und Entscheidungen getroffen, wenn es notwendig wurde. Immer, wenn ich ihnen unsere aktuellen Arbeiten zeigen wollte, sind sie gekommen und haben sich alles angesehen, und so waren sie fortlaufend informiert.

Kari und Jon kommen, zusammen mit Architekt Herlovsen. Sie wollten, dass er sich die ausgeführten Arbeiten ansieht, als zusätzliche Garantie dafür, dass alles so ist, wie es sich gehört. Dieser Besuch gibt den Petersens einen unabhängigen professionellen Blick auf die wichtigsten Arbeiten. Ich habe gesagt, dass mir sein Besuch sehr lieb wäre. Wir haben einige Male telefoniert, und ich habe ihn über den Fortgang der Arbeiten und auch über die unterwegs gefundenen Lösungen informiert. Nachdem er mit Petersens und mir gesprochen hatte, meinte er, er brauche gar nicht zu kommen, alles sei unter Kontrolle. Es kostet ja Geld, er schreibt Rechnungen für die Inspektion, und so gesehen ist es eine unnötige Ausgabe, wenn alles in Ordnung ist. Kari und Jon möchten ihn aber trotzdem dabeihaben, sie haben dann einfach ein besseres Gefühl.

Herlovsen und ich diskutieren das, was wir auf dem Dachboden und auf den Bildern sehen, während Kari und Jon zuhören und ab und zu Fragen stellen. Wir sehen uns vor allem die Tragkonstruktion genau an, das Bad und die Ausführung der Kniewand, da die versteckten Arbeiten die schwerwiegendsten Folgen haben, wenn nicht alles richtig durchgeführt worden ist. Die Fotos, die ich von den Vorstufen gemacht habe, sind jetzt eine gute Hilfe.

Ein Teil der weiteren Arbeiten wurde erst vereinbart, nachdem der Architekt seine Aufgabe bereits beendet hatte, deshalb erhält Herlovsen eine kleine Beschreibung der neu gefundenen Lösungen wie Badezimmereinrichtung, Espenholztäfelung für die Badezimmerdecke, den Einbau der IKEA-Teile auf dem Hängeboden und so weiter. Er findet alles gut, und damit erhält der Handwerker für die bisher durchgeführten Arbeiten das Placet des Architekten. Es bleibt immer noch viel zu tun, aber wir kommen zügig voran und liegen gut im Plan. Herlovsen hat schon viele Baustellen gesehen und ist mit allem hier zufrieden. Wir leisten gute Arbeit, findet er.

Die Kundschaft kann aufatmen, und für mich ist das hier ein Teil des Marketings. Dass Herlovsen unsere Arbeiten gesehen hat, kann dazu führen, dass er uns seinen Kunden empfiehlt, wenn ihm unsere Vorgehensweise gefällt.

39

Während Dan und ich hämmern, kommt Bjørn Olav und legt im Badezimmer die Fußbodenheizung. Danach legt er Rohre für die elektrischen Leitungen in der Decke. In den Rohren befinden sich schon Leitungen, auf diese Weise braucht er sie später nicht mehr hindurchzuziehen. Er legt die Rohre einfach auf die Zwo-Vierer in der neuen Deckenkonstruktion und befestigt sie mit Klammern, damit sie nicht lose herumbaumeln können.

Wenn die Stromleitungsrohre zu dicht am Kältebereich einer Wand oder einer Decke verlegt werden, wird die Luft in den Rohren kalt und die Feuchtigkeit kann kondensieren. Das kann sich dann wie ein Leck auswirken, das Wasser kommt aus dem Rohr und dringt in eine Verteilerdose ein. Hier ist die äußere Isolierschicht an den Rohren jedoch so dick, dass keine Gefahr droht.

Dort, wo Stromentnahmepunkte, Stecker, Lampen und so weiter angebracht werden sollen, hat Bjørn Olav Verteilerdosen befestigt, zu denen die Rohre geführt werden. Es ist ein ziemliches Netzwerk, das er da zu steuern hat, und darüber hinaus muss er noch die Stromkreise im Kopf behalten. Die Vorschriften für elektrische Anlagen sind auch nicht immer so ganz einfach.

Ich erzähle Elektrikern gerne, dass sie einen leichten Job hätten, denn da gebe es ja nur plus und minus. Eigentlich ist ihre Arbeit gar nicht so leicht, und dennoch man muss ihnen ab und zu auf die Finger hauen, zur Strafe für all die Leitungsreste, die sie überall um sich herum verteilen und einfach liegen lassen. Ich habe die Theorie, dass Elektriker in der Grundausbildung lernen, grundsätzlich nie hinter sich aufzuräumen.

Petersens haben auf den Rat gehört, genug Stromentnahmepunkte zu installieren, um sich Verlängerungskabel zu ersparen, und sie möchten die alten Leitungen in der Wohnung alle entfernen lassen. Wenn alles fertig ist, werden sie eine elektrische Anlage auf dem neuesten Stand haben.

Johannes und der Lehrling Gustav kommen am Mittwoch mit ihrem Zwangsmischer. Der ist schwer, aber da sie zu zweit sind, wird es schon gehen. Johannes ist zufrieden, weil ihr Arbeitsmaterial schon oben ist, und Gustav ist noch zufriedener, weil er sonst die Schlepperei hätte übernehmen müssen.

Ich bin nicht sicher, wer von den großen Handwerksberufen die anstrengendere Arbeit hat, der Maurer oder der Schreiner, aber die der Maurer ist jedenfalls hart, sie müssen so viel heben und tragen. Das Maurerhandwerk ist der Bruder des Schreinerhandwerks, stelle ich mir vor, mit dem Klempner als dem dritten Bruder, oder sind wir vielleicht Schwestern? Unsere Handwerksberufe haben lange Traditionen und viele Gemeinsamkeiten, sowohl physisch als auch technisch.

Ein Zwangsmischer ist eine Mischmaschine, die sich für solche kleineren Einsätze eignet. Die Maschine mischt den Mörtel gut, und das ist wichtig. Es werden viele Badezimmer angelegt, bei denen der Maurer Wasser in die Säcke gegossen und die Mischung für gut befunden hat, wenn das Wasser herausgesickert war und den Mörtel angefeuchtet hatte. So wird es aber nicht gut.

Wenn man Wasser und Mörtel im falschen Verhältnis mischt, kann alles danebengehen, und auch auf die Temperatur muss man sorgfältig achten. Wenn der Mörtel zu schnell hart wird, heben sich die Kanten entlang der Wände. Der Inhalt der Säcke kann variieren, und selbst wenn man ihn mit dem Messeimer mischt, hat man keine Garantie dafür, dass das Ergebnis richtig ausfällt. Man muss sehen können, ob der Mörtel richtig gemischt ist.

Jedes dieser Probleme für sich genommen ist schon fatal, und wenn man mehrere Fehler begeht, wird es noch schlimmer. Man lernt hier nur durch Erfahrung, die allerdings stellt sich nur langsam ein und ist oft teuer erkauft, sowohl für den einzelnen Handwerker als auch für die gesamte Branche.

Davon abzuweichen bedeutet mehr als nur schief oder nicht lotrecht zu bauen. Der Maurer arbeitet mit Chemie, es ist ein bisschen wie beim Koch und den Soßen.

Die Maurer gießen den Boden so, dass er sich zu den Abflüssen hinneigt, und fügen in die Dusche einen tiefer gelegten Bereich von etwa einer Fliesendicke ein. Das Kommando führt Johannes, der Lehrling assistiert ihm dabei und lernt. Johannes hebt die Armierung so weit an, dass sie richtig zu liegen kommt und die auf der Armierung platzierten Heizkabel mitten im gegossenen Mörtel liegen. Das ist wichtig, damit die Armierung richtig funktioniert und damit die Heizkabel ihre Wirkung tun, wenn sie den Boden anheizen sollen. Der muss ordentlich abgedichtet werden, denn wenn es Luftnischen gibt, werden die Heizkabel zu heiß und können Schaden nehmen.

Schließlich deckt Johannes den Boden mit Plastikplanen zu, damit der Mörtel im richtigen Tempo hart wird und nicht zu schnell austrocknet. Morgen werden wir den Boden wässern, den Guss anfeuchten und ihn dann wieder mit der Plastikplane zudecken.

40

Am Donnerstagmorgen hole ich einen Mietlift, damit wir die drei Schornsteinhüte und die Gitter für die Lüftungslöcher in den Kniewänden anbringen können. Die Schornsteinhüte müssen gebaut werden, damit wir Ventilations- und Abflussrohre legen können, ehe wir das Dach von innen abdichten und isolieren.

Während ich den Lift abhole, macht Dan die Löcher für die Kaminabdeckung ins Dach. Das kann er von innen erledigen. Er schneidet die Dachbretter zurecht und entfernt einige, mit dem Rest wartet er auf meine Rückkehr. Die Dachziegel liegen auf Verbindungsleisten und Dachlatten, und wenn die Bretter aus dem Unterdach entfernt worden sind, kann er die Dachziegel von innen her lockern und Verbindungsleisten und Latten, die im Weg sind, entfernen. Ich werde unten auf der Straße stehen und dafür sorgen, dass während dieser Zeit niemand vorbeigeht. Ein Dachziegel, der einen Fußgänger auf den Kopf trifft, ist eine schlechte Reklame; um das zu lernen, brauchten wir nicht einmal einen Kurs.

Ich habe Höhenangst, deshalb übernimmt Dan die Arbeit mit dem Lift. Er hat wirklich unverschämt wenig Angst, finde ich, aber es ist schön, dass er die unheimlichen Höhenarbeiten übernehmen kann. Denn die Arbeit im Lift hätte ich nicht fertiggebracht, obwohl ich doch dafür bezahlt werde.

Ich arbeite im Haus und versorge ihn durch die Löcher im Dach mit dem, was er an Material und Werkzeug braucht. Die

Furnierkästen sind fertig und liegen bereit. Wir montieren unsere Furnierkästen solide und im Lot.

Petter, der Klempner, kommt und nimmt Maß für die Abdeckung der Schornsteinhüte. Er stellt sie in seiner Werkstatt her und wird morgen zurückkommen, um sie an die Dachziegel anzupassen und zu montieren. Inzwischen dichtet Dan um die Kästen herum alles mit Dachpappe ab, sodass die Dachpappe unabhängig von den Abdichtungen des Klempners dicht hält. Er montiert außerdem die Gitter vor die Luftlöcher in der Kniewand.

Petter kommt am Freitagmorgen wieder und beendet die Arbeiten auf dem Dach. Er nimmt den Lift mit und bringt ihn auf dem Heimweg der Mietfirma zurück.

Der Boden ist jetzt so hart geworden, dass wir die Arbeiten im Bad wieder aufnehmen können.

Die Kniewand im Badezimmer wird zu einer doppelten Wand, die unbedingt richtig gebaut werden muss. Von außen ist sie wie der Rest des Dachbodens isoliert und mit Plastik bedeckt, und auf der Innenseite dieser Außenwand bauen wir die Badezimmerwand. Es ist also gleichzeitig eine Badezimmerwand und eine Wand, die die beiden Klimazonen im Bad und auf dem Dachboden voneinander trennt. Zwischen diesen beiden Wänden braucht es keine Isolierung, aber der Zwischenraum zwischen den beiden Wandschichten muss gut belüftet werden, sonst wird es dort zu feucht. Ehe wir Wände und Decke verkleiden, müssen der Sanitärinstallateur und der Elektriker ihre Arbeit erledigen.

Die Wasserrohre müssen zwischen den beiden Wänden angebracht werden. Sie sollen in einen Verteilerkasten für Wasser geführt werden. Aus diesem Kasten, der wie eine Art Sicherungskasten für Wasser fungiert, führen die Rohre zu den verschiedenen Installationen im Badezimmer.

Das Wasser läuft über ein Rohr-im-Rohr-System. Es gibt also zwei getrennte Rohrsysteme, bei denen das eigentliche Wasserrohr in einem anderen Rohr liegt, und wenn es im inneren Rohr zu einem Leck kommt, wird es vom äußeren Rohr aufgefangen. Alle Rohre werden im Kasten miteinander verbunden, und ein Leck würde dort austreten und dann über den Badezimmerboden zum Abfluss gelenkt werden. Falls Thomas das also nicht verpfuscht und niemand die beiden Rohre mit einer Schraube oder Ähnlichem beschädigt, kann es in einem solchen System eigentlich nicht zu Lecks kommen. Es ist zudem möglich, das innere Rohr herauszuziehen oder auszuwechseln, falls das nötig werden sollte. So braucht man keine Wände einzureißen oder den Boden aufzubrechen, wenn man ein Wasserrohr reparieren muss.

Hin und wieder geht einer von uns zu Strøm Larsen und holt für uns ein warmes Mittagessen oder sonst etwas Gutes. Heute ist Dan damit an der Reihe, mit dem Rad zu einem der besten Schlachter der Stadt zu fahren, deshalb sucht er das Menü aus, nämlich leckere Würstchen und Kartoffelsalat. Norweger essen ja mittags nicht so oft warm, deshalb kommen wir uns für einen Moment ein bisschen vor wie Schweden und sind neidisch. Wir sagen dann zwar jedes Mal, dass wir das öfters machen müssten, aber so oft klappt es dann doch nicht. Warmes Essen auf ordentlichen Tellern und mit anständigem Besteck in der Küche der Petersens, das gibt eine richtig lange Mittagspause.

41

Ich hatte die Mauern an beiden Enden des Badezimmers mit Feuchtraumplatten auskleiden wollen. Die Wände sind ungleichmäßig und müssen an etlichen Stellen begradigt werden. Das hätten wir mit Feuchtraumplatten problemlos schaffen können, aber dafür hätten wir dickere Platten gebraucht. Dadurch wäre jedoch Platz verloren gegangen, und die Platten sind auch ziemlich teuer. Johannes hat deshalb vorgeschlagen, der Lehrling Gustav könnte die Wände verputzen und sie auf diese Weise begradigen. Gustav muss das Verputzen ohnehin lernen, und da dürften wir uns diese Gelegenheit nicht entgehen lassen. Gerade in kleinen Firmen muss man jede Gelegenheit nutzen, die Lehrlinge die verschiedensten Arbeiten ausführen zu lassen. Man braucht Zeit und viele unterschiedliche Aufgaben, um das Fach zu erlernen. Die kleinen Firmen haben immer nur wenige Aufträge gleichzeitig und müssen sie schlau organisieren, um den Lehrlingen ein breites Erfahrungsspektrum zu ermöglichen. Das Verputzen der Badezimmerwände ist ein guter Lehrlingsjob, da die Wände noch mit Fliesen verkleidet werden und Feinputz deshalb nicht nötig ist.

Die Arbeit beginnt mit dem ersten Anwurf, das heißt, dass die erste Mörtelschicht an der Wand aufgetragen wird, und sie wird mit Feinputz abgeschlossen. Diese Maurerbezeichnungen haben durchaus ihren Sinn und Zweck. Wenn der erste Anwurf bei einem Verputz nicht ordentlich gemacht ist, wird das Gesamtergebnis schlecht. Es kann Fehler geben, unter dem

Putz könnten Hohlräume entstehen, oder er könnte Risse werfen. Die Qualität des Feinputzes ist für alle sichtbar. Gustav wird den Feinputz später lernen, zuerst darf er sich am ersten Anwurf ausprobieren.

Johannes erzählt von Ziegelsteinen aus Mesopotamien, die nach standardisierten Maßen hergestellt und in der Sonne getrocknet wurden. Die Fertigung von Ziegelsteinen ist offenbar eines der ersten Beispiele für moderne industrielle Produktion.

Ziegelsteine sind nicht immer gleich groß, aber dennoch alle ziemlich ähnlich, und dafür gibt es zwei Hauptgründe. Die Hand des Maurers muss den Stein umfassen können, damit die andere Hand die Kelle halten kann. Der Stein darf nur so schwer sein, dass der Maurer tausende von Steinen heben kann, ohne Belastungsschäden davonzutragen. Der Körperbau des Menschen hat die Form der Steine bestimmt, deshalb hängen Ästhetik und Arbeitsschutz in diesem Fall zusammen.

Außerdem ist das geometrische Verhältnis zwischen Breite und Länge der Steine so, dass es mathematisch aufgeht, wenn man die Steine legt, und deshalb entscheidet auch der Kopf über die Größe der Steine.

Der Architekt, der das Osloer Rathaus entworfen hat, wollte größere Steine haben, als dieser naturgegebene Standard es vorsieht. Anfangs legten die Maurer die Steine so, wie sie es gewöhnt waren, aber sie hatten dabei solche Probleme mit Sehnenentzündungen und anderen Verletzungen, dass sie nicht mehr arbeiten konnten wie sonst, sondern jeden Stein mit beiden Händen heben mussten. Das Rathaus sieht prachtvoll aus, und dabei spielt wohl die Größe der Steine eine wichtige Rolle, aber es hat sicher lange gedauert, die Fassade mit so vielen Steinen zu verblenden.

Johannes arbeitet mit dem gleichen Werkzeug wie die Arbeiter, die den Turm zu Babel errichtet haben, nämlich mit

Maurerhammer und Schnur. Einen Teil des Werkzeugs haben wir gemeinsam, wie die Schnur und die Schreinervariante des Hammers. Mein Urwerkzeug ist jedoch das Beil. Im Prinzip ist es egal, ob es aus Feuerstein, Bronze oder Stahl hergestellt ist. Unser wichtigstes Werkzeug ist sowieso immer gleich, unser Körper nämlich.

Wenn Johannes einige Jahrtausende in der Zeit zurückreiste, würde er sich gleich einer beim Turmbau zu Babel in Mesopotamien beschäftigten Arbeitsmannschaft anschließen können.

Wenn wir der Geschichte über den Turmbau zu Babel glauben wollen, hätte er dafür nicht einmal die Sprache oder in diesem Fall die Sprachen beherrschen müssen, denn das hätte ohnehin nicht geholfen. Doch seine Fachkenntnis hätte das Chaos sicher unmittelbar beseitigt. So, wie ich Johannes kenne, wäre er nach einem Monat so oder so schon ein hochgeachteter Kollege geworden.

Gustav verputzt die Wände. Das dauert einige Tage, weil der Putz in mehreren Schichten aufgetragen werden muss. Darüber streichen wir atmungsaktive Membran, dann können die Fliesen gleich darauf geleimt werden. Montag in einer Woche kann Johannes mit dem Fliesen anfangen.

Da der Putz erst durchtrocknen muss, bevor die nächste Schicht aufgetragen wird, können Dan und ich zwischendurch am Badezimmer weiterarbeiten. Zuerst legen wir Rautäfelung vor die anderen Wände. Wir passen die Feuchtraumplatten an und montieren sie auf die Täfelung, danach legen wir Manschetten auf alle Rohre und Verbindungen und auf die Fugenbänder in der Ecke. Dan streicht die Membran überall dort auf die Wände, wo es notwendig ist.

Thomas montiert die Toilette und stellt die Badewanne auf. Ich baue den Spülkasten um die Toilette und kleide ihn mit

Feuchtraumplatten aus. Es ist wichtig, unten am Boden eine Öffnung im Spülkasten zu haben, damit das Wasser abfließen kann, falls es in der Toilette zu einem Leck kommt. Der Spülkasten wird zum Schutz vor Feuchtigkeit ebenso ventiliert wie die Kniewand und erhält oben ein Lüftungsventil. Wir nehmen schöne, kleine Ventile aus rostfreiem Stahl, die eigentlich für Boote bestimmt sind.

Während wir im Badezimmer bei der Arbeit sind, muss Dan weiteres Material holen und behauptet plötzlich, es spuke. Die Klinke der Tür zum Treppenhaus bewegt sich vorsichtig, aber niemand kommt herein. Dann ist Ruhe, bis sich die Klinke abermals in Bewegung setzt. Dan fasst sich ein Herz, geht hinüber und öffnet die Tür. Dort steht ein leicht verängstigter Fredrik mit Tränen in den Augen.

»Ach, hier kommt ja wieder die Bauaufsicht!«

Fredrik fängt jetzt richtig an zu weinen, deshalb nimmt Dan ihn auf den Arm.

»Kommst du uns besuchen, so ganz allein?«

»Ja.« Das Sprechen kostet ihn offensichtlich noch etwas Überwindung, aber er weint jetzt nicht mehr.

»Und Mama und Papa und Jens, sind die noch unten? Mama und Papa fragen sich sicher schon, wo du steckst, meinst du nicht?«

»Ja, aber ich wollte doch mal alles hier oben sehen. Den Dachboden und unser Zimmer.«

»Ich finde, wir gehen nach unten und sagen ihnen, dass du hier gewesen bist, ganz allein. Vielleicht möchten sie auch mit nach oben kommen, und dann können wir sie holen. Los, das machen wir jetzt.«

Kari und Jon sind überrascht, als Dan und Fredrik unten auftauchen. Sie hatten vergessen, die Tür abzuschließen. Fredrik bricht wieder in Tränen aus, es war ihm wohl ein bisschen unheimlich, ganz allein auf Entdeckungsreise zu gehen, wenn man nicht um Erlaubnis gebeten hat.

»Habt ihr vielleicht Lust, allesamt mal raufzukommen?«

Das haben sie, und Dan fragt, ob sie vielleicht noch eine Stunde warten können, bis wir Feierabend machen. Das ist ihnen durchaus recht.

Eine Stunde später kommt zuerst Fredrik herein, dicht gefolgt von Jens. Sie bringen eine Schüssel mit Rosinenbrötchen mit, die Fredrik auf ausgestreckten Armen trägt. Frisch gebackene Rosinenbrötchen. Wir haben eine Baubesprechung mit Rosinenbrötchen, und danach geht's ins Wochenende.

42

Die neue Woche starten wir mit unserem üblichen Montagsgruß. Kari und Jon haben beschlossen, dass wir auch die Arbeiten übernehmen sollen, die bei Abschluss des Vertrags noch ausgespart waren, weil sie sie eventuell selbst ausführen wollten. Doch mittlerweile finden sie die Bauarbeiten auch so schon anstrengend genug. Die Vorstellung, eine weitere Bauperiode vor sich zu haben, wenn wir fertig sind, wirkt sicher ziemlich abschreckend.

Jetzt können wir die Decke isolieren. Oberhalb unserer Deckenkonstruktion legen wir eine zwanzig Zentimeter dicke Isolierschicht quer über die Nagelleiste, und dann wird zwischen den Nagelleisten eine zehn Zentimeter dicke Schicht angebracht, insgesamt also dreißig Zentimeter. Die Wohnung hatte eine schlecht isolierte Decke zum Dachboden, aber obwohl die Wohnung jetzt die Bodenfläche verdoppelt, werden die Heizkosten nicht steigen.

Es ist Mitte April, aber auf dem Dachboden ist es immer noch kühl, der Frühling kommt in Rohbauten erst spät an. Die Sonne wärmt noch nicht genug, aber nachts zieht die Kälte herein, und der Dachboden wird zu einer Thermoskanne, die die Kälte festhält. Wenn wir die erste Isolierschicht unter das Dach gelegt haben, kann die Heizung eingeschaltet werden. Es fehlt nicht mehr viel, bis der Dachboden zu einem viel angenehmeren Arbeitsplatz wird.

Die Isolierung muss ordentlich gelegt werden. Schöne Isolierung ist gute Isolierung, hat mein alter Meister immer gesagt. Wenn man beim Isolieren pfuscht, können in der Decke Kältebrücken und sogar Probleme durch Kondensation entstehen. Das ist wieder ein gutes Beispiel für eine wichtige Arbeit, die gerne unterschätzt wird. Es macht einen großen Unterschied, ob jemand den Job draufhat oder nicht. Wer gut isolieren kann, bekommt eine schöne, gleichmäßige Isolierung ohne Löcher, ohne zu viel Abfall oder Schwund und ist dabei viel schneller als jemand, der es nicht kann.

Das meiste, was bei einer Isolierung an Staub in die Lunge dringen könnte, hält die Maske von ihr fern, aber die Haut kann ebenfalls auf die Fasern des Isoliermaterials reagieren. Wir können Schutzanzüge benutzen, doch ich mache das nur, wenn es richtig schlimm kommt. Ich finde sie zu eng und zu unbequem.

Die Isolierung ist aber inzwischen viel angenehmer geworden. Die weißen Glaswollmatten aus den Fünfzigerjahren sind bei Renovierungsarbeiten der pure Albtraum, vor allem im Sommer, wenn es warm ist. Einige reagieren fast allergisch auf die gängige moderne Isolierung, aber ich habe da zum Glück keine Probleme. Das Ganze hat auch einen psychologischen Aspekt. Wenn man glaubt, dass es juckt, wird das Jucken unerträglich. Schafft man es, nicht an das Jucken zu denken, kann die Isolierungsarbeit durchaus eine angenehme Aufgabe sein, wenn das Radio läuft und die Geräusche umso sanfter werden, je besser der Raum isoliert ist. Musik klingt in weicher Umgebung besser, vor allem Geige und E-Gitarre.

Nach einem Tag mit Isolierarbeiten weiß man eine gute Dusche erst so richtig zu schätzen. Zuerst in kaltem Wasser, um die Poren in der Haut zu schließen, dann folgt eine gründliche Wäsche in warmem Wasser.

Heute haben wir den Kran für eine weitere Materiallieferung gemietet, die letzte in diesem Projekt, und es ist so wenig, dass Dan und ich es allein schaffen. Ich habe in letzter Zeit den Wetterbericht verfolgt, und wenn Regen gemeldet worden wäre, hätten wir diese Aktion verschoben. Wir müssen Bodendielen, Wandtäfelung und Leisten hochschaffen, da darf nichts davon feucht werden.

Das Holzmaterial darf nun an die zwei Wochen liegen bleiben und sich an das Klima auf dem Dachboden gewöhnen. Das Holz muss sich der relativen Feuchtigkeit anpassen, die der Dachboden von sich aus hat, und dabei ist es wichtig, die Heizung einzuschalten und die Temperatur so auszubalancieren, wie sie im bewohnten Zustand des Dachbodens sein wird. Wenn sich das Holz dem Dachboden nicht anpassen kann, wird es an den Fugen, zwischen den Bodenbrettern, an den Leisten und ähnlichen Stellen aufbrechen.

Holz ist ein lebendiges Material, heißt es, und dabei geht es um den Feuchtigkeitsgehalt. Der Unterschied zwischen feuchtem und trockenem Holz ist groß. Ein Bodenbrett kann in trockenem Zustand zehn Zentimeter breit sein, und wenn es feucht wird, zehneinhalb.

Mit dem Kran befördern wir auch das Material für die Einrichtung nach oben. Der Abfall wird nach unten abgelassen, zusammen mit Werkzeug und anderen Dingen, die wir auf dem Dachboden nicht mehr benötigen. Von jetzt an wird das, was nach oben oder nach unten soll, über die Treppe geschleppt. Das Material ist jetzt unter Dach und Fach, also bauen wir das Loch um, durch das wir alles hereingeholt haben, und setzen das letzte Fenster ein. Wenn das Dach um das Fenster herum fertiggestellt ist, haben wir sämtliche Außenarbeiten hinter uns.

Während Dan und ich mit unseren Aufgaben beschäftigt sind, kümmern sich Johannes und der Lehrling um das Badezimmer und fangen mit den Bodenfliesen an.

Wichtig ist, wie die Fliesen verteilt werden, also ihre Aufteilung. Auf jeder Seite eines Bodens sollen so viele gleich große Fliesen wie möglich liegen, nicht eine ganze auf der einen und dann eine schmale auf der anderen. Die Aufteilung der Fliesen am Boden muss zu den Fliesen an den Wänden passen, und das geht leichter, wenn man zuerst den Boden legt. Damit es nachher schön aussieht, muss Johannes Rücksicht auf Boden, Wände, Toilette, Badewanne und Dusche nehmen. Es gilt also, viele Variablen zu beachten.

Nun kann die mit Isoliermaterial gefütterte Decke mit Plastik ausgekleidet werden. Die Folie muss so liegen, dass alle Fugen abgedeckt sind, aber an der Giebelmauer sind die Flächen so uneben, dass die Plastikfolie nicht überall anliegt.

Wir befestigen sie mit einer Stiftpistole an den Nagelleisten und achten sorgfältig darauf, dass alles glatt und gleichmäßig liegt. An der Mauer bringen wir zwischen Steinen und Plastik ausreichend viel Fugenleim an. Jetzt können wir die Plastikfolie in den Fugenleim drücken, und danach sitzt sie überall wie angegossen. Wenn wir auf diese Abdichtungsarbeit verzichten, wird es an den Wänden zu Luftleckagen kommen, und das bringt das Risiko der Kondensierung, die wiederum zu, ja, Schwamm und Fäule und allen Plagen der Welt führen kann.

Wir legen Manschetten um die Löcher im Plastik und kleben noch Klebeband darüber, wo es notwendig wird. Um die Fenster kleben wir eigenen Plastikschutz. Wir haben den Träger mit Plastikfolie bedeckt, ehe wir ihn unter die Dachbalken gelegt haben, und auch den Hängebodenbereich unter dem Dach mit Folie versehen, und so haben wir jetzt ein gegen Feuchtigkeit von innen her gut abgedichtetes Dach.

Am Montagmorgen werden wir die Decke gipsen, und den Rest des Tages nutzen wir, um für diese Arbeit alles vorzubereiten. Wir räumen den Boden frei, damit das Rollgerüst freie Bahn hat, stapeln Gips auf die Böcke, holen Gipswinkel und Richtscheit, das lange Lineal, und wechseln die Messerklingen aus. Dan hat einen Plattenheber mitgebracht, der uns eine Hilfe sein wird, auch wenn er nur für Teile des Daches verwendet werden kann. Unter dem Dachfirst ist die Decke zu hoch für den Plattenheber, da müssen wir die Gipsplatten selbst hochheben, und unten an der Kniewand ist es zu niedrig, da können wir den Plattenheber nicht unterschieben.

26 Kilo sind für zwei Personen nicht schwer zu heben, aber die Platten sind zerbrechlich, und das Schwierige ist, dass wir sie so lange über unsere Köpfe stemmen müssen, bis wir sie festgeschraubt haben. Statische Belastungen, wie eine Gipsplatte über den Kopf zu halten, können unbegreiflich anstrengend sein. Um das zu schaffen, müssen wir schnell und effektiv arbeiten, um die Platten nicht länger als unbedingt nötig halten zu müssen.

Dafür bedarf es einer gewissen Technik, und wenn man sie nicht beherrscht, hat man das Gefühl, das ganze Dach stemmen zu müssen. Man presst die Platte unnötig hart gegen die Nagelleiste und muss gleichzeitig mit der freien Hand den Bohrer bedienen. Das Haus ist schwer, es wird also nicht leichter, egal, wie sehr man stemmt. Man braucht Training, Übung und Technik.

Mein alter Meister war kein bisschen überrascht, als wir zum ersten Mal Gipsplatten unter das Dach gehoben haben und er sah, wie panisch und erschöpft ich wurde, während er ruhig und entspannt blieb. »Du bist jünger als ich«, sagte er, »aber ich bin älter als du.« Und da hatte er ganz recht. Jetzt bin ich älter.

Gut, dass Wochenende ist, denn nun kann ich mich ausruhen, ehe wir die Gipsplatten an die Decke heben. Dan und ich sind inzwischen beide älter und erfahrener, aber es ist noch immer eine schwere Arbeit.

43

Montagmorgen.

Jetzt haben wir den Teil des Projektes erreicht, bei dem es besonders wichtig ist, Druck auszuüben. Isolieren, Gipsen, Bodenlegen und diese Art von Arbeiten haben mit Volumen zu tun, mit Quadratmetern. Es muss alles ordentlich gemacht werden, aber der Unterschied zwischen Herumstottern und Weiterkommen ist groß. Diese Wochen sind physisch anstrengend. Wir müssen viel heben und uns die ganze Zeit bewegen, auf und nieder.

Also das Radio lauter gedreht, viel Musik. Die Musik kann wie Treibstoff auf uns wirken, aber wenn uns zu üble Dinge zugemutet werden, drehen wir auch wieder leiser. Wir wollen keinen Sand im Getriebe.

Es ist noch viel zu tun, aber es wird nicht mehr so viele Stunden kosten, wie es vielleicht aussieht. Das erkläre ich Kari und Jon. Es ist noch immer Mitte April, und wir kommen gut voran.

Ehe die Decke mit Plastik ausgelegt wurde, haben wir auf einer Nagelleiste einen Kreidestrich gezogen, und die erste Reihe Gipsplatten soll nun entlang dieser geraden Linie gelegt werden.

Die Giebelwand ist mit Strichputz bedeckt und buchtet in kleinen und großen Beulen und Senken ein und aus. Die erste Platte wird provisorisch auf die Nagelleiste geschraubt und kann jetzt den Unebenheiten angepasst werden.

Mit dem Bleistift folge ich der Wand auf der Gipsplatte und zeichne darauf ihre Unebenheiten nach. Diese Art, auf einem Werkstück zu zeichnen, wird Zimmergabel genannt. Allein dieses Wort macht die Arbeit mit dem Gips leichter und weniger anstrengend. Es ist ein schönes Wort, und die Methode hängt eng mit echter Handwerksarbeit zusammen.

Jetzt habe ich die Form der Wand auf die Platte gezeichnet. Um den Gips zu schneiden, benutze ich ein Stanley-Messer. Normalerweise macht man einen Schnitt durch das Papier auf der einen Seite der Platte, dann kann man sie am Schnitt entlang brechen und die andere Papierschicht durchschneiden. Das klappt an einer geraden Linie, aber nicht, wenn ich die Platte an die Mauer anpassen muss. Ich könnte auch am Strich entlang mit dem Rattenschwanz sägen, aber mit dem Messer geht es ungefähr genauso schnell, und das Ergebnis ist besser. Die Plattenkante wird schärfer als die leicht unsaubere Kante, die durch die Säge entsteht. Mit dem Messer macht es ein wenig mehr Arbeit, aber es lohnt sich.

Viele Schreiner führen Gipsarbeiten mit einem Tapetenmesser aus, aber damit kann man nicht so gut arbeiten. Vor allem dann, wenn ich freihändig an einem unebenen Strich entlangschneide, macht das einen großen Unterschied.

Das klassische Stanley-Messer ist ein dermaßen weitverbreitetes Wekzeug, dass Produkt und Produzent hier zu einem Synonym geworden sind. Es zeigt seine Vorzüge gegenüber schwächeren Alternativen vor allem dann, wenn man erst gelernt hat, es richtig anzuwenden. Die Diskussion über Stanley- oder Tapetenmesser kann ziemlich hitzig werden, wenn ich mit Tapetenmesserschreinern aneinandergerate. Ich meine, sie haben entweder nicht gelernt, was besser ist, oder es ist ihnen egal, wenn sie Anstreicherwerkzeug für Schreinerarbeiten benutzen.

Als die Platte fertig geschnitten ist, hängen wir sie entlang des Kreidestrichs auf und schrauben sie fest. Sie passt genau an diese Stelle und liegt im gewünschten Abstand von fünf bis zehn Millimetern zur Mauer, damit noch Platz für eine Fuge bleibt. Die Fuge muss gleichmäßig sein, um gut auszusehen, und die scharfe Kante, die das Stanley-Messer geschnitten hat, wird jetzt ein Teil der Endverarbeitung. Eine schmale Fuge bricht leichter auf als eine breitere. Sie muss breit genug sein, um sich den Bewegungen in der Konstruktion anzupassen, so, wie ein längeres Gummi mehr Bewegung aushält als ein kurzes.

Nachdem die Deckenflächen gegipst sind, sehen die Fenster aus wie unfertige Teile einer Zeichnung. Es hat lange gedauert, die Nagelleisten für die Verkleidungen herzustellen, das Gipsen geht schneller. Wir machen eine Holzschablone und kopieren die Verkleidungen Fenster für Fenster, und nun scheint die Decke allmählich ihre Form gefunden zu haben.

Das Gipsen gehört zu den Arbeiten, die den Dachboden am allermeisten verändern. Er sieht jetzt langsam so aus, als könnte man hier ganz hübsch wohnen. Die Geräusche werden zwar wieder härter, aber der Dachboden wirkt ruhiger, jetzt, wo Flächen und Linien deutlicher zu erkennen sind. Die Filme rollen in meinem Kopf ab, sie werden zu Dach, Wänden, Boden und Fenstern. Die kleinen Sequenzen werden zu einer Einheit, ein Erlebnis, das physisch messbar ist und bei dem Phantasie und Wirklichkeit fast miteinander verschmolzen sind, wie Theorie und Praxis.

Die Familie erscheint zum gewohnten Freitagsbesuch. Die Jungs sind jetzt mittlerweile warm mit uns geworden, sie betrachten den Dachboden als ihr Revier und tollen herum. Die Eltern ermahnen sie ein wenig zur Ruhe, und ich schlage vor, sie könnten auf dem Gips zeichnen, wenn sie wollten. Das ist der größte Zeichenblock, den sie je gesehen haben. Dan spitzt Zimmermannsbleistifte für sie an, und schon legen sie los. Sie brauchen einen Moment, bis sie begreifen, wie viel Platz ihnen jetzt zur Verfügung steht. Am tollsten finden sie es, wenn sie auf der Trittleiter stehen, während Dan aufpasst, dass sie nicht herunterfallen, und wenn sie dann oben an der Decke zeichnen. Fredrik schmiedet sofort Pläne dafür, was sie zeichnen sollen, und er überredet Jens, der ebenfalls Ideen hat. Sie zeichnen Häuser mit Zimmern und Einrichtung, und sie zeichnen Sonnen, Sterne und Bäume. Ihr Papa beeindruckt sie, indem er einen großen Vogel zeichnet, der zwischen den Sternen hindurchfliegt. Sie wollen schon ihre Filzstifte holen gehen, dürfen jedoch nicht, weil die durch den Anstrich durchscheinen könnten, wenn es die falsche Sorte ist. Aber auch mit Zimmermannsbleistift ist es lustig.

Die Kinder zeichnen, und wir Erwachsenen reden. Es gibt keine Probleme zu besprechen, die Arbeiten gehen ihren Gang. Wir reden darüber, wie es am Ende aussehen wird und ob es so wird, wie sie es sich vorgestellt und erhofft hatten. Sie finden, dass der Dachboden kleiner aussieht, als sie erwartet hatten, aber wir erklären, dass der Raum sich öffnen wird, wenn wir fertig sind. Ein offener Raum ohne Baumaterial und Werkzeug und mit Anstrich an Decke und Wänden wirkt größer als diese Baustelle.

Wir besprechen ein wenig die Reihenfolge der kommenden Arbeiten, und wie lange die einzelnen Arbeitsgänge wohl noch dauern werden. Die Jungen wollen mehr zeichnen, geben sich aber geschlagen, als sie hören, dass sie morgen weitermalen dürfen.

»Und nun ein schönes Wochenende euch allen!«

44

Guten Morgen, allesamt.«

Ich begrüße die Familie unten, Montag, neue Woche.

Jens und Fredrik sind das ganze Wochenende lang schwer am Werk gewesen. Mama und Papa haben ein wenig aufgeräumt und gefegt, um den Zeichenplatz für die Jungen herzurichten, und dann haben sie überall gezeichnet, oben und unten, Großes und Kleines. Es gibt allerlei Tiere, von denen einige nicht so leicht einzuordnen sind, aber es ist ein Pferd dabei, um das Pippi sie beneidet hätte. Sie haben ein Mietshaus gezeichnet, das unten am Boden anfängt und von der Kniewand bis an die Decke reicht, mit Vorhängen und Blumentöpfen in den Fenstern. Fredrik hat mein Auto unten auf die Kniewand gezeichnet, gleich neben das Haus. Das Auto kennen sie jetzt gut, weil ihre Eltern ihnen auf dem Weg vom und zum Kindergarten immer wieder das Auto des Schreiners gezeigt haben.

Bjørn Olav kommt vorbei und koppelt die Leitungen und das Zubehör in den Verteilerboxen an. Er wird Steckdosen, Schalter und alles andere erst anbringen, wenn der Anstreicher fertig ist. Wir wünschen uns jedoch einen leichteren Stromzugang, und deshalb macht er extra für uns schon mal zwei Steckdosen fertig und aktiviert im Sicherungskasten einen der Stromkreise auf dem Dachboden. Es ist schön, die Leitungen los zu sein, die überall auf dem Dachboden herumlagen, und einfach den Stecker in die Dose stecken zu können.

Nach dem Gipsen herrscht noch ein gewisses Chaos, deshalb räumen Dan und ich erst einmal auf und treffen die Vorbereitungen für die Schreinerarbeiten. Kappsäge und Tischzugsäge oder Spaltsäge werden an passenden Stellen platziert, zentral, aber so, dass sie uns nicht im Weg sind. Wir bauen die Tauchsäge auf, mit der wir Platten zersägen können, und setzen ein frisch geschliffenes Sägeblatt ein. Wir gehen jetzt zu den Feinarbeiten über, und dafür muss das Blatt scharf sein.

Die Anstreicher kommen nach der Mittagspause und fangen an zu spachteln. Ich habe sie in der vergangenen Woche angerufen, als wir mit der Gipserei schon etwas weiter waren, und deshalb hatten sie ein wenig Zeit, um die Arbeit hier in ihrem Zeitplan unterzubringen.

Die Anstreicher nehmen wirklich sehr gut Rücksicht und arbeiten um uns und unsere Materialien herum, ohne zu viel Farbe zu vergießen. Sie decken ab, wo es notwendig ist. An sich wäre es besser, wenn wir mit unseren Schreinerarbeiten warteten, bis sie fertig sind, aber wir wollen weiterkommen. Und da auf uns auch kein anderer Auftrag wartet, müssen wir damit leben, dass wir einander ein bisschen im Weg stehen. Bei Projekten wie diesem ist es oft so, dass zum Ende hin mehrere Dinge gleichzeitig passieren, wir sind eigentlich die ganze Zeit überall am Werk. Wenn alle aufeinander Rücksicht nehmen, kann es sogar sehr nett sein, in so großer Runde zu arbeiten.

Johannes und Gustav sind im Badezimmer mit den Fliesen fertig, wir können also da weitermachen. Die Espentäfelung im Badezimmer ist ein kleiner Sahnejob, den Dan übernehmen darf. Wir teilen uns die angenehmsten Arbeiten auf, so, wie wir die schwersten oder die langweiligsten Arbeiten aufteilen. Es ist ein großer Unterschied, ob man an einer Badezimmertäfelung arbeitet oder schwere Materialien aus dem Weg räumt.

Unbehandelte Spaltplatten aus Espenholz gehören zu meinen Lieblingstäfelungen, vor allem im Badezimmer. Espe ist sehr hell und fühlt sich ein bisschen wie Samt an. Wenn ich eine Espenvertäfelung sehe, möchte ich sie immer anfassen und streicheln. Außerdem nimmt Espe auf gute Weise Feuchtigkeit auf, deshalb ist sie für Badezimmer geeignet. Das Badezimmer mit der guten Lüftung und der Fußbodenheizung wird zum trockensten Raum der Wohnung, es kann jedoch zu starken Schwankungen in der Luftfeuchtigkeit kommen. Ein Teil der Feuchtigkeit einer heißen Dusche wird von der Espe aufgenommen und nach und nach wieder freigesetzt, wenn die Lüftung den Raum trocknet. Fliesen verhalten sich wie ein Spiegel, die Kondensationsflüssigkeit liegt wie ein Film auf der Außenseite, und deshalb wirkt das Badezimmer nach einer Dusche so stickig. Es ist keine besonders teure Lösung, wenn alles fertig ist, verglichen mit Spachtelung und Gipsanstrich und Leisten an der Decke.

Holz ist schön, wenn es richtig verwendet wird, und zwischen der sogenannten Kiefernhölle und den vielen anderen Verarbeitungsmöglichkeiten für Holz besteht ein gewaltiger Unterschied. Laubbäume wurden hierzulande beim Bauen nie sonderlich viel genutzt, wir haben Kiefer und Tanne im Blut, deshalb werden Laubbäume vor allem zu Brennholz verarbeitet. Jetzt versuchen Produzenten im ganzen Land, Produkte aus Laubbaumholz zu entwickeln, damit die Kundschaft begreift, wie gut sich solches Holz für viele verschiedene Zwecke eignet, sowohl draußen als auch drinnen.

Wir haben hier in Norwegen sehr viel Holz, und in der Produktion ist es umweltfreundlich. Ein Vorteil dieses Rohstoffs ist es, dass er großen Spielraum bei der Weiterveredlung bietet, wir brauchen uns also nicht nur als Rohstoffproduzenten zu betätigen. Das setzt voraus, dass wir unser Metier beherrschen und dass wir Handwerker haben, die der Kundschaft gute Arbeit liefern können. Forstarbeiter, Sägewerksarbeiter, Holzhändler und Handwerker. Dan und ich sind das letzte Glied in dieser Kette, die mit der Forstwirtschaft beginnt. Wenn diese Kette unterbrochen wird, sind alle zur Untätigkeit verdammt.

Die Decke im Badezimmer ist nicht groß, deshalb ist die Täfelung ziemlich schnell angebracht. Als Abschluss zwischen der Täfelung an der Decke und den Wänden bringt Dan eine hübsche kleine Leiste aus Espenholz an. Es sieht aus, wie wir gehofft hatten, schön, hell und luftig.

Ich stehe draußen in dem großen Dachbodenraum und baue derweil die Badezimmereinrichtung, fast wie mit einem Baukasten. Ich nehme dafür vier Zentimeter dicke, vorgeölte Eichenplatten. Es werden schöne, schlichte Möbel, und obwohl es hier um so eine Feinarbeit wie Möbelschreinerei geht, sind sie ziemlich unkompliziert zu bauen.

Ich baue zwei Ablagen, eine für jede Seite des Badezimmers, und dem Plan nach sollen sie keine Türen haben. Die Ablageplatten sollen mit Wangen zusammengefügt werden, die wie Beine auf dem Boden stehen. Diese Wangen oder Seiten bestehen aus dem gleichen Material wie die Bankplatten.

Ich schneide Wangen und Küchenarbeitsplattenholz mit 45 Grad zurecht und versehe sie mit präzisen, doch einfachen Ecken. In den Ecken bringe ich Lamellen an, dann leime und schraube ich die Teile zu einer starken und stabilen Konstruktion zusammen. Das heißt, ich bereite jetzt alles nur vor, endgültig geleimt und geschraubt wird dann im Badezimmer.

Die Schrauben passe ich ein und spunde die Löcher. Das bedeutet, ich bohre ein ziemlich tiefes Loch, und dann verberge ich die Schraube, indem ich einen Zapfen aus Eichenholz in das Loch setze. Das Spunden wird zu einem Teil der Endverarbeitung des Möbelstückes.

Einrichtung Bad

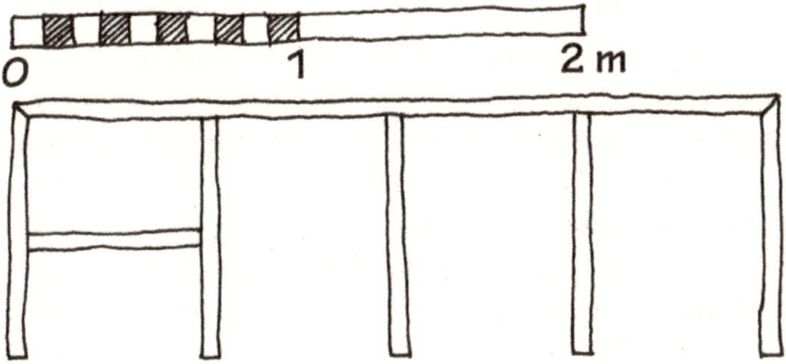

Unter der Ablageplatte sollen, durch Wände getrennt, Waschmaschine und Trockner stehen, und ich muss noch Platz für einen Korb für die schmutzige Wäsche und einen Raum mit Regalfächern einpassen. Für die Wände zwischen den Kammern der Ablage nehme ich Eichenplatten, und diese Wände fungieren auch als Beine für die Ablageplatte.

Das Waschbecken an der gegenüberliegenden Seite wird in eine Ablageplatte auf einer kleineren Konstruktion mit nur einem Regalfach eingelassen.

Ich montiere die Möbel im Badezimmer, leime und schraube sie zusammen und spunde die Löcher. Die Zapfen brauchen dann noch eine Behandlung mit Ölwachs, und schon ist die Einrichtung fertig.

Die meisten denken beim Spunden an imitierten Schiffsboden im Parkett. Die Zapfenimitationen im Parkett werden funktionslos in regelmäßigem Abstand angebracht, wie eine Reihe von handwerklichen Schlusspunkten. Es ist eine Art Pseudoversion dessen, was ich mit meinen Händen und meinem Werkzeug mache, und sie gehört in eine andere Welt, in der Handwerk eine Kulisse darstellt.

Auf einem hölzernen Bootsdeck ist Spunden eine gute Lösung, um die Planken auf den Tragleisten darunter zu befestigen und zugleich zu verhindern, dass durch die Schraublöcher Feuchtigkeit in die Decksplanken eindringt. Ich verbinde diesen imitierten Schiffsboden mit Luxuswohnungen auf Aker Brygge. Die im Bereich einer alten Schiffswerft erbauten Wohnungen mit ihrem Ausblick auf den Bootshafen haben etwas Maritimes. Ob sie wohl das Deck einer Yacht imitieren, oder das eines Segelschiffes auf Trampfahrt? Für mich ist es eine einfache und schnelle Lösung für Böden, die gut aussehen und die den Kunden gefallen.

45

Thomas kommt vorbei, montiert die Mischbatterien und verbindet alles im Badezimmer. Nun haben wir ein Bad, das wir benutzen könnten, aber die Petersens sollen sich natürlich über ein ganz neues Bad freuen, deshalb machen wir es nicht schmutzig. Wir haben uns ohnehin inzwischen daran gewöhnt, das Badezimmer unten im Haus zu benutzen, und das wird für zwei Wochen auch noch gehen.

Dan setzt die Tür zum Badezimmer ein und legt die Leisten an, und das Gleiche macht er dann auch noch bei der Tür zum Treppenhaus. Er befestigt die Leisten mit Nägeln, die er nicht ganz hineinschlägt, sondern er heftet sie nur, sodass wir die Leisten abmontieren und endgültig befestigen können, wenn der Boden gelegt ist.

Wir laden Thomas und die Anstreicher zum Mittagessen nach unten in die Küche ein. Mit so vielen Leuten im Blaumann kommt uns die gemütliche Küche der Petersens ein bisschen vor wie eine luxuriöse Pausenbaracke. Die Anstreicher machen ihr vietnamesisches Essen oben bereit und bringen es mit nach unten. Thomas ist zwar Sanitärinstallateur, steht aber auf den typischen Elektrikerimbiss, Rosinenbrötchen und Limo, während Dan und ich auf unseren Vorrat im Kühlschrank zurückgreifen. Thomas will kein richtiges Essen und bleibt bei seinem gewohnten Imbiss. Hier treffen verschiedenste Esskulturen aufeinander, und es kommt zur Kollision zwischen Vietnam, Zimmerleuten mit längerem Auftrag und dem angeheuerten

Sanitärinstallateur, auch was die Getränke angeht: Tee, Kaffee und Limo.

Petersens wollen einen Teil der Einrichtung oben auf dem Dachboden von IKEA beziehen, aber wir sollen ihn montieren. Sie stellen sich vor, dass der Zwischenboden als eine Art Büroplatz genutzt werden kann. Auf der einen Seite des Hängebodens wollen sie an der Decke entlang niedrige Schränke bauen, die auf diese Weise zu einer Art kleinen Kniewand werden und den Hängeboden mehr wie ein richtiges Zimmer wirken lassen. Eine Decke, die bis zum Boden reicht, erweckt ein Gefühl von Enge, und außerdem ist der Raum nicht so leicht sauber zu halten. Die andere Seite des Hängebodens schaut auf das Schlafzimmer der Jungen und muss zu diesem Zimmer hin abgeschlossen werden. Deshalb bauen wir den Fußboden des Hängebodens weiter bis zum Schrägdach und machen ihn damit auch zur Decke des Schlafzimmers. Vor das Schrägdach auf dieser Seite werden wir nun eine kleine Kniewand von zwanzig Zentimetern Höhe bauen.

An dem Ende des Hängebodens, das an die Brandmauer stößt, wollen sie von oben bis unten Regalfächer, mit einer Spitze zum Dachfirst, und die müssen auf beiden Seiten dem Dach angepasst werden.

Dan baut die Nagelleiste für die Verlängerung des Hängebodens. Er gipst die Unterseite, isoliert sie und belegt sie mit Spanplatten. Ich passe die IKEA-Schränke an, die auf dem Hängeboden entlang der Decke stehen sollen. Viel Stauraum ist in den Schränken nicht mehr übrig, nachdem ich sie schräg zurechtgesägt und dem Dach angepasst habe, aber es ist besser als nichts. Auch die Regale für die Brandmauer werden noch angepasst, danach entferne ich alle Einrichtungsteile vom Hängeboden, und wir verlegen den Fußboden. Die Einrichtung wird zusammengesetzt und montiert, wir legen die Bodenleisten, und der Hängeboden ist fertig. Jetzt haben wir das Gefühl, uns allmählich aus dem Dachboden herauszuarbeiten, auch wenn immer noch eine Menge Arbeit übrig ist.

Kari und Jon haben ziemlich klare Vorstellungen davon, wie sie diesen neuen Teil ihrer Wohnung einrichten wollen. Was wir hier machen, ist eine Variante des von ihnen Gewünschten. Meine Vorschläge haben sie ein wenig überrascht. Sie dachten zum Beispiel, die von mir empfohlene Badezimmereinrichtung würde viel teurer werden als die von ihnen erwogene von IKEA. Oft werde ich gefragt, was ich von IKEA halte, und Kari und Jon wollten das ebenfalls wissen. IKEA scheint eine Größe an sich zu sein, fast schon ein Maßstab, zusammen mit Deckenhöhe, Fenstern und Wohnfläche.

IKEA ist überall. Die Qualität ist so ungefähr die gleiche wie bei fast allem, was die Leute für ihr Zuhause kaufen, Namen und Marken spielen da kaum eine Rolle. Es ist schlicht und relativ preiswert, man bekommt das, wofür man bezahlt.

Für Petersens und andere Kunden ist die Einrichtung, die sie in Katalogen finden können, ein Teil eines vorhersehbaren Universums, ungefähr wie die Schwerkraft, die uns alle auf dem Boden hält. Ich kann dieses Empfinden verstehen und habe zu Hause auch Sachen von IKEA, aber mir sind diese Gegenstände gleichgültig. Ich verstecke sie meistens hinter oder unter meinen schönen Dingen. Ich nutze ihre Funktionalität, aber wie sie aussehen, ist mir gleichgültig.

Diese Art von Gegenständen ist nur für kurze Zeit gedacht, verglichen zum Beispiel mit einem soliden Möbelstück aus Eiche oder einem Massivholzboden. Als Phänomen ist IKEA so groß und stark, dass ich mich frage, ob es das Zeitgefühl in der Gesellschaft beeinflusst hat, oder ob es nur eine Folge der Zeit ist, in der wir leben. Das Bedürfnis, Dinge auszutauschen, entspringt der Qualität der Dinge, bedingt aber auch die Qualität dieser Dinge. Warum soll man etwas Dauerhaftes bauen, wenn die Leute es ja doch nach kurzer Zeit satthaben und es gegen etwas anderes eintauschen wollen? Diese Gleichgültigkeit in Bezug auf die Dinge und ihre Kurzlebigkeit sind wohl das Schwierigste an dieser Einstellung. Gut finde ich jedoch, dass auf diese Weise immerhin ein Maßstab entsteht, bei dem ich etwas anderes repräsentiere, eine Alternative mit einem Eigenwert, den man verstehen kann. Die Gefahr liegt darin, dass IKEA früher das Handwerk imitiert hat, aber jetzt imitiert das Handwerk IKEA. Und das kann auf lange Sicht für Leute wie mich böse ausgehen.

Wie der Zufall es will, werde ich heute Abend jedoch selbst zu IKEA fahren, deshalb bleiben mir in dieser Woche solche Gedanken nicht einmal in meiner Freizeit erspart. Wenn man einen Kleintransporter hat, wird man oft von Freunden um Botendienste gebeten. Für mich bedeuten die Wochenenden Entspannung nach körperlicher Arbeit, für andere sind sie die Zeit für Transport und Umzug, und mein Lieferwagen macht mich in meiner Freizeit zum Umzugsunternehmen, wenn ich nicht aufpasse. Ich könnte leicht zehn, fünfzehn Wochenenden im Jahr damit verbringen, aber ich bin konsequent abweisend, deshalb werde ich nicht mehr so oft gefragt. Ole ist jedoch einer von denen, die für mich da sind, wenn ich etwas brauche. Ihm will ich also gerne helfen, doch ich habe ihm auch deutlich gesagt, dass unsere Freundschaft ganz schön strapaziert wird, wenn ich mit ihm zu IKEA soll.

Am Freitagabend gibt es schwedische Frikadellen, Ole lädt mich ein.

46

Ich muss im Zusammenhang mit meiner Steuererklärung noch bei meinem Steuerberater vorbei. Als Selbstständiger muss ich die Steuererklärung irgendwann im Mai abliefern. Dan meldet uns unten bei Petersens einsatzbereit und beginnt die Woche ohne mich. Als ich die Steuererklärung abgegeben habe, bin ich froh und erleichtert. Neue Woche.

Es stehen noch drei größere Arbeiten aus. Zuerst legen wir den Boden, dann können wir die Schlafzimmerwand und schließlich das Treppenloch bauen.

Normalerweise tragen wir immer solide Schutzschuhe, aber jetzt nehmen wir leichtere, die nicht viel Profil unter den Sohlen haben, und tragen sie nur im Haus. Wir wollen vermeiden, dass sich Kieselsteine unter den Schuhen festsetzen und den Boden beschädigen, und diese Schuhe haben Sohlen, die keine Spuren und Striche hinterlassen, wenn sie über den Boden geschleift werden.

Wir legen zuerst den Boden an der Kniewand. Wir müssen die Aufteilung so vornehmen, dass wir an allen Wänden glatte Abschlüsse und ausreichend Platz für die Bodenbretter erhalten. Es muss eine gewisse Entfernung zur Wand geben, damit die Dielen sich je nach Feuchtigkeit und Temperatur im Boden ausdehnen oder zusammenziehen können. Wird der Boden zu eng an die Wände gelegt, könnte er sich theoretisch so weit ausdehnen, dass die Wände nach außen gepresst werden. Wahrscheinlicher ist aber, dass die Wände nicht nachgeben, und dann schiebt sich der Boden an einer Stelle nach oben.

Die Dielen müssen verfugt werden, und die Fugen müssen so auf dem Boden verteilt werden, dass sie nicht zu dicht aneinanderliegen und dass sie kein Muster ergeben. Einige Dielen sind beschädigt oder weisen unschöne Astlöcher auf. Damit wir schneller vorankommen, sortieren wir die Dielenbretter der Länge nach auf vier Stapel, von kurz nach lang. Es geht dann leichter, die Dielen danach auszusuchen, wo die Fugen hinsollen, und wir können gleichzeitig die beschädigten Bretter beiseitelegen und uns nach und nach daran bedienen.

Wir passen immer drei und drei Bretterreihen der Länge des Raumes an, ehe wir sie legen und festschrauben. Auf diese Weise sparen wir Aufwand und Zeit, während es zugleich einfacher wird, auf dem Boden ein schönes, abwechslungsreiches Spiel mit Fugen, Astlöchern und dem Aussehen der Dielen zu erhalten. Ein gut gelegter Boden ist viel schöner als ein achtlos hingehauener.

Wir schlagen die Bodendielen mit Hammer und einem Klotz fest, ehe sie angeschraubt werden. An vielen Brettern muss dann noch mit einem Stemmeisen gezogen werden. Wir schieben das Stemmeisen in den Spanboden und stemmen mit dem Klotz, um die Diele an die richtige Stelle zu pressen. Das ist eine zeitraubende Arbeit, aber es geht gut, wenn man stetig weitermacht. Rücken, Schultern und Knie sind keine Fans vom Bodenlegen.

Das Radio läuft, und ab und zu ist es wie ein Tanz zwischen Dan und mir, wir treten einander fast nie auf die Zehen. Ich werfe einen Blick auf das, was er macht, und nehme die Säge, während er eine Diele legt. Er kommt zu mir und hilft mir bei einer widerspenstigen Diele, ohne dass ich darum bitten müsste, dann kehrt er an seine Aufgabe zurück. Wir unterhalten uns bei der Arbeit, über die Musik, die wir hören, über die Nachrichten, über alles Mögliche, aber wenig über die Arbeit. Und wenn wir über die Arbeit sprechen, beschränkt sich das auf kurze Hinweise und Fragen, das reicht. Auf diese Weise wird die Arbeit angenehm.

Wir legen den Boden über die Ränder des Treppenlochs und markieren die Bretter so, dass sie dort, wo die Spanplatten zugeschnitten sind, dreizehn Millimeter über das Treppenloch hinausragen. Als der Boden am Treppenloch vorbeigelegt ist, schneiden wir mit der Schienensäge an unseren Markierungen entlang. Bei einem guten Sägeblatt erhalten wir einen perfekten Schnitt.

Später, wenn wir an den Seiten des Loches den Gips befestigen, wird er perfekt zu den Stellen passen, wo der Boden zurechtgeschnitten ist. Das Einzige, was jetzt noch fehlt, ist eine schlichte Leiste, die am Rand des Loches befestigt wird, über dem Spalt zwischen Boden und Gips. Ich schneide schon mal einige Leistenlängen zurecht und bearbeite sie mit einem Öl, in dem etwas weißes Pigment enthalten ist, damit sie bereitliegen, wenn das Treppenloch fertig ist.

Als Erstes erreichen wir die Wand des Treppenhauses. Dan legt den restlichen Boden bis zur Badezimmerwand, während ich die Schlafzimmerwand auf den Boden stelle, der ins Schlafzimmer hineinragt. Wir können für einen kurzen Moment den Boden in seiner vollen Länge betrachten, ehe ich ihn mit der Wand wieder verderbe. Jetzt ist das Zimmer für Jens und Fredrik fertig.

Der Boden sieht so frisch gelegt wunderbar aus. Dans Line-Dance hat zum Spanboden gepasst, hier wäre eher eine Polonaise angebracht, aber da macht er nicht mit, auch wenn gerade Roky Erickson im Radio läuft, nebst anderen guten Sachen.

»Das ist gut geworden, Schwein gehabt«, sage ich.

Alle Böden werden durch den Gebrauch beschädigt, bekommen Kratzer und Kerben, und ein Kiefernboden ist weich und besonders verletzlich. Ich schlage den Kunden immer vor, dass ich den Boden gegen zusätzliche Bezahlung vor der Übergabe ein bisschen abnutze und zerkratze. Dann könnten sie gelassener einziehen und brauchten keine solche Angst um ihren Boden zu haben. Wenn sie den Boden ein wenig strapaziert übernehmen, wird ihr Leben besser und entspannter, und die Kinder können spielen, wo sie wollen, ohne dass die Eltern Zustände bekommen, wann immer etwas auf den Boden kracht.

Obwohl noch kein Kunde diese Art von Bodenbehandlung bei mir bestellt hat, scheinen sich alle die Sache für einen Moment zu überlegen, ehe sie meinen absurden Vorschlag ablehnen. Dieser kleine Augenblick, ehe sie begreifen, dass ich einen Witz gemacht habe, gefällt mir.

Wir sind auf jeden Fall genau und vorsichtig, wenn wir den Boden legen, und dadurch wird er wie ein erlesenes Möbelstück, tadellos, ohne Kerben und Kratzer.

47

Die Wand ist jetzt fertig, die Anstreicher müssen oben noch spachteln und malen und sind bereits am Werk. Es geht jetzt schnell. Petersens haben sich für die etwas teurere, aber strapazierfähige Farbe entschieden, und das wird sich später bezahlt machen. Dan hat den Boden fertig gelegt und arbeitet jetzt an der Schlafzimmertür, den Leisten und anderem Kleinkram. Wir montieren die bereits angestrichenen Leisten, und dann verfugen die Anstreicher die kleinen Nagellöcher und spachteln die Ritzen, ehe sie allem einen letzten Anstrich verpassen.

Das Treppenloch ist dann meine Aufgabe.

Ich entferne die Spanplatten vom Loch und alle Materialien, die jetzt aus dem Loch entfernt werden müssen, Isolierung, Balken und die Tragleisten vom Spanboden. Jetzt trennt nur noch die Decke den Dachboden von der Wohnung unten. Um das Treppenloch zu sichern, lege ich oben einige Zwo-Vierer über das Loch. Dabei hilft mir Dan, und wir legen die Spanplatten dann wieder zurück. Wenn sie so liegen, stören sie nicht bei der Arbeit am Treppenloch, und es ist auch möglich, von oben her am Loch zu arbeiten. Auf die Spanplatten lege ich Plastik, das auch ein Stück vom neuen Boden bedeckt, damit der Staub von der Arbeit unten im Loch nicht auf den Dachboden zieht. Jetzt ist der Dachboden das Neue, das beschützt werden muss.

Wir wollten in drei Wochen fertig sein, aber wir haben nur noch eine Woche Arbeit vor uns. Ich hatte vertraglich gute

Fristen vereinbaren können, und die Arbeit ist nur so dahingeflogen. Nur selten haben wir zum Ende eines Projekts noch so viel Zeit übrig. Man geht nicht mit leeren Händen, wenn etwas getragen werden muss, deshalb nehmen wir alles mit, was in mein Auto passt, ehe wir am Freitag Feierabend machen. Der Countdown hat begonnen.

Jens und Fredrik sind ordentlich in Fahrt, als ich am Montagmorgen in die Wohnung komme, um alles für das endgültige Einreißen im Treppenloch vorzubereiten. Die Familie ist ein bisschen spät dran, deshalb trage ich erst einmal nur Werkzeug und Materialien nach unten, bis sie dann weg sind. Die Jungs haben mitbekommen, dass das Loch jetzt geöffnet wird und dass die Treppe kommen soll. Sie sind gespannt, und es ist ja auch ein besonderer Tag, jetzt, da Dachboden und Untergeschoss zu einer Wohnung werden sollen.

Jens will unbedingt zu Hause bleiben und zusehen, wie wir ein Loch in die Decke machen, er weint und ist wütend, weil er das nicht darf, aber nachdem sich Dan der Sache annimmt, gibt er sich geschlagen.

Dan erklärt, dass wir alles abdecken werden, wo wir arbeiten, deshalb gebe es nicht viel zu sehen, und für kleine Kinder sei es ohnehin gefährlich, dabei zu sein, wenn wir das Loch einreißen. Der Job sei zwar spannend, aber auch laut und bedrohlich. Jens begreift, dass es gefährlich sein kann.

»Ihr seht es ja, wenn ihr nachher vom Kindergarten nach Hause kommt. Da ist dann ein großes Loch da oben«, sagt Dan und zeigt darauf.

»Und dahin kommt die Treppe«, sagt Fredrik.

Sie wollen wissen, wo ich die Treppe habe, ob ich die aus dem Auto holen werde. Ich erkläre, dass die Treppe später kommt und dass andere sie bringen, dass Jens und Fredrik das Loch aber nachher auf jeden Fall sehen dürfen.

Um Zeit zu sparen, habe ich schon vor dem Wochenende einige Vorbereitungen getroffen. Ich habe Latten zurechtgeschnitten und auf dem Dachboden alles herausgelegt, was ich brauche, um die Umgebung des Treppenlochs gegen Staub abzudichten. Dan hilft beim Abdecken, es geht leichter zu zweit. Wir legen Gipsplatten auf den Boden und bauen uns mit Plastikwänden einen Arbeitsraum. Die Plastikfolien spannen wir in ein Rahmenwerk aus Latten. Damit es ganz dicht wird, kleben wir die Folie an Decke und Wänden an. Es fehlt noch eine Tür, ein Schnitt, und wir haben eine Öffnung. Die klebe ich dann hinter mir zu, wenn ich zum Einreißen in den Plastikraum gehe. Das hier ist eine staubdichte Konstruktion, und oben ist auch alles abgedichtet, also kann ich jetzt einreißen.

Die Schwierigkeit dabei, eine solche verputzte Decke einzureißen, ist, dass sie empfindlich ist und leicht aufplatzen kann. Eine Säge eignet sich für Holz, und ein Winkelschleifer mit Diamantscheibe für Verputz, aber ich habe kein Werkzeug, das beiden Materialien gewachsen ist, wenn alles sauber und ordentlich werden soll. Die Lösung liegt darin, eins nach dem anderen zu machen.

Ich schließe meinen kleinen Winkelschleifer an den Staubsauger an und schneide dann den Verputz bis zu den Brettern auf, an denen er befestigt ist, fast, ohne dass es staubt. Nun kann ich den Verputz dort, wo das Treppenloch hinkommt, von der Decke reißen. Dann nehme ich die Säbelsäge und zerschneide die Bretter, und alles fällt auf die Gipsplatte, ohne Schaden anzurichten. Wir haben unser Loch, und die verbliebene Decke weist keinerlei Schäden auf.

Ich räume in unserem Staubzelt auf und sauge gründlich alles ab. Dann befestige ich die Gipsplatten an den Seiten des Treppenlochs und unter dem Boden, den wir auf dem Dachboden gelegt haben. Dazu kommen Eckeisen und Winkelbeschläge, die den Übergang zwischen Gipsplatten und Mauerverputz unter der Decke verdecken. Das ergibt eine solide und gerade Ecke, an der der Anstreicher entlangspachteln kann. Die Decke ist in gutem Zustand und braucht nicht zusätzlich zur Umgebung des Treppenlochs gespachtelt zu werden. Tam ist noch oben auf dem Dachboden beschäftigt, kommt dann aber herunter und spachtelt eine erste Runde.

Drei Seiten müssen gegipst werden, die vierte muss der Maurer verputzen. Johannes schaut am Nachmittag vorbei und legt die erste Putzschicht auf die Wand, wo früher einmal der Boden war.

Jetzt hat sich die Baustelle ins Herz der Wohnung verlagert. Obwohl eigentlich nicht so viel zu tun ist, kommt es zu einer regelrechten Handwerkerinvasion. Um den Petersens während der letzten Arbeiten das Wohnen zu erleichtern, bauen wir unsere Plastikwände ab und entfernen die Gipsplatten vom Boden. Der Anstreicher gibt sich besondere Mühe und spachtelt sorgfältig, damit er nicht so viel schleifen muss. Erst nach dem letzten Spachtelgang ist dann noch eine Runde Schleifen angesagt. Dann befestigt der Anstreicher mit Klebeband an der Decke Plastikfolie, die bis zum Fußboden reicht, damit der Staub nicht durch die Wohnung fliegt.

Oben auf dem Dachboden ist alles fertig gespachtelt, wir saugen sorgfältig und fahren danach noch mit einem trockenen Mikrofasermopp darüber. In den Wohnbereich des Dachbodens kommen auch noch Sachen von IKEA, aber die müssen nur zusammengeschraubt und nicht weiter angepasst werden, das ist also eine Sache von wenigen Stunden.

Zu den letzten Schreinerarbeiten gehört es, die Leisten an den Bodenbrettern des Treppenlochs anzubringen. Der Treppenmonteur kann die Leisten später wieder abnehmen und der Treppe anpassen. Die Treppe wird bald geliefert werden,

Petersens müssen sich nur noch ein wenig gedulden, bis sie oben auf dem Dachboden einziehen können. Dass die Leiste, die den Übergang zwischen Dachboden und Wohnung kennzeichnet, die Schreinerarbeiten abschließt, passt doch ziemlich gut.

Der Anstreicher ist auch fertig. Nun kann der Elektriker seine Boxen montieren, kann Lampen und Schalter anbringen, und damit ist auch das Elektrische erledigt.

Tam und Bjørn Olav müssen letzte Hand ans Werk legen. Es sieht schön aus, als die letzten Leisten angestrichen sind und die Lampen eingeschaltet werden können.

In gewisser Weise ist das eine Antiklimax. So viel Arbeit, so große Veränderungen, so viel Zeit, und am Ende pusselt man nur noch mit Kleinkram herum und muss das Werkzeug irgendwie im Auto verstauen. Wir verbringen heute zum letzten Mal unsere Mittagspause in der Küche der Petersens, wir trinken auch heute dort Kaffee und stoßen auf ein gelungenes Projekt an. Ich gönne mir ein langes Wochenende, angele und schlafe und erledige zwischendurch Papierkram.

Meine Fotos von diesem Projekt müssen geordnet und in mein System einsortiert werden, die Papiere müssen aufgeräumt, die Kostenvoranschläge mit dem fertigen Ergebnis verglichen werden.

Damit kommen wir zum Geld, und es stellt sich heraus, dass mein Kostenvoranschlag zutreffend war.

Meine Voranschläge für die anderen stimmten auch mit deren Kosten überein. Dan hat fortlaufend seine Stunden abgerechnet und wurde entsprechend bezahlt, während ich mir nach Bedarf meinen Lohn zugebilligt habe. Ich habe eine Stundenliste für mich selbst geführt und hatte die ganze Zeit Übersicht über Stunden und Materialkosten. Jetzt sind alle Kosten verbucht, und was übrig bleibt, ist mein Verdienst. Ich kann mir also Sommerferien leisten und werde im Herbst noch immer so einiges auf dem Konto haben.

Das Geld ist in diesem Bericht wichtig, aber wie immer ist es weniger wichtig, wenn es kein Problem darstellt, und deshalb habe ich es unterwegs nicht erwähnt.

Das hier war mein Projekt, aber bei den nächsten wird Dan der Chef sein, und mir bleibt dann die Verantwortung erspart. Ich werde arbeiten, meine Stunden notieren und ihm Rechnungen schicken. Ich brauche nicht zu Besprechungen zu gehen, Dokumentationen vorzulegen oder so oft an Budget und Finanzen zu denken. Das ist auch eine Art Urlaub, wenn ich nur arbeite und Dan die ganze Büroarbeit überlassen kann.

48

Der Frühsommer hat warme Tage gebracht, und wir bereiten die Übergabe vor. Es ist ein großer Unterschied zwischen der ersten Besichtigung im dunklen November und dieser hellgrünen Zeit. Der Opa hütet die Jungen, während Kari, Jon und ich die fertiggestellten Arbeiten durchgehen. Dan, Tam, Bjørn Olav, Johannes, Gustav, Jukka, Petter und ich haben etwas von uns hier in Wänden und Decken hinterlassen.

Wir haben die Projektbeschreibung bei uns, die dem unterschriebenen Vertrag beigefügt ist, gehen auf dem Dachboden umher und sehen uns alles an. Punkt für Punkt kreuzen wir an, was ausgeführt und von den Kunden angenommen ist. Es geht schnell und ist eher eine symbolische Handlung, aber wichtig. Wir haben die Arbeiten ja auch unterwegs gezeigt und die Lösungen diskutiert, wenn die Kundschaft entscheiden musste. Auf diese Weise hatten Kari und Jon die Kontrolle, und ich konnte davon ausgehen, dass sie zufrieden sein würden.

Jetzt übernehmen sie die Verantwortung für den Dachboden, und ich bin sie los. Wenn sie sich den Boden angesehen und unterschrieben haben, dass sie damit zufrieden sind, sind die Kratzer, die kommen werden, ihre Kratzer, und ich brauche mir deshalb keine Sorgen mehr zu machen.

Unsere Unterschriften sind jetzt wie die letzten Wörter in einer Erzählung. Einer Erzählung, die mit denselben Wörtern angefangen hat, nämlich mit den Unterschriften unter dem Vertrag, den wir Anfang Januar unterzeichnet haben.

Es scheint lange her zu sein, dass wir zum ersten Mal miteinander gesprochen haben, und dass das hier ein leerer Dachboden war, und deshalb schwelgen wir während der Abnahme in Erinnerungen. Als wir uns das Badezimmer ansehen, sagt Kari, sie sei froh darüber, dass sie sich für die Eicheneinrichtung entschieden haben. Sie finde es mittlerweile fast seltsam, an IKEA zu denken, wenn sie sieht, wie das Badezimmer geworden ist. Als wir zur Decke hochschauen, um uns davon zu überzeugen, dass Jon und Kari mit allem zufrieden sind, und dabei die Firstpfette sehen, fällt mir natürlich sofort die Geschichte mit den Sattelhölzern und Stützbalken ein.

Kari und Jon betonen nochmals, wie froh sie darüber seien, dass sie sich für die Massivholzdielen entschieden haben, die wirklich schön gelegt seien. Das hätten auch schon Freunde gesagt, die bei ihnen zu Besuch waren und denen die Espentäfelung ganz besonders gefallen hat. Sie berichten, dass Fredrik und Jens ständig darüber reden, was sie auf dem Dachboden gesehen haben, über ihre Zeichnungen und das Boot, das sie jetzt in der Hütte haben segeln lassen. Die Jungen werden uns vermissen, sagen sie. Sie sagen das, was die Papiere nicht sagen, dass sie sich darüber freuen, dass wir gekommen sind und den Dachboden für sie umgebaut haben. Ihre Stimmen klingen froh. Ich bin froh.

Wir haben uns mit unserem Lärm und mit unserem Staub so sehr in den Alltag der Petersens eingemischt, mit den Rechnungen, die ich geschrieben habe, mit den Begrüßungen am Montagmorgen, dass sie jetzt bestimmt froh sind, weil das nun alles hinter ihnen liegt. So ist das nun einmal, und das kann man ja auch verstehen. Egal, wie zufrieden man mit uns Handwerkern ist, es ist doch schön, uns nicht jeden Tag sehen zu müssen.

Dans Kundschaft erwartet uns in ihrem Haus in Grefsen.

Dort sollen wir alle Fenster auswechseln, die Außenverschalung abreißen und nachisolieren, ehe wir alles neu aufbauen. Schöne Arbeit, jetzt, wo der Sommer warme Tage bringt. Wir werden zwischendurch Ferien machen, ehe wir diesen Auftrag beenden, und danach werden wir in Gamlebyen eine Küche montieren.

Niemand weiß, wohin der Hase läuft, und niemand weiß, wo danach unsere Lieferwagen stehen werden.